LEGO®-Boost-Roboter

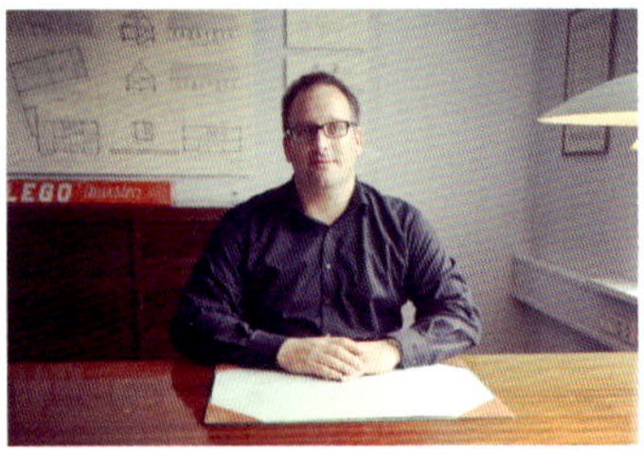

Michael Friedrichs ist Gründer und Betreiber der Webseite Promobricks.de. Mit über einer halben Million Zugriffen im Monat gehört die Webseite zu den größten und reichweitenstärksten LEGO-Fan-Medien im gesamten deutschsprachigen Raum. Seit Oktober 2016 ist PROMOBRICKS zudem offiziell anerkanntes LEGO News Blog (RLFM) und ist damit Teil des LEGO Ambassador Network. Zum Autorenteam gehören derzeit sechs weitere Fans. Eine eigene App für Smartphones und Tablets rundet das Angebot ab.

Gemeinsam mit Henry Krasemann lädt Michael Friedrichs in regelmäßigen Abständen zum LEGO Fan Talk ein, einem Live-Gesprächsformat auf YouTube.

Hauptberuflich ist Michael Friedrichs Journalist und Presse- und Öffentlichkeitsarbeiter bei einem Wirtschaftsverband der Kunststoffbranche. Als Reporter hat er bereits für diverse Tageszeitungen, Boulevard-Medien und Magazine gearbeitet. Neben seiner Familie und LEGO schlägt sein Fan-Herz für Apple-Produkte.

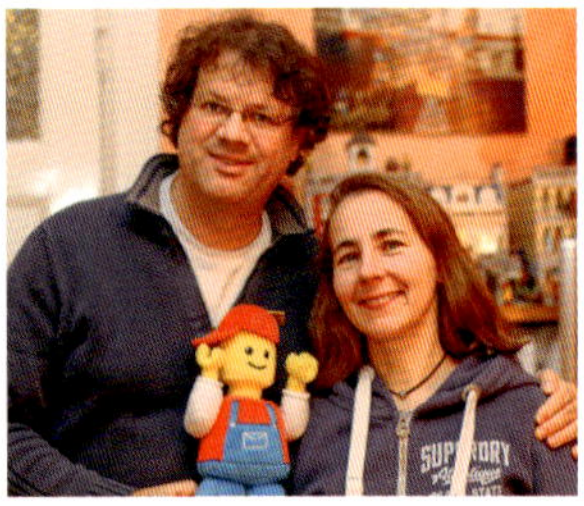

Henry Krasemann betreibt seit 2011 einen großen deutschen YouTube-Kanal und die Webseite Klemmbausteinlyrik.de mit allerlei Themen für LEGO-Begeisterte. Mit dabei ist ab und an auch seine Frau Hilke Krasemann (»Blümchen«). Sie hat sich für dieses Buch in vielen nervenaufreibenden Stunden in die Geheimnisse der Gestaltung von Bauanleitungen mit LDraw eingearbeitet. Henry Krasemann ist seit 2003 als Jurist beim Unabhängigen Landeszentrum für Datenschutz Schleswig-Holstein tätig und dort Referatsleiter für den Bereich Zertifizierung. In der Freizeit betreibt er neben seinen Klemmbausteinaktivitäten mehrere YouTube-Kanäle und Podcasts u. a. auch zu juristischen Themen (Jurafunk.de) und Brettspielen (Spiele-Podcast.de).

Krasemann · Krasemann · Friedrichs

LEGO®-Boost-Roboter

Bau und programmiere deine eigenen Bots

dpunkt.verlag

Krasemann · Krasemann · Friedrichs

Lektorat: Gabriel Neumann
Copy-Editing: Sandra Gottmann
Satz: Ulrich Borstelmann, Dortmund
Herstellung: Susanne Bröckelmann
Umschlaggestaltung: Helmut Kraus, www.exclam.de
Druck und Bindung: Schleunungdruck GmbH, Marktheidenfeld

Bibliografische Information der Deutschen Nationalbibliothek
Die Deutsche Nationalbibliothek verzeichnet diese Publikation in der Deutschen Nationalbibliografie; detaillierte bibliografische Daten sind im Internet über http://dnb.d-nb.de abrufbar.

ISBN:
Print 978-3-86490-536-0
PDF 978-3-96088-313-5
ePub 978-3-96088-314-2
mobi 978-3-96088-315-9

1. Auflage 2018
Korrigierter Nachdruck 2019

Wieblinger Weg 17
69123 Heidelberg

5 4

»Ohne meine beiden Söhne wäre ich nicht da, wo ich stehe – und auch nicht der, der ich heute bin. Vielen Dank an Tom und Mika für die vielen gemeinsamen Stunden voller Kreativität, Spaß und Faszination mit den bunten Bausteinen aus Dänemark. Und ich hoffe, dass es noch viele weitere Stunden werden. Vielen Dank auch an Henry und Hilke, dass ich dieses Buch mit euch schreiben durfte.«

Michael Friedrichs

»Wir danken vor allem unserem zehn Monate alten Sohn dafür, dass er kein Teil von LEGO Boost verschluckt hat. Wir haben das Set für dich schonmal ausprobiert und eingefahren. In sechs Jahren ist es dann deins!«

Hilke und Henry Krasemann

Inhaltsverzeichnis

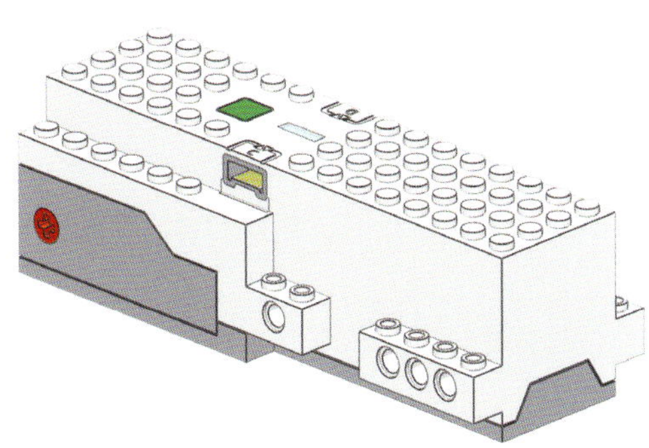

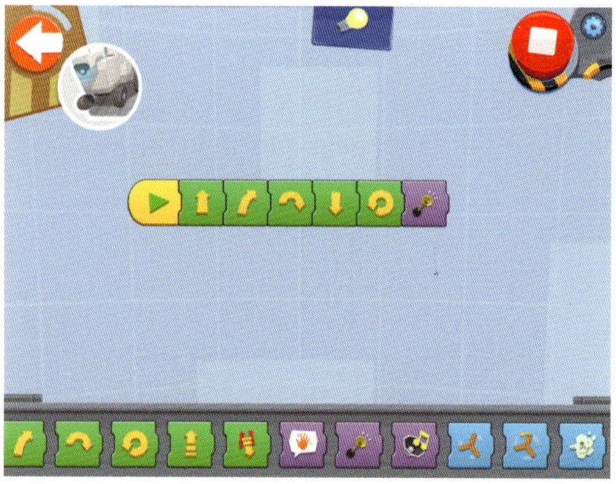

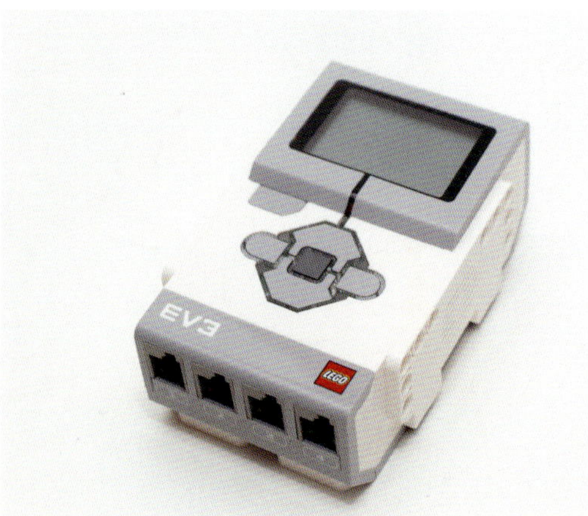
EV3

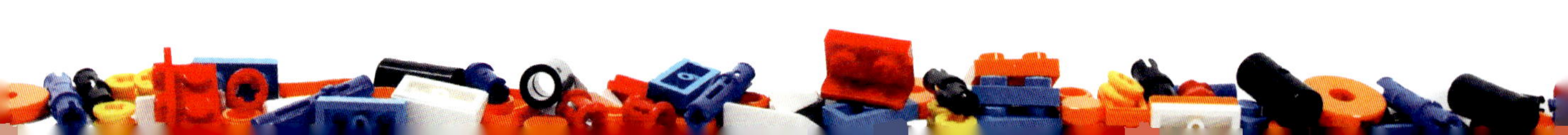

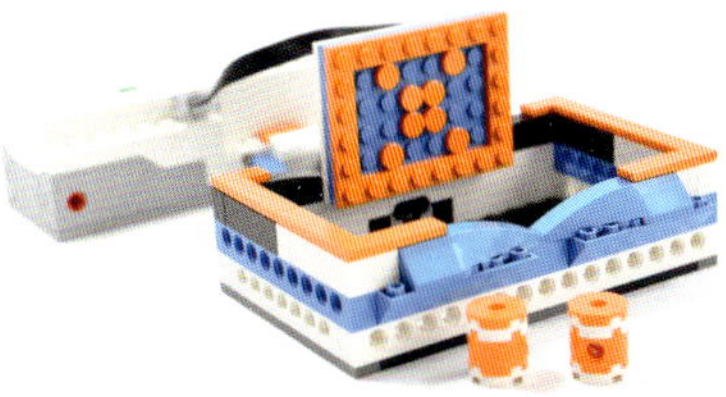

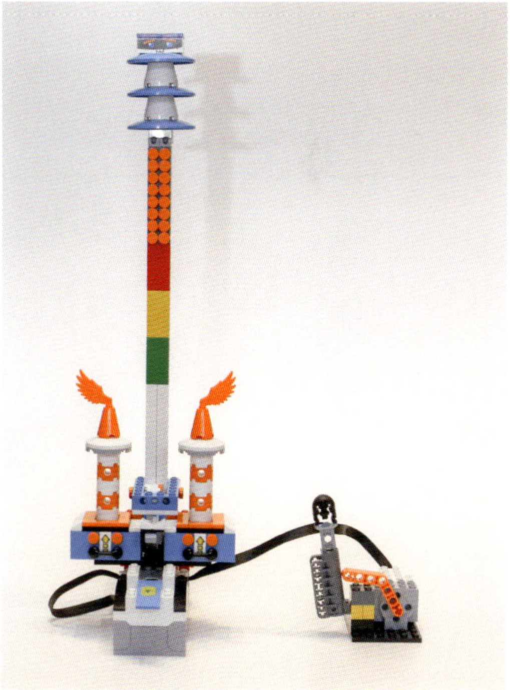

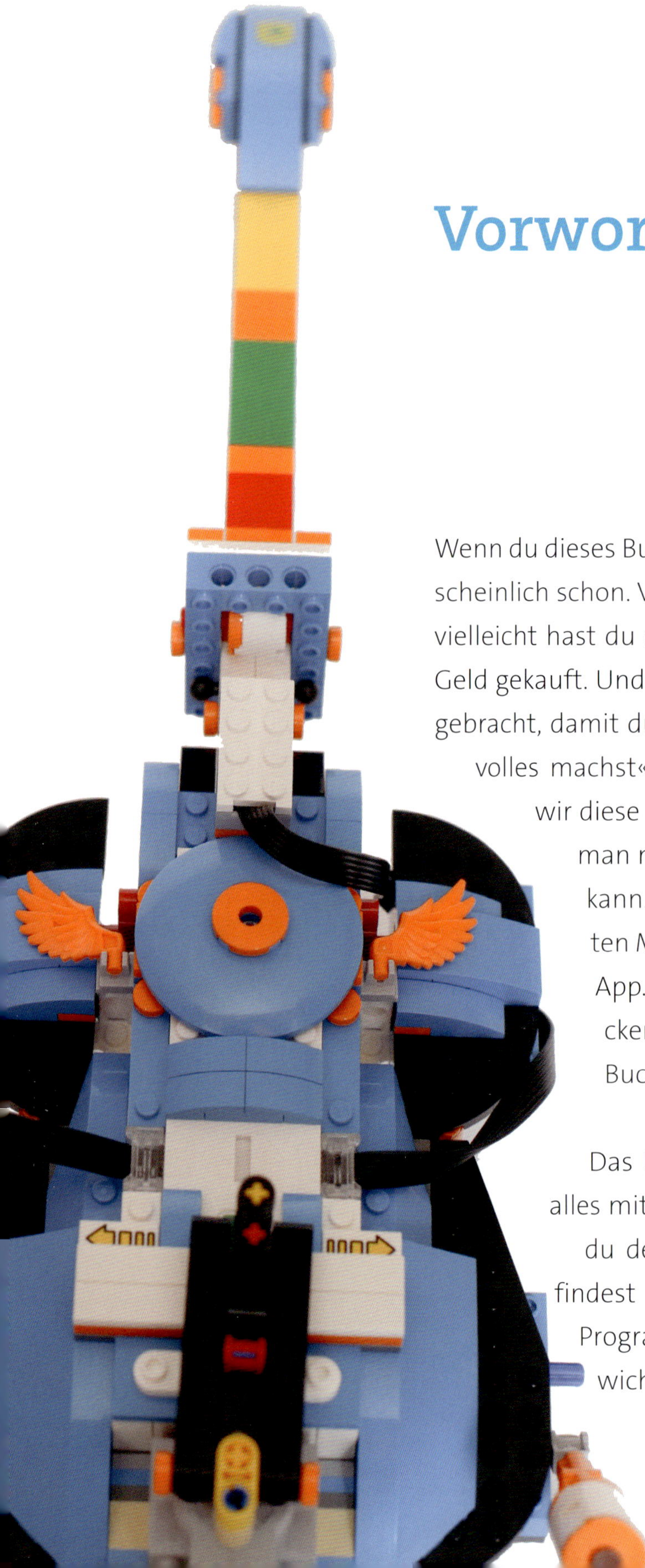

Vorwort

Wenn du dieses Buch liest, dann besitzt du LEGO Boost wahrscheinlich schon. Vielleicht hast du es geschenkt bekommen, vielleicht hast du es aber auch selbst mit deinem ersparten Geld gekauft. Und vielleicht hat dir jemand dieses Buch mitgebracht, damit du »Programmieren lernst« und »was Sinnvolles machst«. Wir wissen es natürlich nicht, während wir diese Zeilen schreiben. Was wir wissen, ist, dass man mit LEGO Boost verdammt viel Spaß haben kann. Den hat man sofort mit den mitgelieferten Modellen und den lustigen Beispielen in der App. Aber auch danach gibt es so viel zu entdecken und auszuprobieren. Dabei soll dir dieses Buch helfen.

Das Buch soll dir Anregungen liefern, was du alles mit LEGO Boost ausprobieren kannst und wie du deine eigenen Ideen verwirklichst. Deshalb findest du hier nicht nur eine Einführung in die Programmierung und eine Übersicht über die wichtigsten Befehle. Auf den folgenden Seiten stellen wir dir außerdem fünf neue Modelle vor, die du alle mit dem Grundset von LEGO Boost bauen kannst. Andere Teile brauchst du dafür nicht. Die Modelle sind so gestaltet, dass du sie als Anregungen für eigene (vielleicht größere und umfangreichere – vielleicht auch ganz andere) Ideen nutzen kannst. Deshalb sind die Anleitungen kurzgehalten und lassen viel Raum für Erweiterungen und Verbesserungen.

Wir nehmen dich mit auf eine spannende Reise mit Robotern, Spielen, Furzgeräuschen und Musikinstrumenten. Grenzen gibt es kaum welche. Und deinen Eltern kannst du natürlich gerne sagen, dass du »Programmieren lernst« und ganz viel »Sinnvolles machst«. Doch wir wollen vor allem eines haben: ganz viel Spaß.

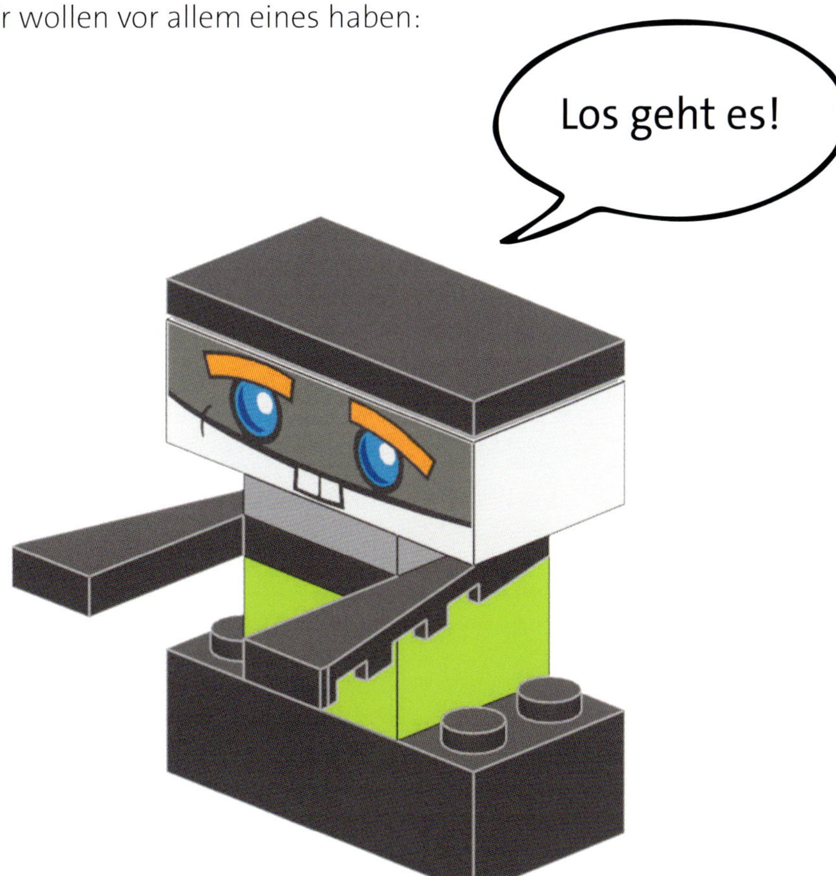

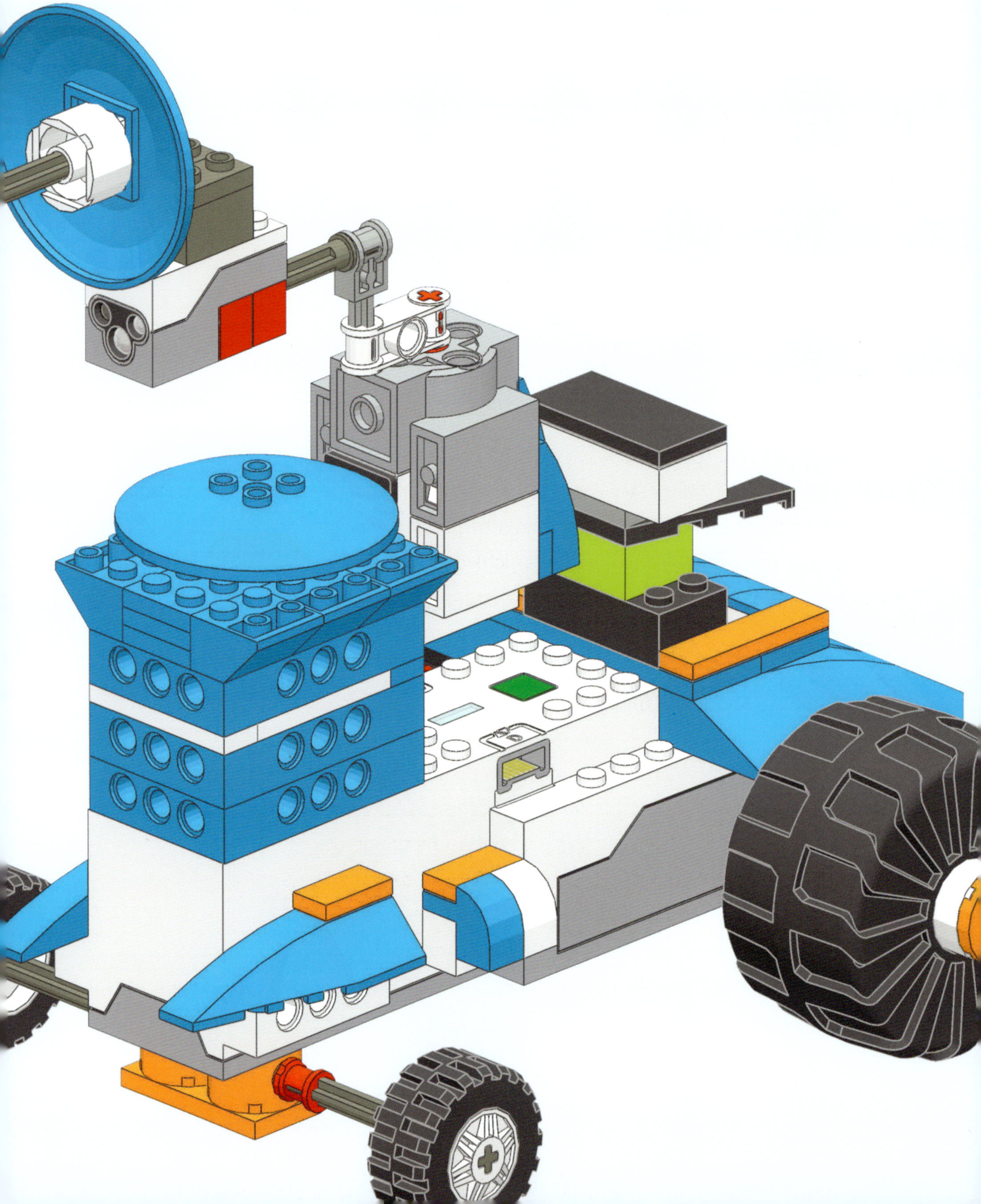

Einführung: Was ist LEGO Boost?

1

LEGO Boost heißt eigentlich bei LEGO »Programmierbares Roboticset«. Wir haben keine Ahnung, wer sich diesen sperrigen Namen ausgedacht hat. Das klingt nach Schule, sechste Stunde Mathe. Ganz falsch ist es allerdings nicht, denn es geht hierbei tatsächlich auch um das Programmieren von Robotern. Aber vor allem kann man mit den Legosteinen in dem Set tolle Modelle bauen, die dann sogar zum Leben erweckt werden können. Dank der Sensoren und Motoren in diesem Set ist es möglich, eine fast richtige Elektro-Gitarre zu bauen, einen Roboter durch das Zimmer zu steuern und schießen zu lassen, eine kleine Fabrik selbst LEGO-Modelle bauen zu lassen und vieles mehr. Sogar eine Katze ist dabei, die miaut, wenn man sie am Schwanz packt. Du kannst Dinge bauen, die auf deine Stimme hören, die mit deiner Stimme sprechen und ferngesteuert werden können. Du kannst Abstände und Farben erkennen lassen und alles Mögliche bewegen. Grenzen gibt es kaum welche.

Damit du das alles machen kannst, sind in dem Set 847 Legosteine enthalten. Aber zum Glück kannst du auch deine eigenen Steine verwenden, weil hier alles mit allem kombiniert werden kann. Du möchtest, dass deine Raumschiffe erkennen, wenn sie abheben? Kein Problem. Und du möchtest, dass deine Ninjas auf ferngesteuerten Drachen durch die Wohnung fahren und erkennen, wenn sie der Wand zu nahekommen? Alles ist möglich.

In diesem Buch zeigen wir dir, was LEGO Boost ist und was du alles in der Packung findest. Dann erklären wir dir, wie du die ersten Schritte machst. Dazu gehört, dass du die App installierst und dann damit erste Modelle baust.

Willst du wissen, wie du LEGO Boost noch etwas besser machen kannst? Wir geben dir Tipps, wie du zum Beispiel zusätzliche Lautsprecher einbindest oder Teile von Power Functions für deine Boost-Bots einsetzt.

Danach führen wir dich in die Geheimnisse der Programmierung von LEGO Boost ein. Einiges davon wirst du schon beim Rumprobieren und dem Bau der in der App enthaltenen Modelle lernen. Doch nicht alles wird unserer Ansicht nach dadurch klar. Deswegen erklären wir dir einige grundsätzliche Techniken der Programmierung, wie z. B. Schleifen, Bedingungen, Funktionen, Module und auch Variablen. Keine Angst, wir langweilen nicht mit ewig langen Ausführungen. Das soll gerade genug sein, dass du selber mit den Befehlen rumspielen kannst, um deinen eigenen Modellen Leben einzuhauchen. Und wenn dir unklar ist, welche Befehle wofür sind, kannst du in der Tabelle nachsehen, die du dort findest.

Wenn dir das Programmieren und Ausprobieren so viel Spaß macht, dass du noch mehr machen möchtest, zeigen wir dir, was es sonst noch von LEGO gibt. Dazu gehören die Sets »WeDo 2.0« und »Mindstorms«. Und schließlich werfen wir einen Blick darauf, wie es mit LEGO Boost weitergehen könnte.

Doch nun starte durch mit LEGO Boost. In den nächsten Kapiteln erfährst du alles Wichtige zu den Teilen des Sets und erweckst dein erstes Modell zum Leben.

Der Inhalt eines Boost-Sets vor dem ersten Ausprobieren.

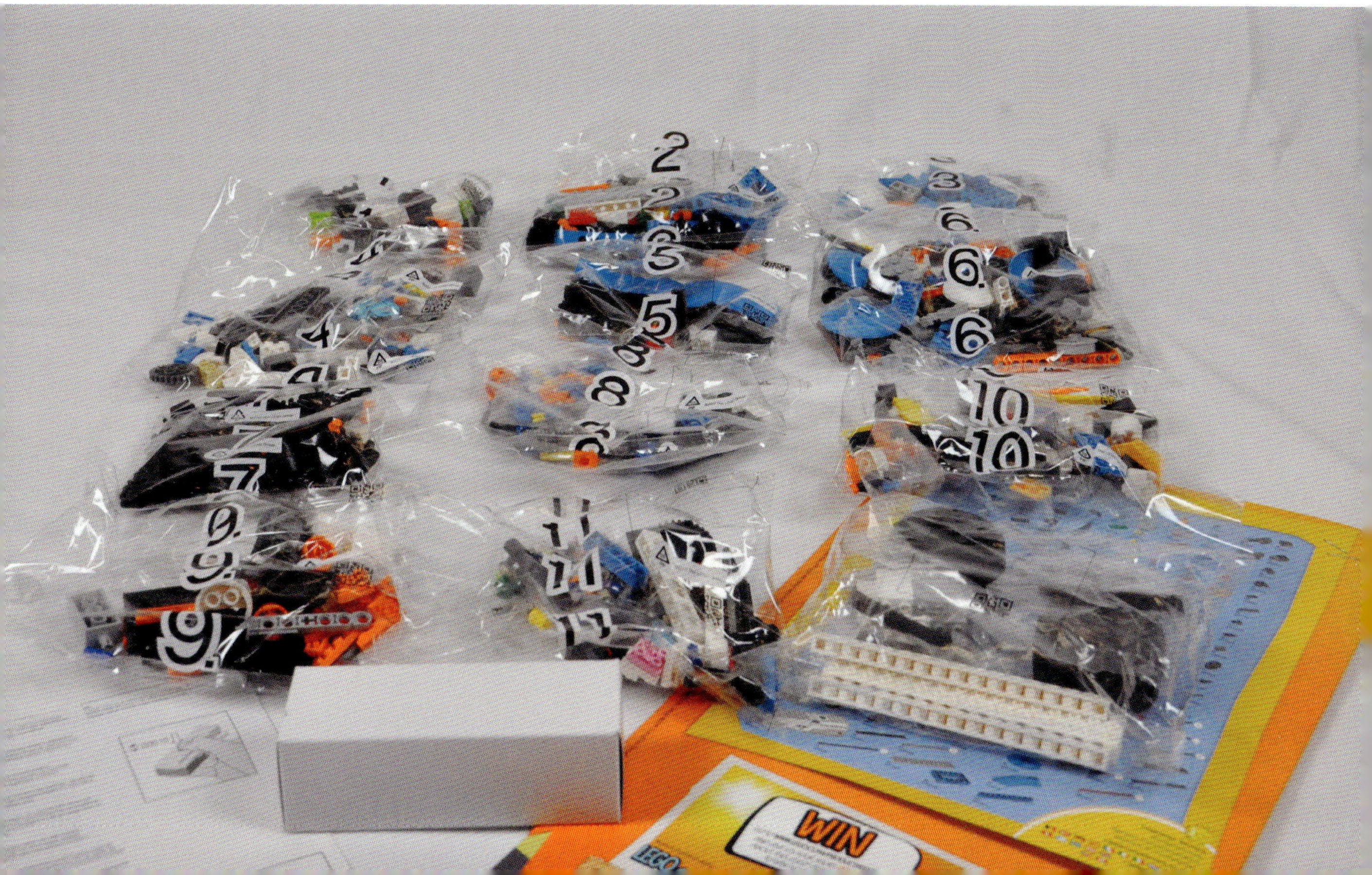

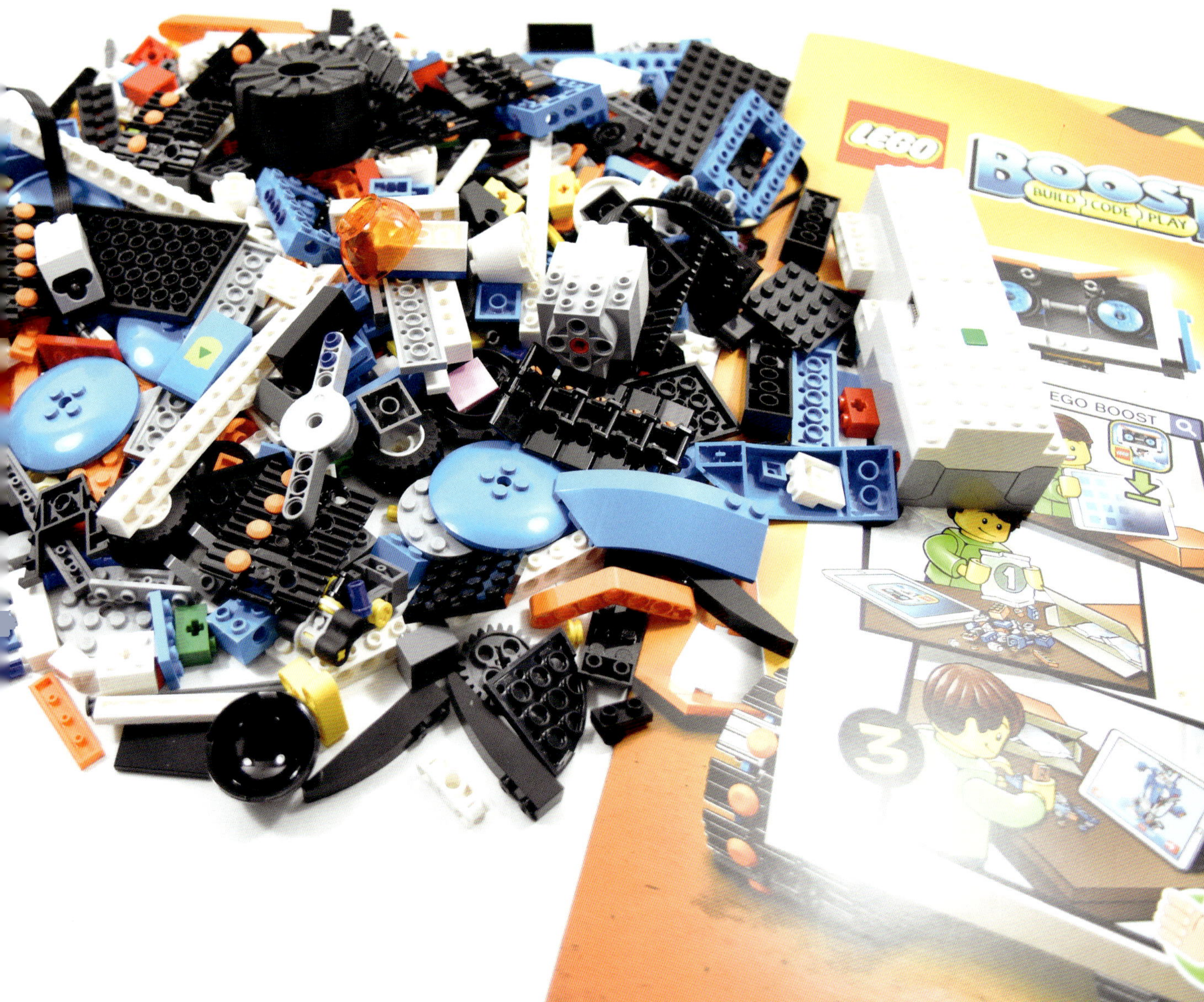
LEGO
BUILD CODE PLAY

2

Erste Schritte: Auspacken, App installieren, App starten

Wenn du den Karton von LEGO Boost zum ersten Mal auspackst, dann wirst du vor allem viele Tüten mit Legosteinen finden. Die Tüten sind mit Nummern versehen, die dir beim ersten Modell helfen, den Roboter Vernie Schritt für Schritt zu bauen. Deshalb solltest du noch nicht gleich alles aufreißen. Wenn du das doch schon gemacht hast: Herzlichen Glückwunsch, du hast noch mehr Bauspaß durch etwas längeres Suchen der richtigen Teile.

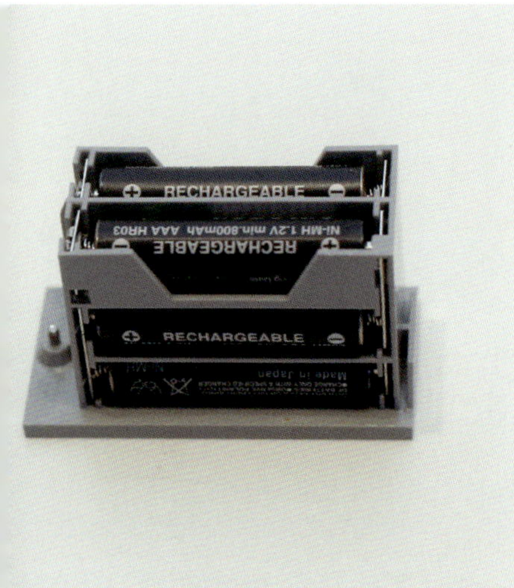

Sechs Batterien oder Akkus der Größe AAA bzw. LR3 werden benötigt.

In einem kleinen weißen Karton findest du den sogenannten »Move-Hub« (ausgesprochen wird das wie »Muuf Happ«, englisch für Bewegungs-Knotenpunkt). Das ist das zentrale LEGO-Teil, ohne das keiner der Motoren und Sensoren funktioniert. Deshalb müssen da auch zunächst Batterien rein. Sechs Batterien der Art »AAA« bzw. »LR 3« brauchst du. Das sind die dünneren, etwas kleineren normalen Batterien.

Du brauchst einen kleinen Kreuzschlitzschraubenzieher, um an das Fach für die Batterien ranzukommen. Das ist etwas nervig, da man jedes Mal beim Wechseln der Batterien damit das Fach öffnen muss. Aber dafür hält es auch fest und die Batterien können nicht so leicht rausfallen.

Wenn du LEGO Boost viel nutzen willst, was wir stark annehmen, dann solltest du wiederaufladbare Akkus verwenden. Die sind zwar etwas teurer, können auf Dauer aber Geld sparen.

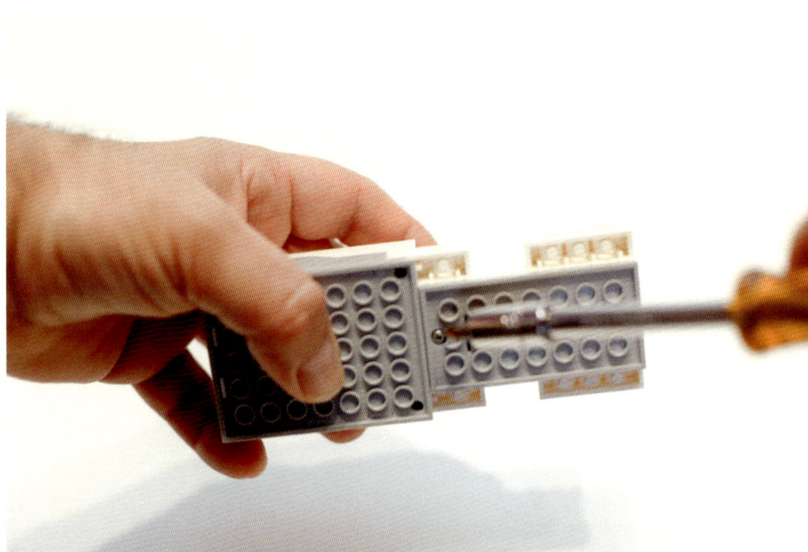

Zum Öffnen des Batteriefachs benötigst du einen Schraubenzieher.

Eine ganz große Pappe ist auch noch in der Packung. Wenn du sie aufklappst, dann siehst du ein Gelände, über das du später deine Modelle steuern kannst. Auf der Vorderseite sieht man aber auch noch einen kleinen LEGO-Jungen, der ein Tablet in den Händen hält. Ein Gerät ähnlich diesem braucht man, um LEGO Boost benutzen zu können. Es funktioniert auch mit vielen Smartphones sowie mit PCs und Laptops mit Windows 10, wenn sie Bluetooth unterstützen. Welche Geräte zu LEGO Boost passen, kannst du auf der Webseite https://www.lego.com/de-de/service/device-guide/boost nachsehen.

Über das Gerät kann man im Playstore (Android), App Store (iPhone oder iPad) oder Amazon Appstore (Kindle Fire) nach »LEGO Boost« suchen. Die Version für Windows 10 befindet sich im Windows Store. Die App kannst Du kostenlos herunterladen. Noch einmal Geld ausgeben musst du also zum Glück dafür nicht. Es lohnt sich übrigens, ab und an mal nachzusehen, ob es inzwischen eine neue Version der App gibt. Denn LEGO ist dabei, die App regelmäßig zu verbessern und Fehler zu beheben.

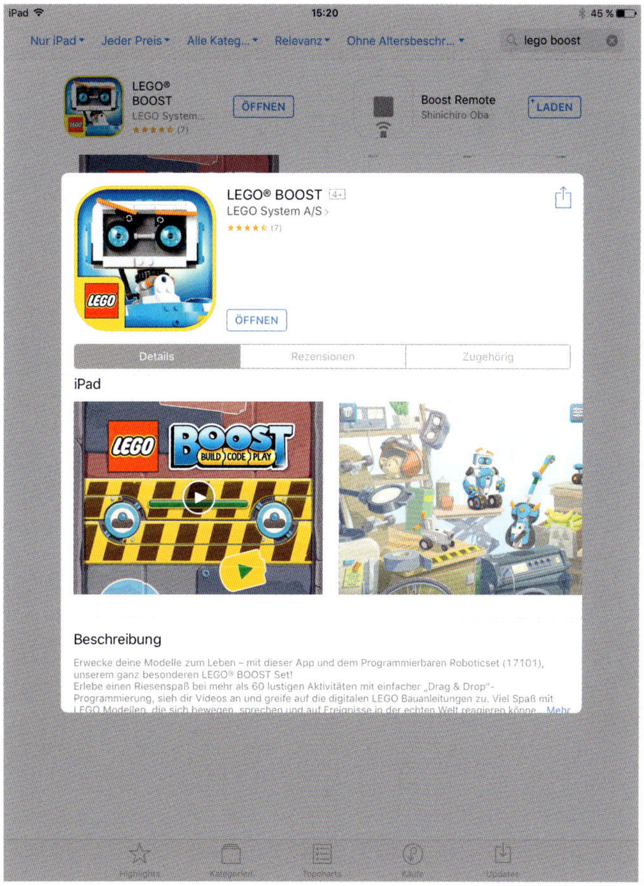

LEGO Boost App im App Store von Apple.

Wenn du die App startest, dann geht es auch schon los. Die App bittet dich, den grünen Knopf auf dem großen weißen LEGO-Teil zu drücken, wo du vorhin die Batterien eingelegt hast. Nach wenigen Sekunden solltest du dann dein erstes kleines Modell bauen können. Sollte die Verbindung nicht klappen, dann versucht die App dir Tipps zu geben, wie du das Problem lösen kannst. Dazu klickst du auf das Fragezeichen, das bei Fehlern angezeigt wird. Meistens musst du auf deinem Gerät »Bluetooth« aktivieren. Wie das geht, können dir sicherlich deine Eltern zeigen. Aber in der Regel klappt es sofort.

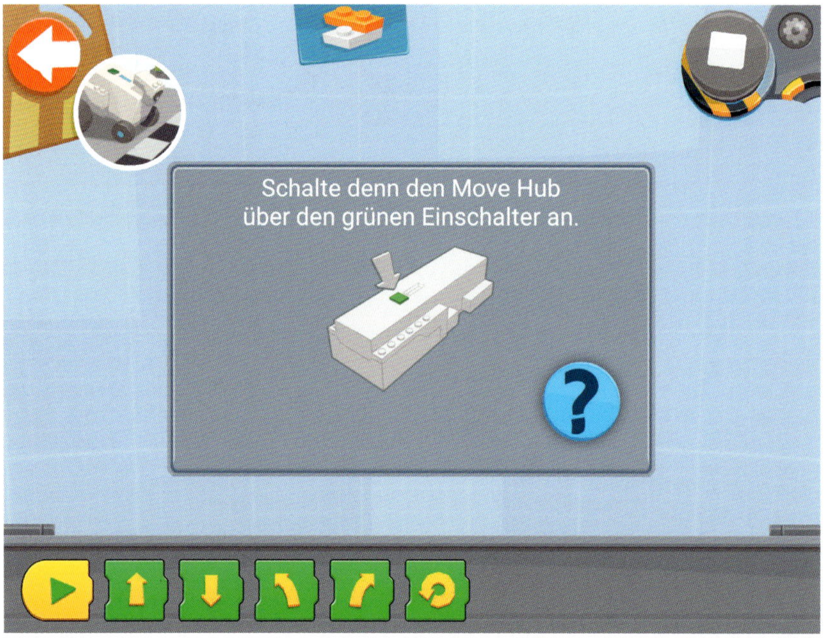

Der Move-Hub verbindet sich beim Einschalten per Bluetooth mit deinem Tablet, Smartphone oder Windows-Rechner.

Dann musst du Tütchen Nummer 1 öffnen, ein paar Legosteine so zusammenstecken, wie die Anleitung auf dem Bildschirm vorschlägt, und schon fährt ein kleines weißes Fahrzeug über deinen Tisch oder den Fußboden. Sehr cool, oder?

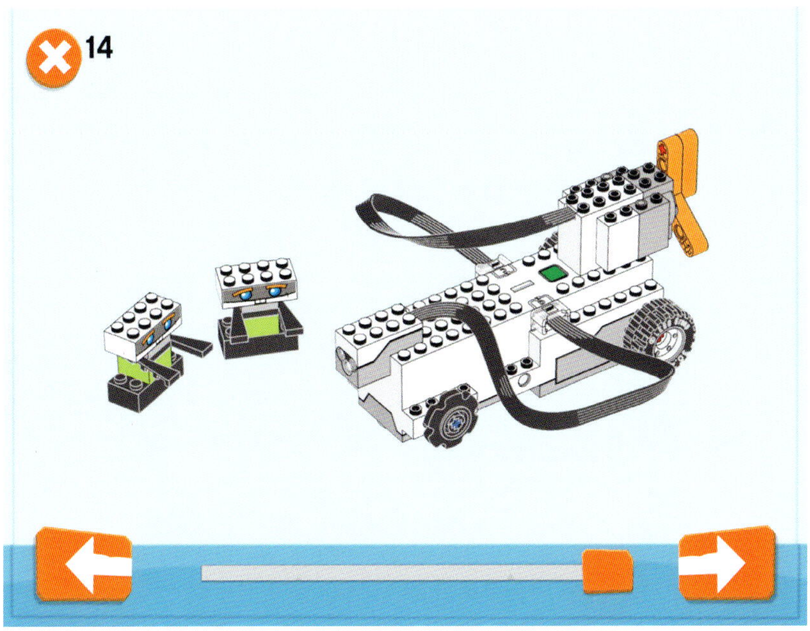

Das erste Modell, das du mit LEGO Boost baust.

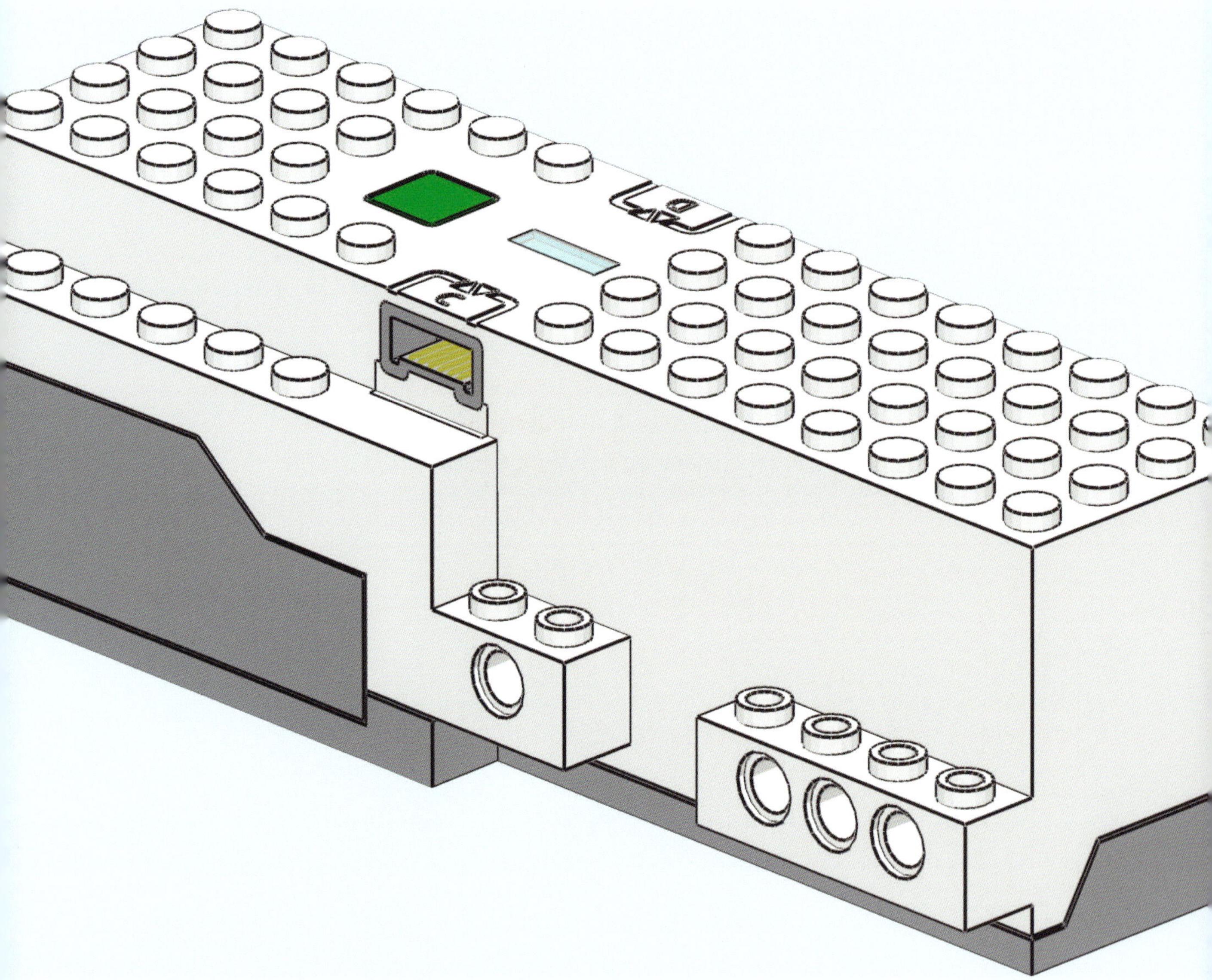

3 Die Komponenten: Move-Hub, Sensor, Motor, sonstige Teile

Schauen wir uns mal etwas genauer an, was die Packung von LEGO Boost so alles enthält. Dabei interessieren uns jetzt erst einmal nicht die ganzen kleinen Steine, Räder und Plättchen. Die kennst du wahrscheinlich eh schon aus anderen LEGO-Sets. Spannend sind die neuen Sensoren, Motoren und vor allem der »Move-Hub«.

Move-Hub

Ohne ihn geht nichts: der Move-Hub.

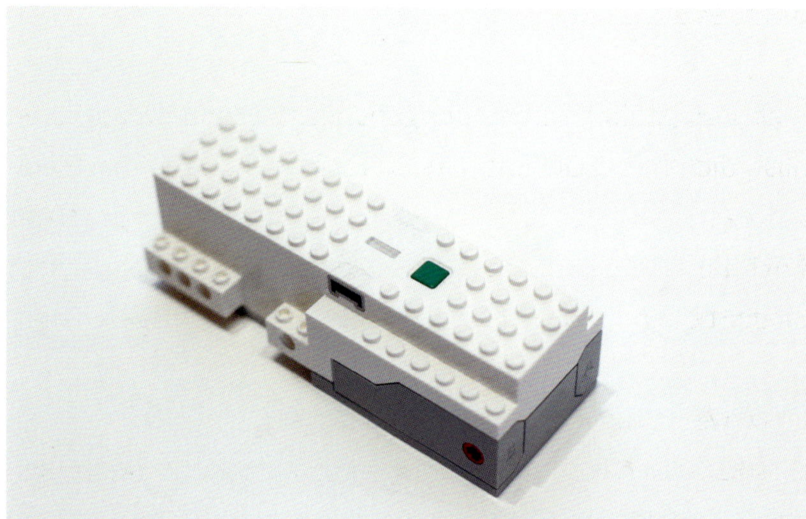

Der Move-Hub ist das große weiße Teil, das du am Anfang mit Batterien versorgt hast. Das ist das zentrale Element von LEGO Boost, über das alle anderen Module gesteuert werden. Ohne das sind alle Modelle nur, na ja, einfach Lego. Der Move-Hub ist mit deinem Gerät verbunden, sagen wir: mit einem Tablet. Er hat einen Knopf, mit dem du ihn einschaltest und die Verbindung zum Tablet aufbaust. Außerdem hat er eine kleine Lampe, die verschiedene Farben annehmen kann. Die Farben kannst du sogar später selbst einstellen und die Lampe etwas flackern lassen. Erst einmal zeigt sie aber an, ob die Verbindung zum Tablet geklappt hat. Wenn sie hellblau blinkt, dann versucht der Move-Hub gerade, die Verbindung herzustellen. Leuchtet die Lampe grün, dann ist alles in Ordnung und du kannst ihn mit dem Tablet steuern. Sollte mal etwas nicht klappen, dann kannst du versuchen, den Knopf mindestens zehn Sekunden gedrückt zu halten. Dann kann es gut sein, dass alles wieder funktioniert.

Einen Ausschalter gibt es übrigens nicht. Wenn du aufhören willst, dich mit LEGO Boost zu beschäftigen, dann mach einfach das Tablet aus oder beende zumindest die App. Dann blinkt das Licht zwar einige Sekunden noch, aber nach kurzer Zeit geht es aus und der Move-Hub ist ebenfalls ausgeschaltet.

Der Move-Hub hat aber noch ein paar andere Funktionen. So befindet sich in seinem Inneren ein sogenannter Neigungssensor.

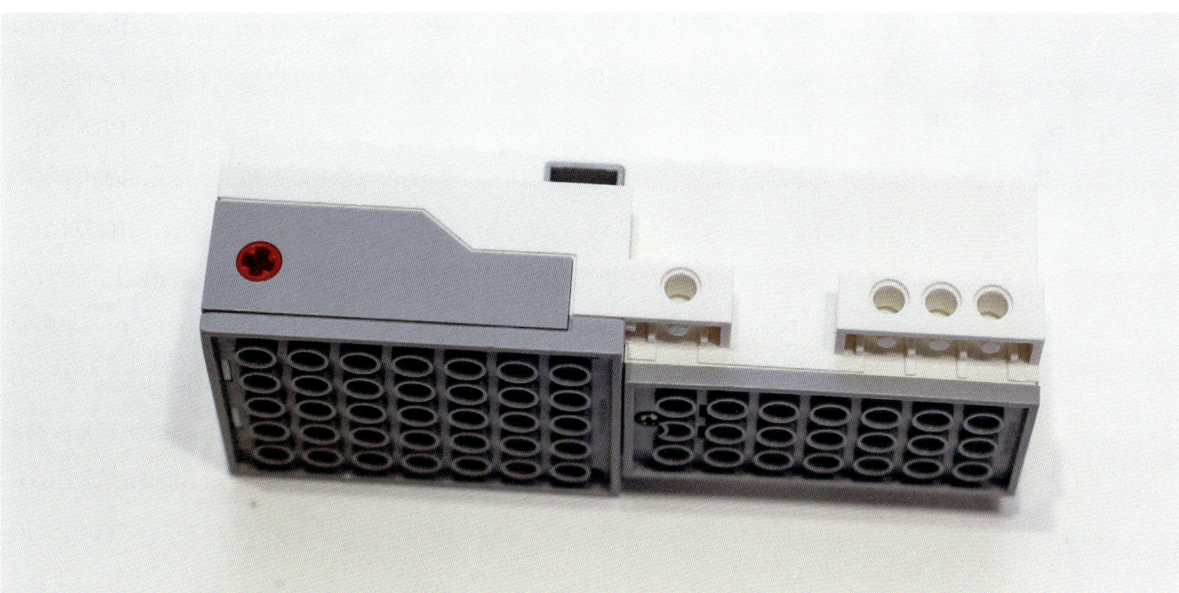

Move-Hub von der Seite

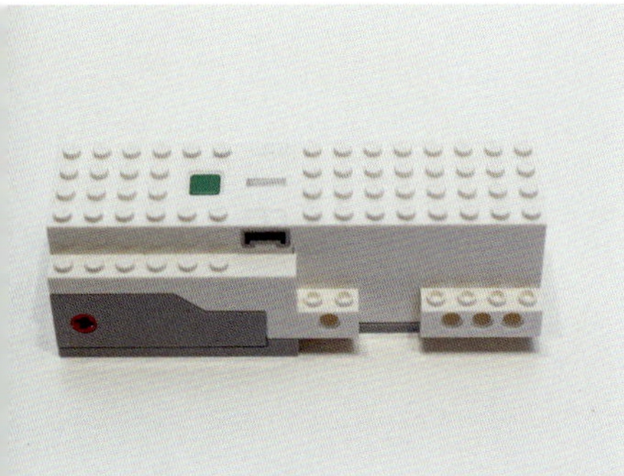

Das grüne Viereck oben ist der Einschaltknopf, der schmale Streifen rechts davon die Leuchte.

Das bedeutet, dass er erkennt, wenn er bewegt wird und wie er gehalten wird. So ist es zum Beispiel möglich, dass das Modell der Katze reagiert, wenn jemand es am Schwanz zieht. Damit lassen sich viele interessante Ideen verwirklichen. Wie wäre es zum Beispiel mit einem Raumschiff, das mitbekommt, ob du es gerade in deiner Hand steigen lässt oder zum Landen bringen möchtest? Eventuell reicht es für ein Modell auch aus, nur zu bemerken, dass es wackelt. So kann etwa ein Schlagzeug gebaut werden oder der Roboter erkennt, wenn ihm jemand die Hand gibt.

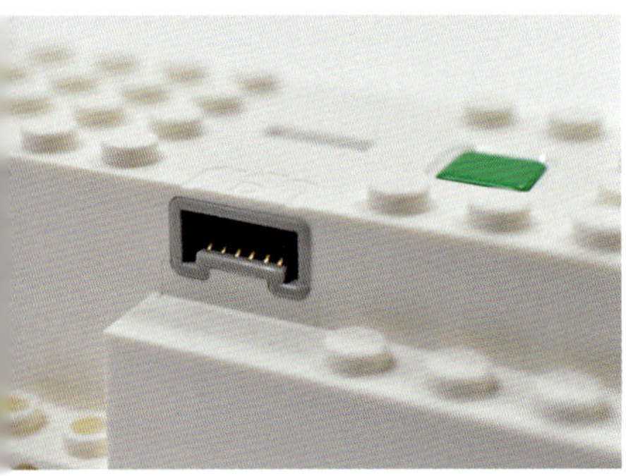

In die schlitzförmige Buchse an der Seite kann ein Sensor- oder Motorenkabel gesteckt werden.

Außerdem hat der Move-Hub an einem Ende noch zwei Löcher. Das sind Motoren, mit denen du Bewegung in dein Modell bringen kannst. Da können zum Beispiel Räder oder Gelenke angeschlossen werden … oder eine Abschussvorrichtung. Allerdings können diese Motoren auch Bewegung erkennen. Bei dem Modell der Gitarre zum Beispiel wird hierüber der Anschlag der Saiten simuliert. Das bedeutet, du kannst dort etwa ein Rad anbauen, und wenn das jemand dreht, dann kann dein Modell darauf reagieren.

Und schließlich hat der Move-Hub noch zwei Schlitze, in die andere Motoren und Sensoren gesteckt werden können, um sie zusätzlich zu verwenden. Die schauen wir uns jetzt mal genauer an.

Weiterer Motor

Ein weiterer Motor ist in dem Set enthalten. Den schließt du über ein Kabel an den Move-Hub an. Auch der kann nicht nur etwas bewegen, sondern auch Bewegung erkennen. Zwar ist der Motor nur dazu gedacht, dass sich etwas dreht. Aber über verschiedene Teile kann man daraus auch andere Bewegungen machen, wie etwa das Auslösen eines Schusses beim Roboter oder auch etwas nach oben oder unten befördern.

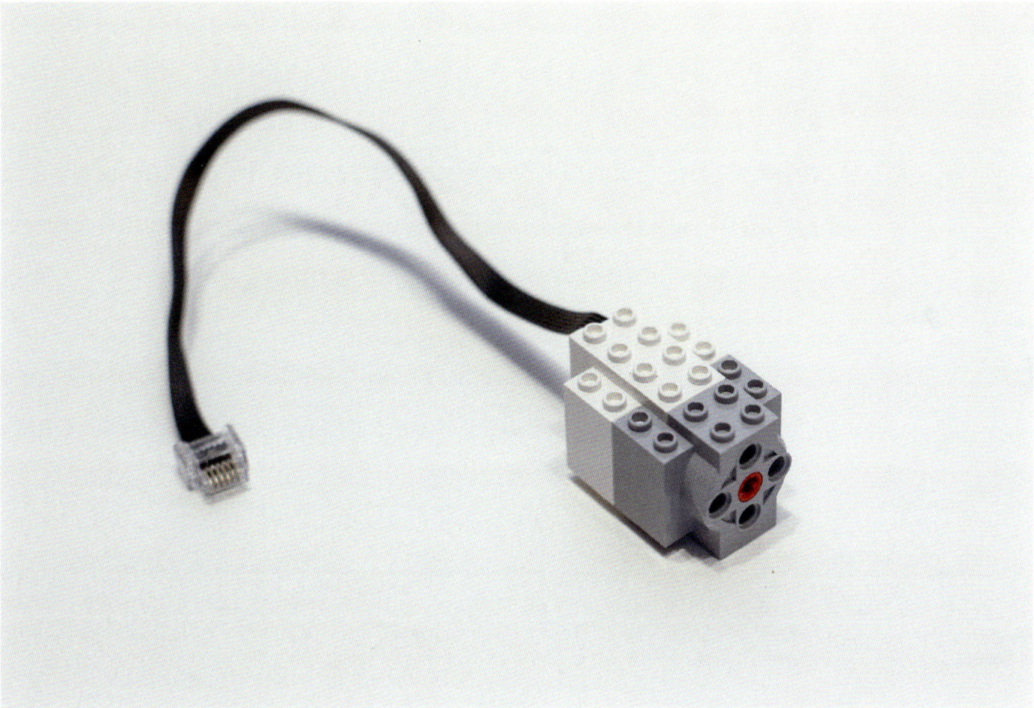

Der Zusatzmotor wird über ein Kabel gesteuert und mit Strom versorgt.

Sensor

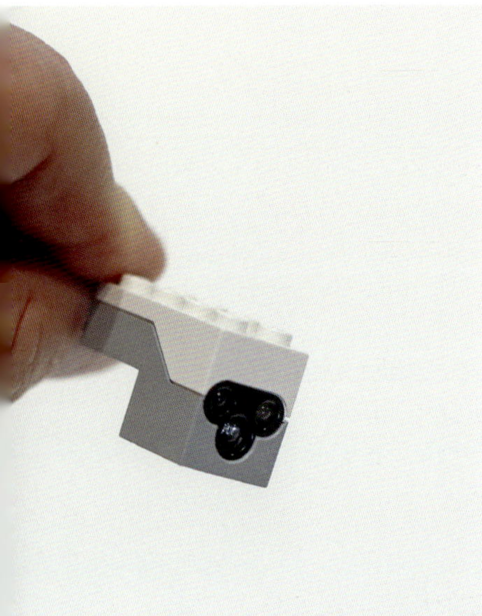

Der Sensor kann Dinge auf zwei verschiedene Weisen wahrnehmen. Er ist sozusagen das Auge deines Modells. Zwar ist das keine Kamera, die Bilder einfangen kann. Aber der Sensor erkennt unter anderem, wie weit etwas von ihm weg ist. Damit kann man zum Beispiel verhindern, dass ein Modell gegen ein Hindernis prallt. Oder ein Bot kann durch den Sensor erkennen, ob sich ihm etwas oder jemand nähert. So könntest du eine Alarmanlage bauen, die anschlägt, wenn jemand dein Zimmer betritt und damit dem Sensor zu nahe kommt. Bei der Gitarre wiederum wird der Sensor ganz anders eingesetzt. Da erkennt das Modell den Abstand eines Tongebers am Gitarrenhals und kann so unterschiedliche Töne je nach Entfernung spielen. Aber auch ganz andere verrückte Musikinstrumente könnte man damit bauen.

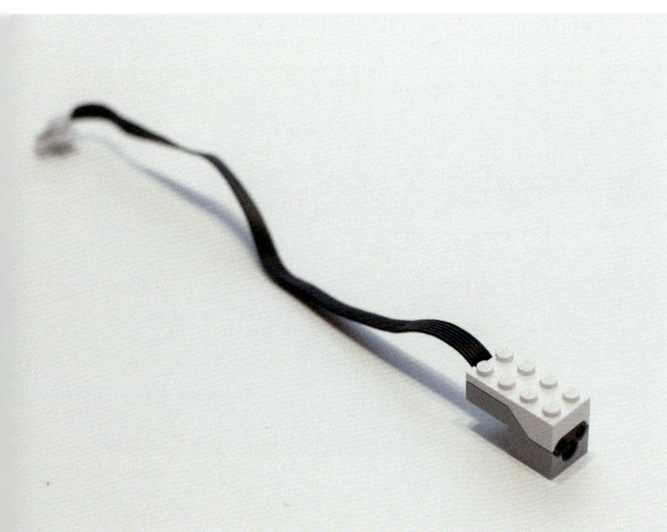

Außerdem kann der Sensor Farben erkennen. So kann dein Modell stoppen, wenn es plötzlich einen grünen Fleck unter sich wahrnimmt. Oder je nach Farbe, die man vor den Sensor hält, sagt das Modell etwas anderes. Der Spielplan, der in der Packung ist, hat zum Beispiel einige farbige Stellen. Damit kann man diesen Sensor und seine Farberkennung testen.

Tablet

Wir hatten ja schon geschrieben, dass du auf jeden Fall ein Android-Tablet bzw. iPad brauchst, um mit LEGO Boost Spaß zu haben. Dabei ist das Tablet aber nicht nur dafür da, dein Modell zu programmieren (und damit »etwas Sinnvolles zu machen« – du erinnerst dich?). Das Tablet wird auch dafür verwendet, um Töne, Geräusche und sogar Stimmen wiederzugeben. Der Move-Hub hat nämlich leider keinen Lautsprecher und auch kein Mikrofon. Das muss alles vom Tablet kommen. Dafür kannst du aber dort auch deine Stimme aufnehmen und so deine eigenen Sätze und Geräusche in die Programmierung deines Modells einbauen. Aber zumindest eine kleine günstige Lösung haben wir noch, falls du doch dein Modell selbst sprechen lassen willst. Dazu später mehr.

Das Tablet dient als Steuerpult, Stimme und Ohren für LEGO Boost.

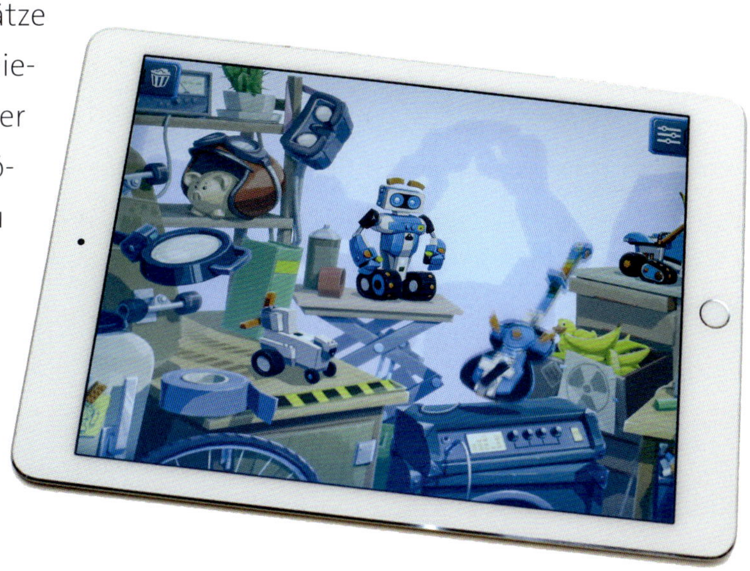

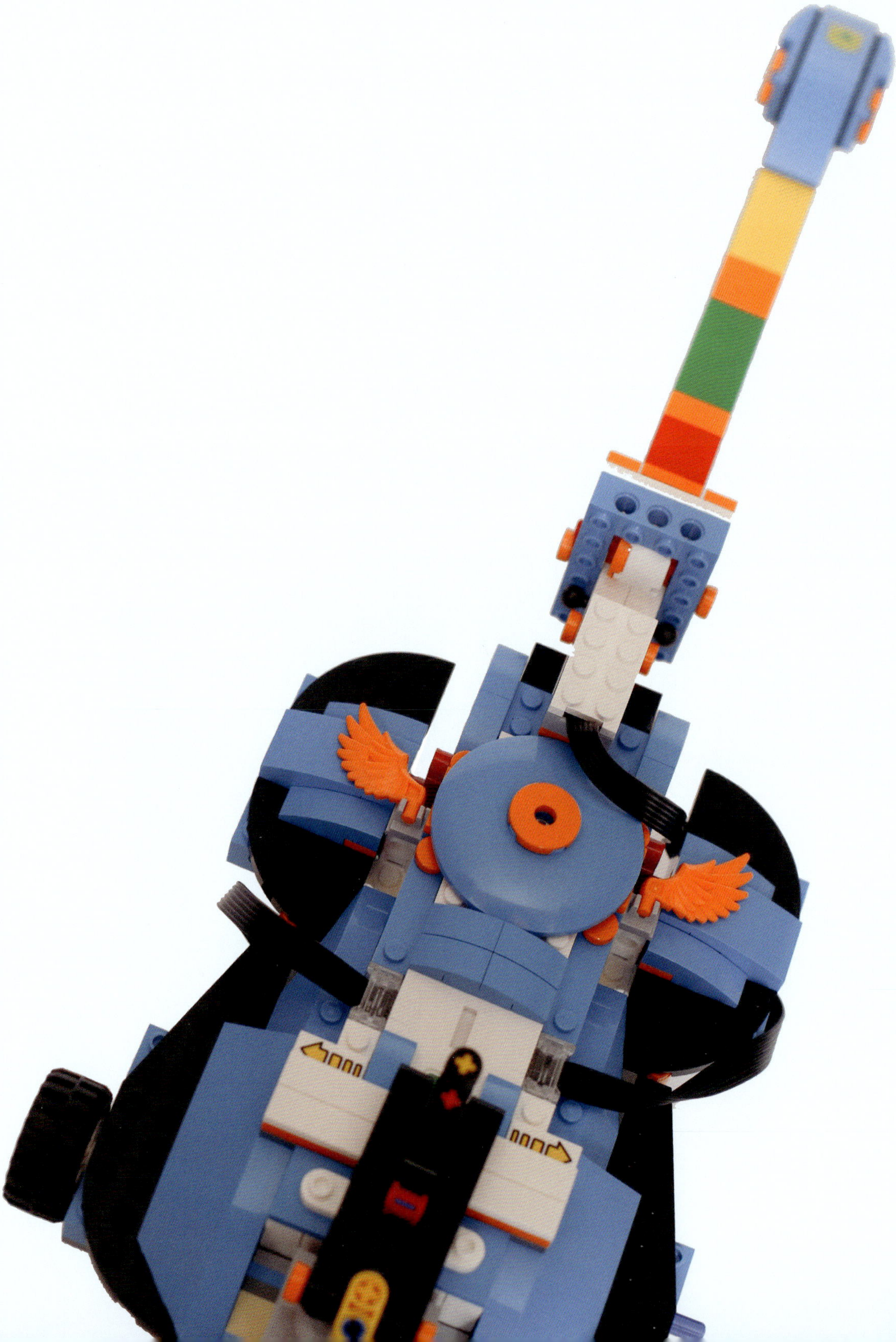

4 Die fünf Modelle und ihre Besonderheiten

Mit LEGO Boost bekommst du fünf ganz unterschiedliche Modelle. Du kannst aber leider immer nur eines gleichzeitig bauen und musst es wieder auseinandernehmen, wenn du ein anderes Modell bauen möchtest. Dabei lernst du nach und nach die verschiedenen Befehle zum Programmieren deiner Modelle kennen. Diese werden teilweise erst freigegeben, wenn du kleinere Aufgaben erfüllt hast. Es ist daher sinnvoll, die einzelnen Modelle und ihre Unteraufgaben durchzuprobieren.

Starten solltest du mit Vernie, dem Roboter. Denn dabei kannst du nach und nach anhand der Nummern auf den Tütchen das Modell mithilfe der Anleitung bauen. So musst du nicht viel nach den passenden Steinen suchen, da in jedem Tütchen immer nur genau die Steine enthalten sind, die du für den nächsten Bauabschnitt brauchst. Bei den übrigen vier Modellen hast du diese Hilfe dann nicht mehr. Hier ist dann Suchen angesagt.

Immer wieder kommen auch Stäbe unterschiedlicher Farbe in den Anleitungen vor. Neben diesen steht meist eine Zahl. Diese gibt Auskunft über die Länge des Stabes, da bei LEGO Boost viele ganz unterschiedliche Stäbe mitgeliefert werden. Wenn du einen Stab nachmessen willst, dann nimmst du dir am besten einen der weißen langen Legosteine, der auch Löcher in den Seiten hat. Daneben legst du den Stab und zählst ab, wie viele Löcher er lang ist. Das entspricht dann der Zahl, die in der Anleitung angegeben wird.

Vernie, der Roboter

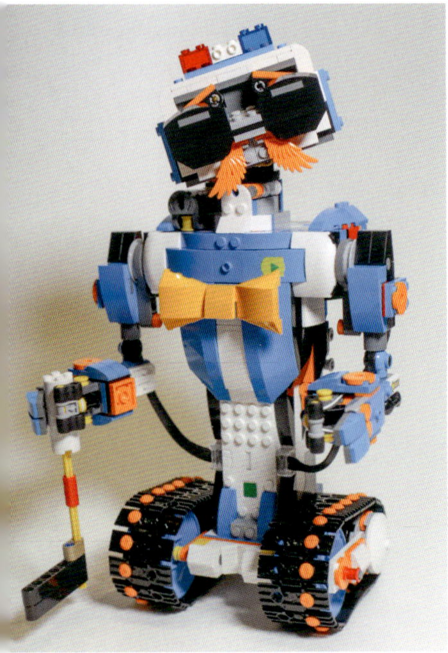

Vernie hast du sicherlich auch schon auf der Verpackung von LEGO Boost entdeckt. Er ist ein kleiner Roboter, in dem alle Motoren und Sensoren verwendet werden, die LEGO Boost hat. Während du Vernie baust und erkundest, kommen mehrere kleine Zusätze hinzu. So kann er einen Bart bekommen, ein Polizeilicht auf den Kopf oder auch eine Sonnenbrille und eine Fliege. Du wirst ihm eine Rassel in die Hand geben oder auch einen Eishockeyschläger. Und du wirst Vernie nicht nur durch die Gegend fahren lassen, sondern er kann auch furzen, wenn du an seinem Finger ziehst, und erkennen, wenn ihm etwas zu nah kommt. Kurz gesagt, mit Vernie kann man schon mal viel Spaß haben und entdecken, wie das mit dem Programmieren und den vielen Möglichkeiten von LEGO Boost so funktioniert. Schau dir auch genauer an, wie einige Funktionen von den Designern gebaut wurden. So kann Vernie nicht nur seinen Kopf bewegen, sondern sogar seine Augenbrauen. Wenn er sich dabei in eine besondere Richtung mit dem Kopf dreht, dann kann das einen Schussmechanismus auslösen, mit dem ein kleines Gummigeschoss hinausgeschleudert wird. Sei vorsichtig, wenn du mit dem Kopf direkt davor bist, denn das Geschoss kann ganz gut Geschwindigkeit aufnehmen und dann auch wehtun, wenn man es ins Gesicht bekommt.

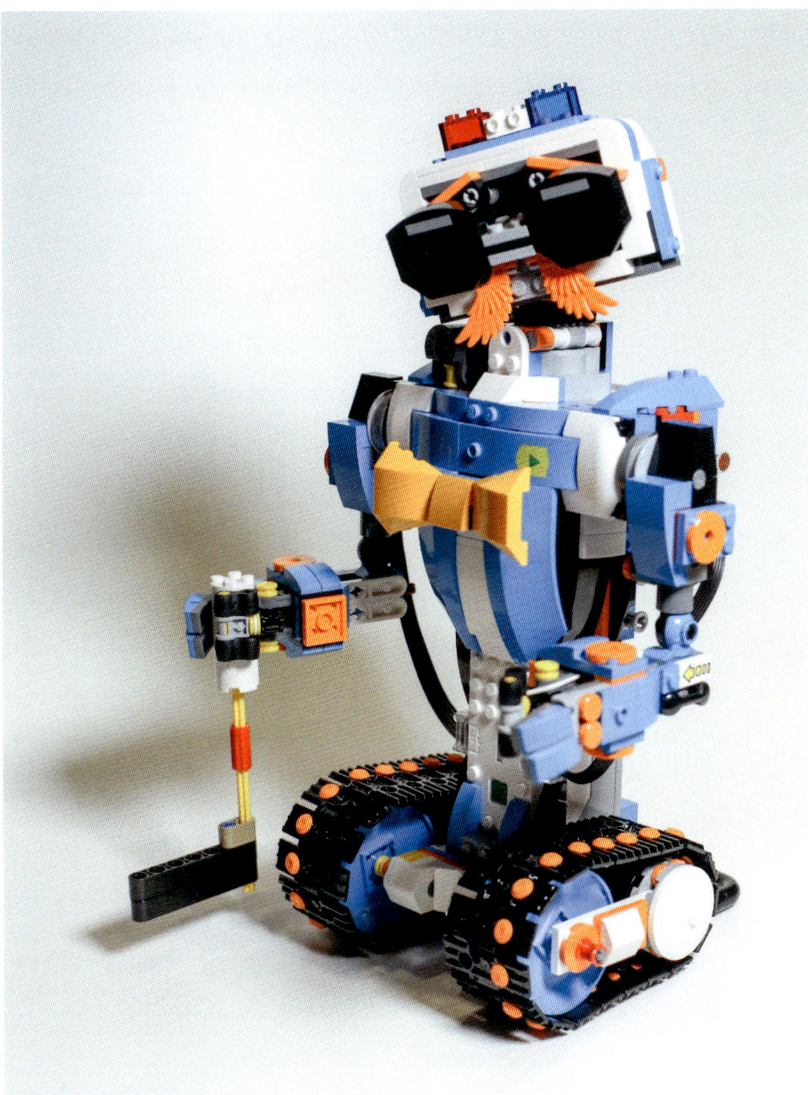

Vernie mit voller Ausrüstung

Die Gitarre 4000

Das Modell der Gitarre sieht nicht nur aus wie eine Gitarre, sondern du kannst richtig Musik damit machen. Leider kommen auch hier die Töne nur aus dem Tablet, aber dafür kannst du aus unterschiedlichen Tonarten wählen. Die Tonhöhe wird durch den Abstand eines Schiebers am Hals der Gitarre bestimmt. Deshalb sind an dem Hals auch die jeweiligen Bereiche farblich markiert. So hat man mehr Kontrolle darüber, welcher Ton gespielt wird. Das Spielen selbst erfolgt über einen Hebel am Körper der Gitarre. Daran erkennt man auch, dass die Motoren bei LEGO Boost nicht nur dazu da sind, irgendetwas zu bewegen. Sie können vielmehr auch erkennen, wenn jemand von außen an ihnen dreht. So ist es etwa bei der Gitarre.

Sie hat keine Saiten, macht aber trotzdem Musik: die Gitarre 4000.

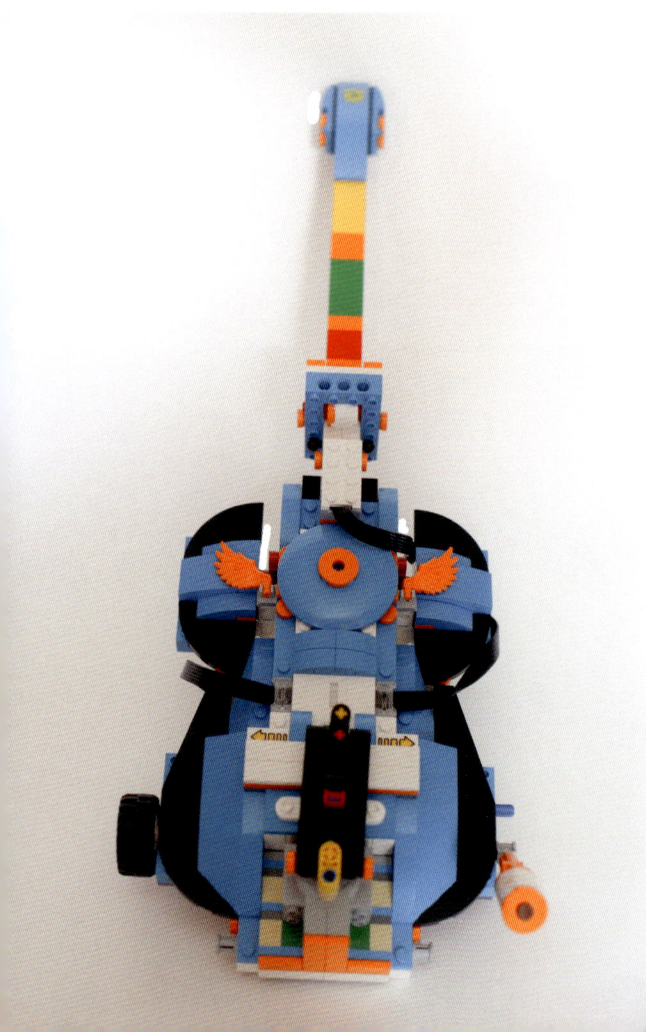

Auch an der Seite der Gitarre gibt es einen Hebel. Der dient dazu, die Töne der Gitarre zu verzerren. Allerdings wird das schon recht kompliziert, wenn der Ton am Hals eingestellt wird, gleichzeitig der Ton in der Mitte angeschlagen und an der Seite noch der Hebel zum Verzerren bedient wird. Aber eine Gitarre zu spielen will eben auch geübt sein ...

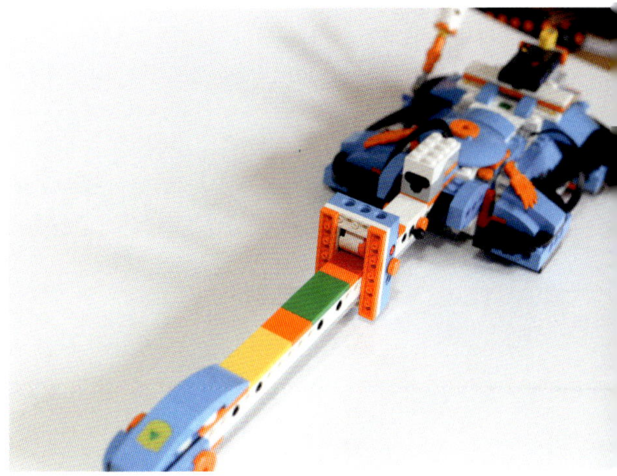

Die Anleitung ermöglicht es sogar, aus der Gitarre eine Violine zu machen. Allerdings wird dazu nur ein etwas breiterer Aufsatz auf den Hebel in der Mitte der Gitarre gesetzt. Viel ändert sich also nicht. Da ist es schon spannender, dass die App auch vorschlägt, die Gitarre als kleines Schlagzeug zu verwenden. Trommelst du auf der Gitarre herum und bringst sie somit etwas in Bewegung, hört man ein Trommelgeräusch. Und schließlich können sogar statt Musik auch verschiedene Furzgeräusche den unterschiedlichen Entfernungen am Hals der Gitarre zugeordnet werden. Wahrscheinlich meinten deine Eltern etwas anderes, als sie dich baten, ein Instrument zu lernen. Aber witzig ist es schon ...

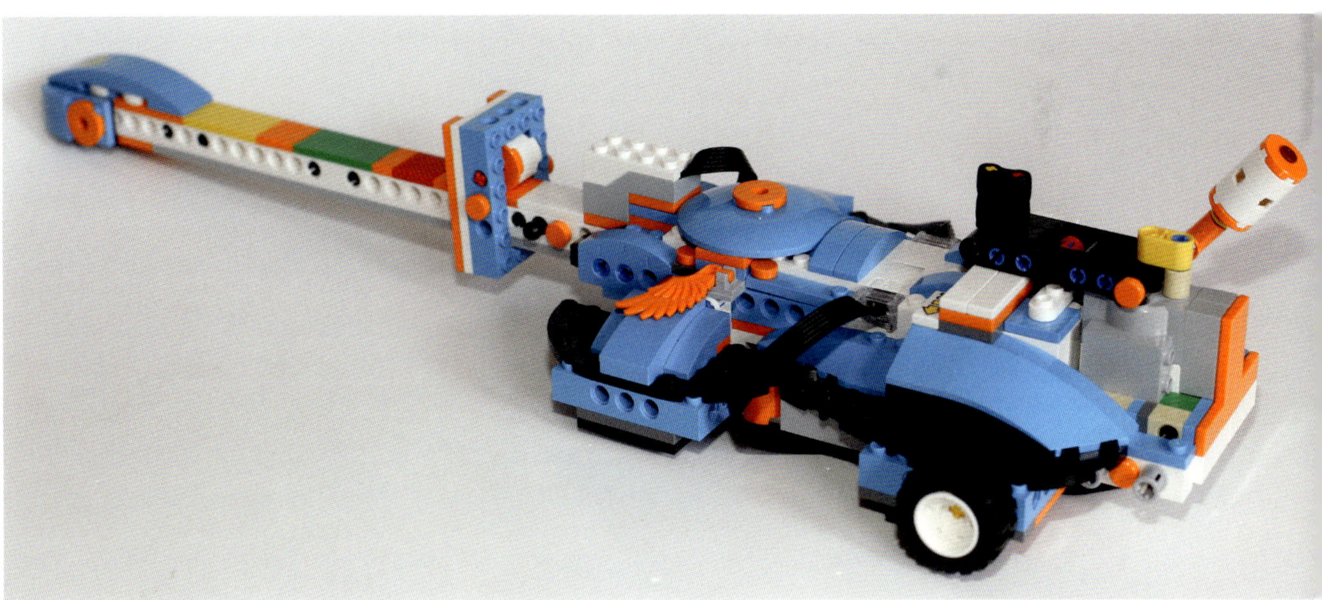

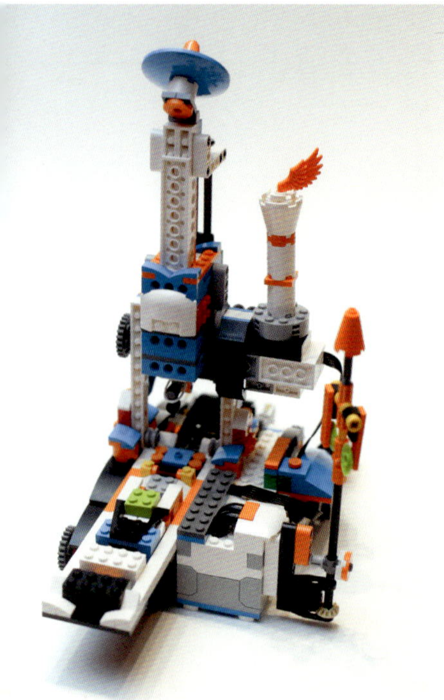

Die Fabrik (»Automatische Fertigungslinie«)

Mit der Fabrik kannst du tatsächlich ein LEGO-Modell automatisch bauen lassen. Das klappt aber leider nicht mit allen Modellen, die du im Laden kaufen kannst. Das wäre auch schade, schließlich ist das Bauen bei LEGO ja gerade ein großer Teil des Spaßes (finden wir zumindest).

Aber spannend ist es auch, der Fabrik zuzuschauen, wie sie tatsächlich aus fünf verschiedenen Teilen ein kleines LEGO-Männchen zusammenstellt. Die Teile musst du auf einem Schlitten genau an den Stellen platzieren, wo entsprechende farbliche Lücken sind. Dann fährt ein Förderband den Schlitten hin und her und ein kleiner Greifer holt sich die einzelnen Teile und steckt sie am Ende des Schlittens zusammen.

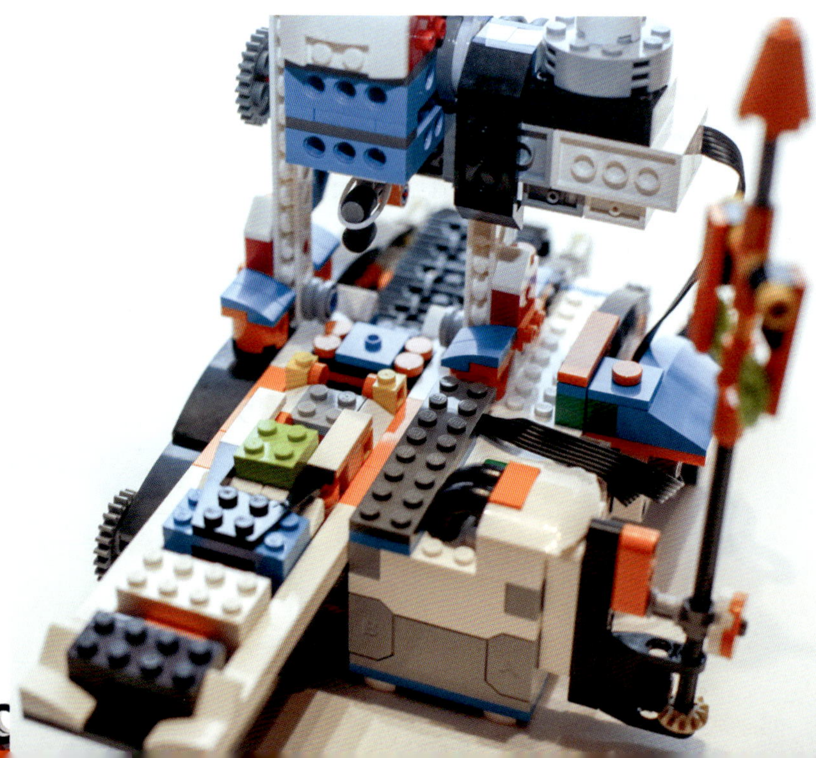

Versorge die Fabrik mit den nötigen Bauteilen.

Die App schlägt dabei verschiedene Programme vor. So kannst du das Männchen auch zufällig zusammenbauen und am Ende vom Förderband abkippen lassen. Sogar ein kleines Geschicklichkeitsspiel ist möglich. Du wirst von dem Programm aufgefordert, ein Geräusch zu machen, während der Schlitten der Fabrik hin und her fährt. Das löst dann einen Greifarm aus, der (hoffentlich) ein gerade unter ihm befindliches Teil zu fassen bekommt. Und über den Abstandssensor steuerst du bei einem Programm das Förderband und damit den Schlitten, um so durch einfache Handbewegungen in der Luft ein LEGO-Männchen zu bauen – wenn es denn klappt.

Die Katze Frankie

Du kannst eine sehr musikalische Katze mit LEGO Boost bauen. Sie hört auf den Namen »Frankie« und nutzt alle Motoren und Sensoren des Sets. Es fängt damit an, dass du sie zum Miauen bringen kannst, wenn du eine Milchflasche in ihre Nähe (bzw. irgendetwas vor den Sensor) bringst. Du kannst sie streicheln und sie erkennt die leichte Erschütterung, um wohlig zu schnurren.

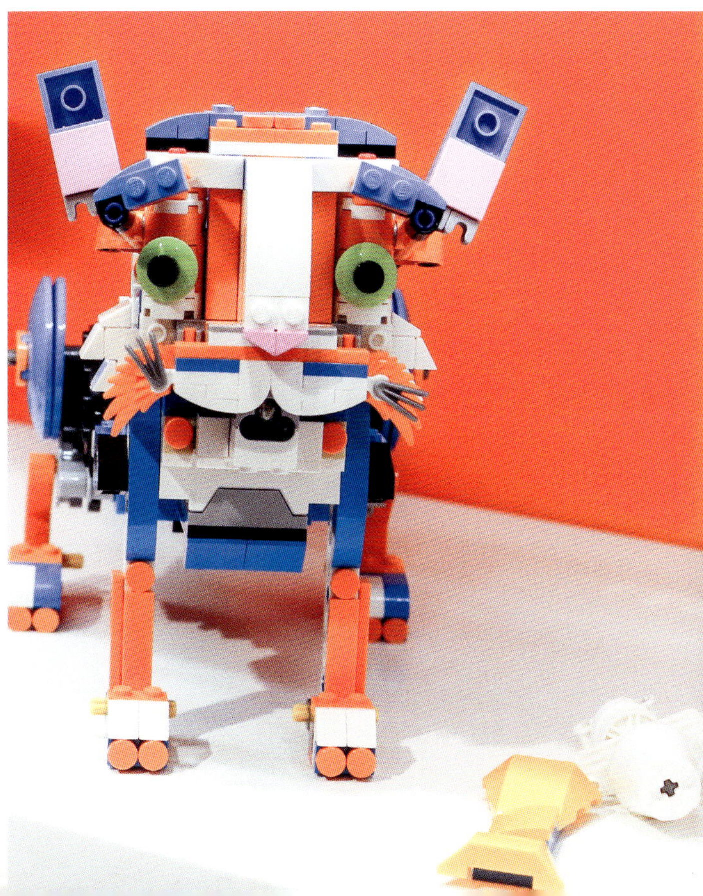

Besonders witzig ist die Mundharmonika. Sie hat einige Farbplatten angebracht, die der Sensor erkennt. Je nach Farbe (und damit Haltung der Mundharmonika) spielt sie einen anderen Ton. Dazu kannst du noch einen coolen Beat spielen lassen und der Begriff »Katzenmusik« bekommt eine ganz neue Bedeutung.

Die Änderungen am Modell sind teilweise sehr witzig. So kannst du die Katze mit einer Augenklappe versehen und zum Piraten machen. Oder sie bekommt treue große Augen, um sich bei dir einzuschleimen. Und mit einer Kugel auf dem Kopf geht sie richtig ab, wobei sie nicht nur den Kopf bewegen kann, sondern auch die Hinterbeine.

Das Fahrzeug M.T.R.4

Der M.T.R.4 ist laut Aussage von Lego ein »Mehrzweck-Rover« (auf Englisch »Multi-Tooled Rover«, daher die Abkürzung M.T.R.). Er kann mit seinem Kettenantrieb fahren und vorne unterschiedliche Werkzeuge hoch und runter befördern. Seine einfachste Aufgabe ist, einen kleinen Kelch zwischen zwei Stäbe zu nehmen und hochzuheben.

Lustig wird es, wenn der Hammer eingesetzt wird. Dann darf er eine Figur, die sich auf einer Wippe befindet, mit einem gezielten Schlag in die Höhe katapultieren. Mehrere Aufgaben drehen sich darum, dass du ihn mittels der App steuerst und zum richtigen Zeitpunkt auf einen Kopf drückst, um etwas zu treffen bzw. abzuschießen. Teilweise hilft dabei auch der Sensor im vorderen Teil des Rovers.

Verrückt wird es im letzten Abschnitt der Aufgaben. Dann bekommt der Rover nicht nur ein Gesicht und wird zum Bulldozer mit einer massiven Schaufel vorne dran. Er tanzt sogar verrückt im Takt der Musik.

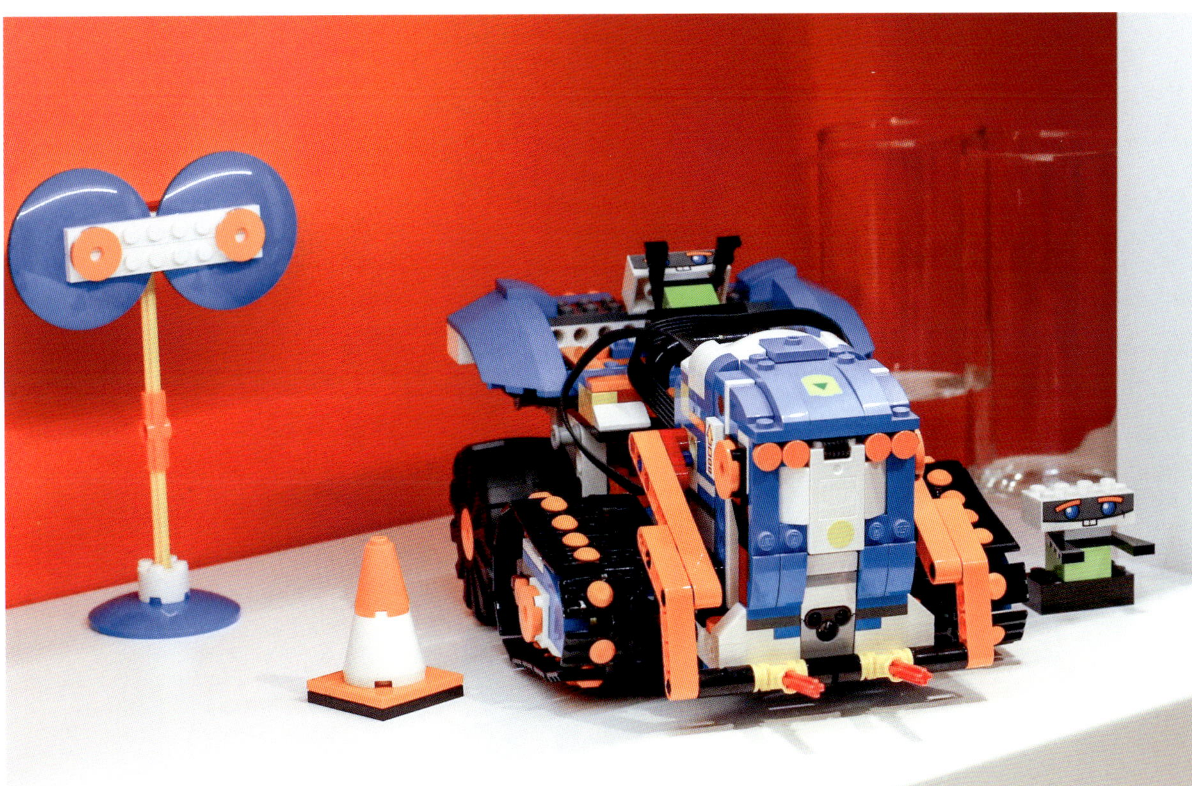

Die Steuerung des Mehrzweck-Rovers erfordert einige Geschicklichkeit.

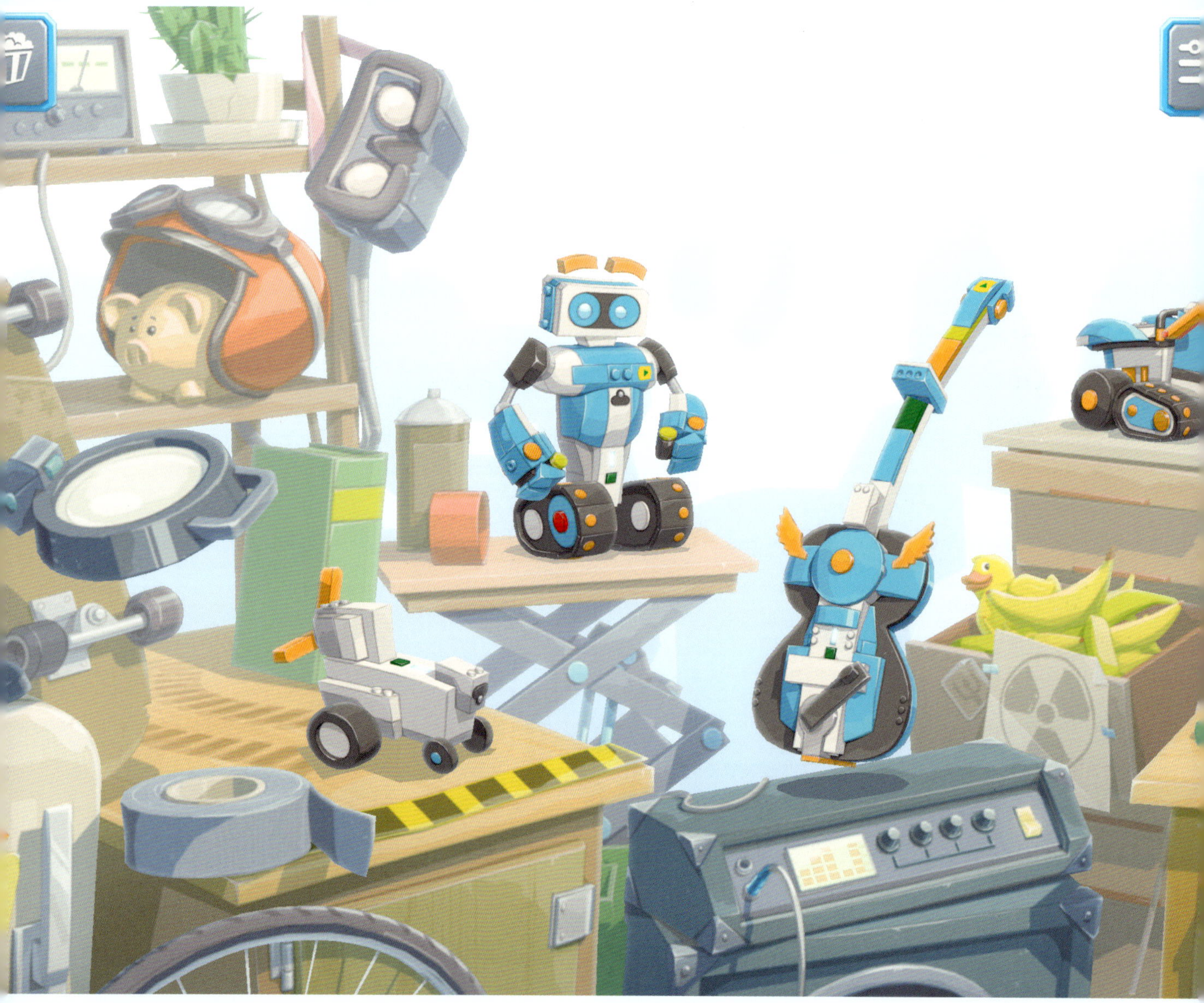

Die Programmierung

5

Erste Schritte

Um schnell zu lernen, wie du LEGO Boost programmierst, ist es sehr hilfreich, mit Vernie zu beginnen und dann nacheinander die anderen Modelle auszuprobieren. Dabei lernst du Schritt für Schritt, welche Befehle es gibt und wie sie funktionieren.

Daher wollen wir dir hier nur eine kurze Einführung zur Programmierung geben und dir dann vor allem die einzelnen Befehle vorstellen.

Programmieren bedeutet, dass das LEGO-Boost-Modell Befehle in einer von dir vorgegebenen Reihenfolge ausführt. Am einfachsten ist das an dem ersten Modell von LEGO Boost zu verstehen, das du zum Einstieg sehr wahrscheinlich gebaut hast. Da hast du schon die Programmierebene gesehen mit einer großen Fläche für deine Programme. Darunter findest du die Befehle für dein Modell.

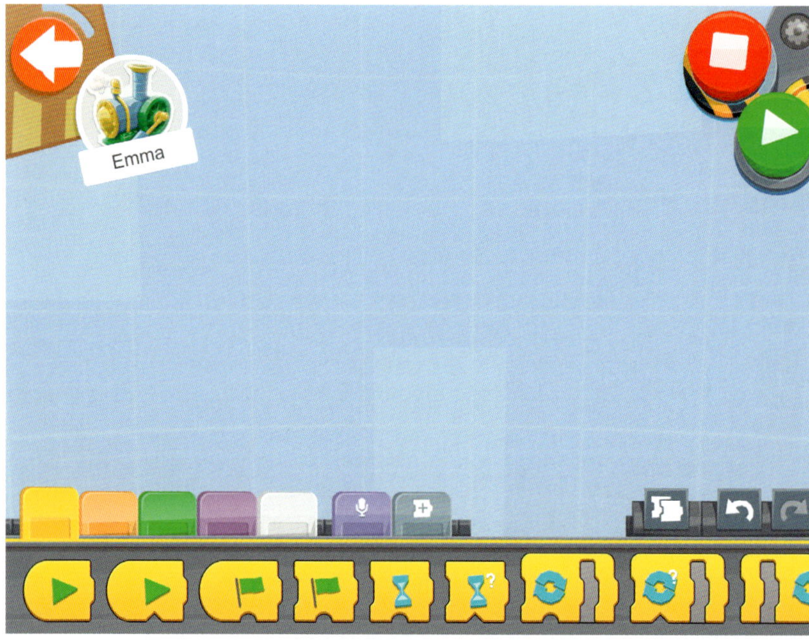

Die Programmieroberfläche der App von LEGO Boost.

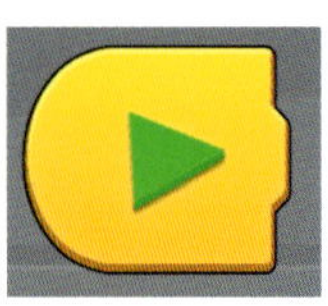

Du ziehst die Befehle einfach aus dem unteren Bereich nach oben und hängst sie dann aneinander. Die App erkennt das und sorgt dafür, dass die Befehle ineinander schnappen und klar zu erkennen ist, welche Befehle zusammengehören. In der Regel beginnst du mit dem grünen Dreieck, das am linken Ende rund ist.

Das bedeutet, dass hier ein neues Programm beginnt. Später kannst du auf dieses grüne Dreieck tippen und das Programm startet.

Alle Befehle nach dem grünen Dreieck werden von links nach rechts ausgeführt. Wenn du zum Beispiel den Befehl »Vorwärtsfahren« (Pfeil nach oben) von Vernie einfügst und dahinter den Befehl »Drehen«, dann wird Vernie zunächst nach vorne fahren und sich danach drehen.

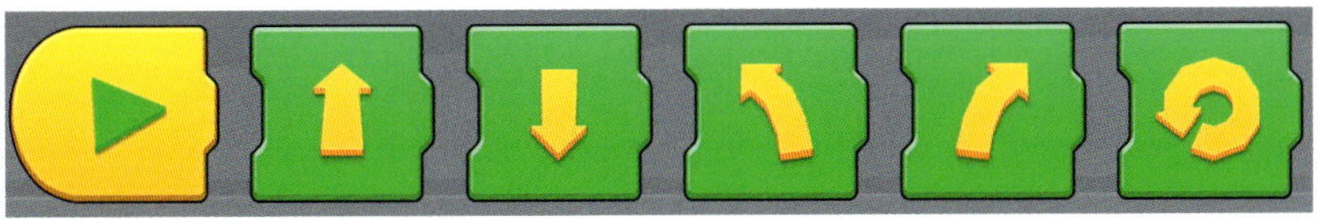

Wenn nun nichts mehr folgt, dann ist das Programm damit zu Ende und du müsstest es erneut starten. Es gibt auch einen Befehl, der das Programm zwangsweise an einer Stelle beendet. Das ist das rote Quadrat mit der Rundung am Ende (der Befehl mit dem roten Quadrat, das am Ende nicht rund ist, dient hingegen zum Beenden anderer Programmstränge).

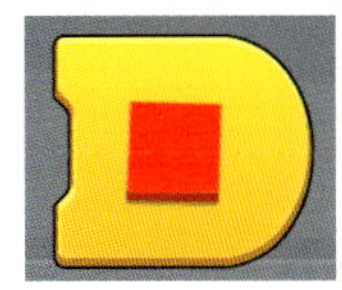

Das brauchst du hier jedoch noch nicht, da bei dieser Programmierung das Programm einfach nach einem Durchlauf sowieso stoppt. Wenn du willst, kannst du aber dennoch an das Ende das rote Quadrat setzen. Sieht dann halt etwas besser aus.

Du kannst das Programm nicht nur durch den Druck auf das grüne Dreieck am Anfang der Kette von Befehlen starten, sondern auch mit dem großen grünen Dreieck oben rechts in der Ecke.

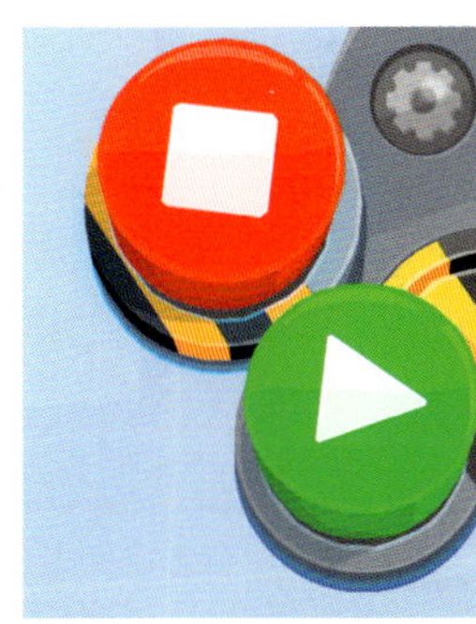

Grün: Alle Programme starten, Rot: alles beenden

Das ist dann wichtig, wenn du mehrere Programme parallel starten möchtest. Du kannst nämlich dein Modell mehrere Dinge gleichzeitig machen lassen. So kannst du zum Beispiel einen Motor nach vorne fahren und gleichzeitig einen anderen Motor was anderes machen lassen. Dazu baust du mehrere Reihen von Befehlen. Alle Reihen beginnen in der Regel mit dem grünen Dreieck (wobei es auch andere Befehle gibt, mit denen du starten kannst) und liegen übereinander. Die

Reihen kannst du nacheinander starten, indem du erst auf den Anfang einer Reihe drückst und dann dasselbe bei einer anderen Reihe machst.

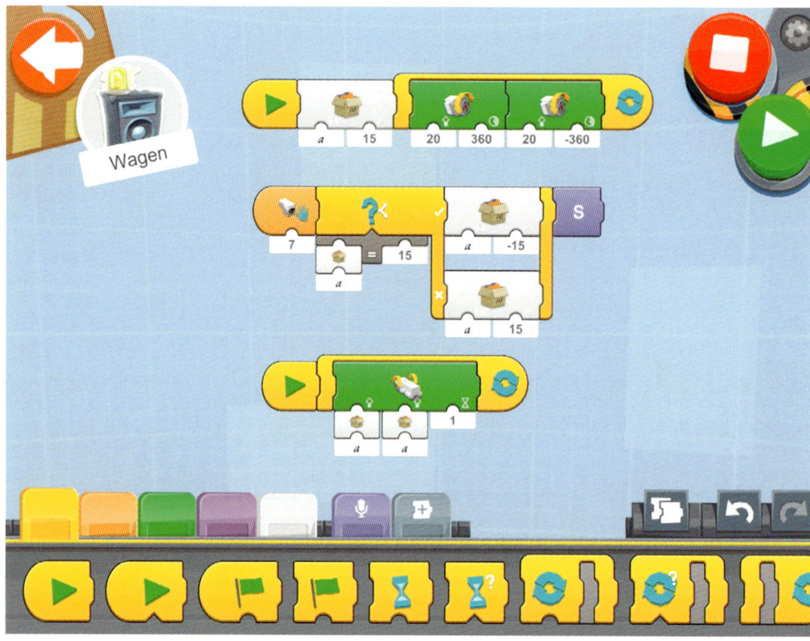

Mehrere Programme laufen parallel.

Willst du alle Reihen gleichzeitig starten, musst du nicht deine Finger verrenken. Dazu brauchst du nur das grüne Dreieck oben rechts in der Ecke zu drücken und alle Programme beginnen sofort zu laufen. Wenn du sie stoppen möchtest, dann brauchst du nur das große rote Quadrat oben rechts zu drücken.

Modelle neu programmieren

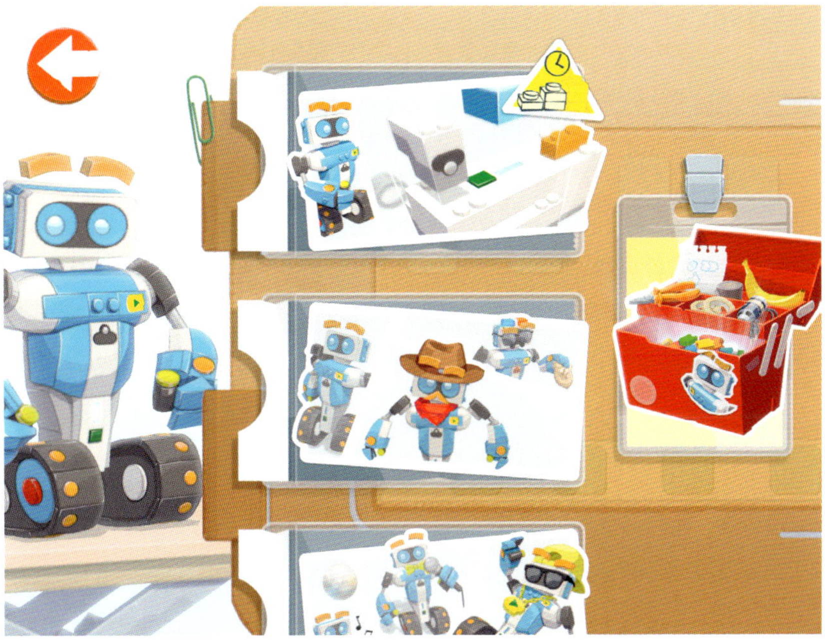

Über den Werkzeugkasten (rechts im Bild) kannst du eigene Programme für die Modelle schreiben.

Wenn du die einzelnen Modelle baust, die dir die App von LEGO Boost vorschlägt, dann hast du dabei viele Befehle, die extra für diese Modelle sind. Diese Befehle kannst du nutzen, um diese Modelle (oder abgeänderte Modelle) neu zu programmieren. Dazu gehst du in der App auf das entsprechende Modell (z. B. die Katze) und klickst auf den Werkzeugkasten, der rechts im Bildschirm zu sehen ist. Die Befehle darin sind jedoch erst dann vollständig, wenn du das Modell fertig gebaut und auch die Aufgaben links im Bildschirm erfüllt hast.

Tipp für Eilige: Wenn du keine Lust hast, alle Modellvarianten nachzubauen, sondern gleich mit allen Befehlen programmieren willst, dann kannst du dich auch einfach durch die Aufgaben durchklicken. Das Modell musst du nicht unbedingt bauen. Nur der Sensor und der Motor müssen angeschlossen sein, damit die App zumindest denkt, dass du das Modell gebaut hast. Allerdings helfen dir die Aufgaben dabei, die Befehle zum Programmieren zu verstehen, und es sind einige witzige und interessante Modelländerungen dabei. Es ist deine Entscheidung.

Um ein neues Programm zu beginnen, drückst du auf das große »+«-Zeichen. Dann erscheint ein Symbol daneben und wenn du das anklickst, dann kannst du da dein eigenes Programm schreiben. Drückst du auf den Schraubenschlüssel oberhalb des Symbols, kannst du noch ein paar Einstellungen vornehmen. Mit dem Stift gibst du deinem Programm einen neuen Namen. Der Pinsel erlaubt dir, eine andere Grafik auszuwählen. Mit dem kleinen »+«-Zeichen auf zwei Rechtecken machst du eine Kopie des Programms, falls du zum Beispiel ein etwas geändertes Programm ausprobieren willst. Und mit dem Mülleimer löschst du das Programm wieder.

Wie du programmierst, erzählen wir dir im nächsten Kapitel.

Freies Programmieren

Möchtest du alles ganz frei programmieren und nicht nur z. B. die Katze oder die Gitarre etwas abändern? Nur zu. Wenn du am Anfang nach dem Start der App die einzelnen Modelle siehst, die du bauen kannst, dann findest du ganz rechts eine Art Tafel bzw. Rollo. Da kannst du dein eigenes Modell bauen.

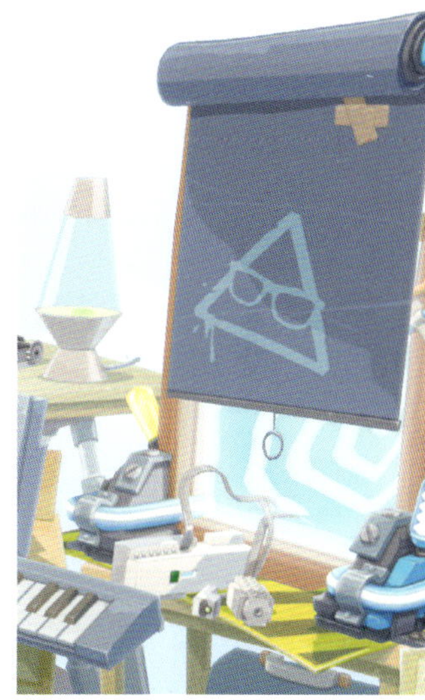

Hinter dem Rollo verbirgt sich das freie Programmieren in der App von LEGO Boost.

Dazu klickst du auf den Wirbel hinter dem Rollo. Danach siehst du nicht nur zwei weitere kleine Modellvorschläge zum Nachbauen, sondern auch ein großes »+«.

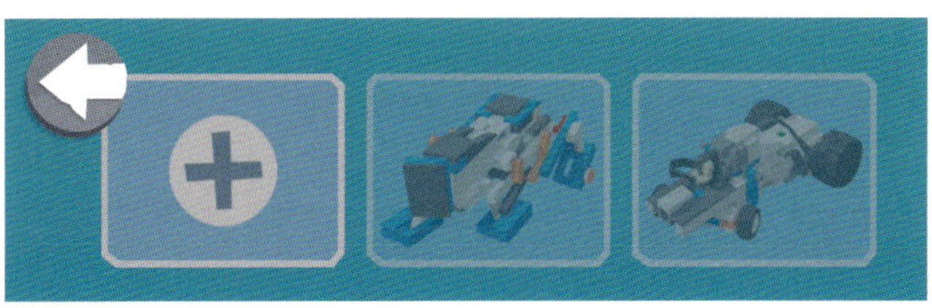

Darüber beginnst du ein neues eigenes Programm. Vor dem Programmieren (oder auch später) kannst du über das Schraubenschlüssel-Symbol ein paar Einstellungen vornehmen. Das sind die gleichen wie beim Programmieren der einzelnen vorgegebenen Modelle:

Mit dem Pinsel-Symbol wählst du ein anderes Bildchen für dein Programm aus.

Mit dem Stift-Symbol kannst du das Programm umbenennen.

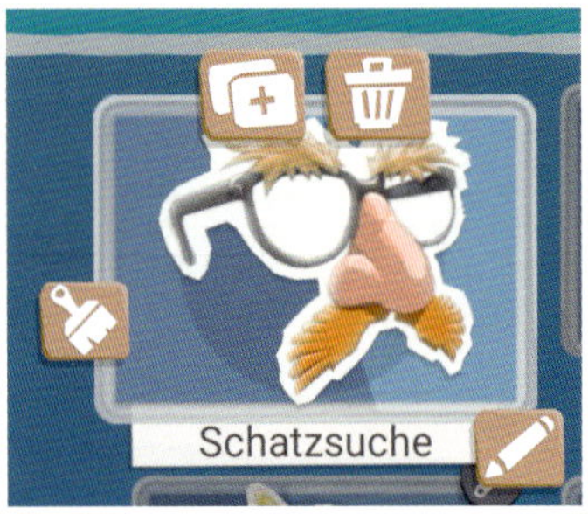

Grundlegende Einstellungen für dein Programm

Mit dem kleinen Plus-Symbol machst du eine Kopie deines Programms. Das kann sinnvoll sein, wenn du verschiedene Varianten ausprobieren möchtest, aber die ursprüngliche Version nicht verloren gehen soll.

Und schließlich gibt es dort noch den Mülleimer, mit dem du dein Programm löschst.

Durch Klick auf das Bildchen des Programms kommst du auf die Programmieroberfläche. Nun will die App meist, dass du deinen Move-Hub anschaltest. Das ist aber in der Regel gar nicht gewollt, wenn du zunächst einfach nur ein wenig rumprobieren willst. Daher kannst du das auch mit dem roten X in der oberen linken Ecke wegklicken.

Über das rote X kannst du das Einschalten des Move-Hub umgehen.

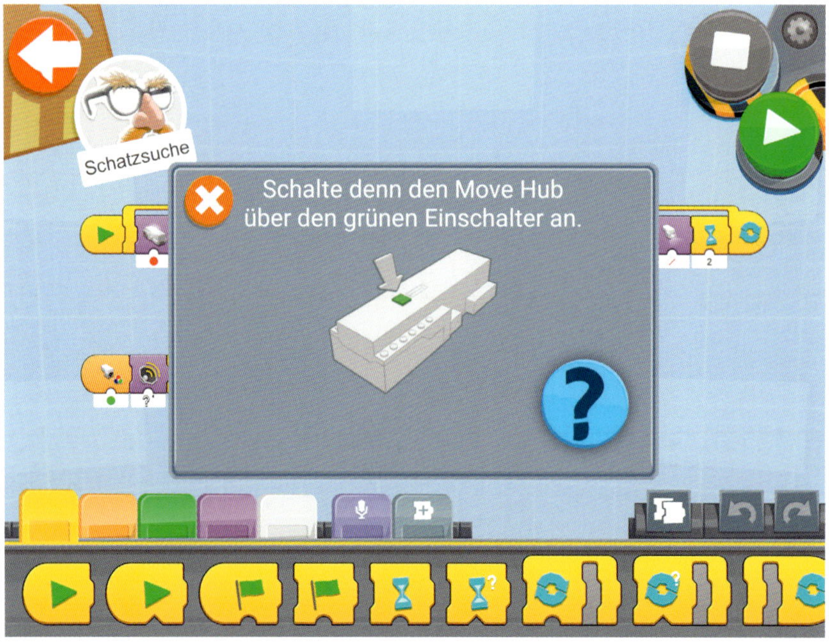

Unten siehst du verschiedenfarbige Reiter, die für unterschiedliche Befehlsgruppen stehen. Der gelbe davon ist schon ausgewählt und daher findest du ganz unten jetzt die allgemeinen Befehle für dein Programm, wie etwa Starten, Warten, Schleifen, Bedingungen und einiges mehr.

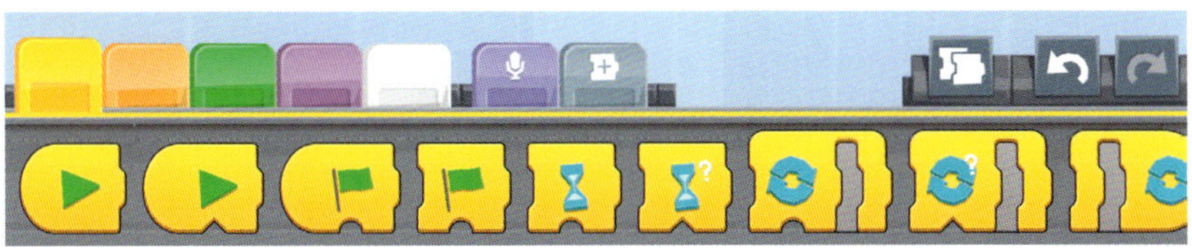

Die gelben Befehle brauchst du für grundlegende Aktionen.

Wenn du den orangen Reiter anklickst, bekommst du die Befehle zum Abfragen der Sensoren und Motoren angezeigt. Auch das Mikrofon deines Tablets kannst du hierüber einbinden. Und schließlich findest du hier die Befehle, mit denen du mittels Schiebereglern, virtuellem Joystick und Knöpfen dein Modell steuern kannst, wie du es von dem Rover-Modell kennst.

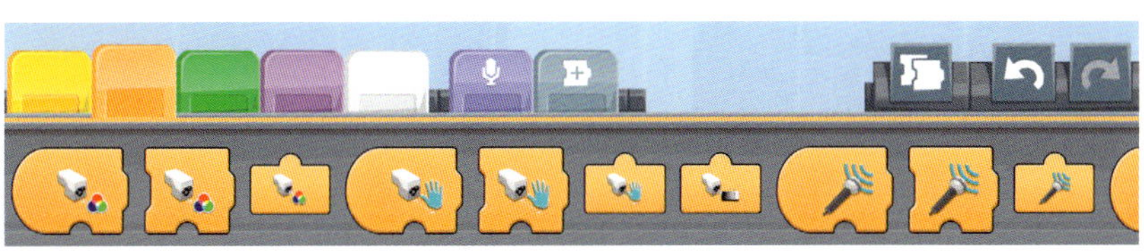

Was geschieht denn hier? Orange Befehle fragen Sensoren, Mikrofon und Motoren ab.

Hinter dem grünen Reiter verbergen sich die Befehle zum Ansprechen der Motoren.

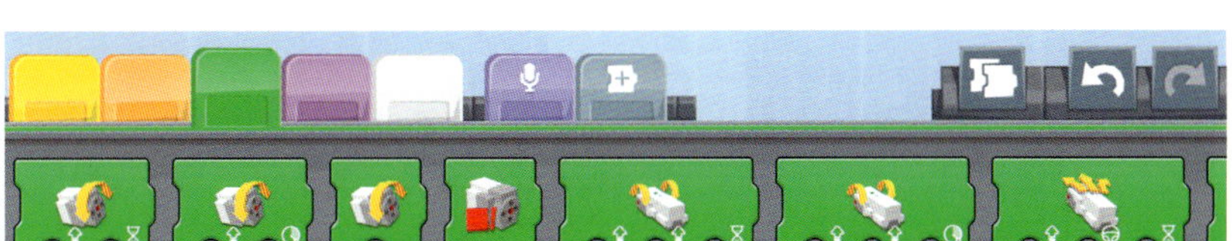

Mit Grün läufts: Mit diesen Blöcken steuerst du die Motoren.

Das ist etwas verwirrend, da auch unter dem orangen Reiter Motorensymbole zu finden sind. Dort jedoch geht es darum abzufragen, ob jemand von außen an den Motoren dreht (z. B. wie bei der Gitarre das Anschlagen funktioniert).

Mit den grünen Befehlen hingegen drehst du die Motoren mit der Geschwindigkeit und in die Richtung, wie du es möchtest.

Mit dem lila Reiter lässt du deine Bots blinken und tönen.

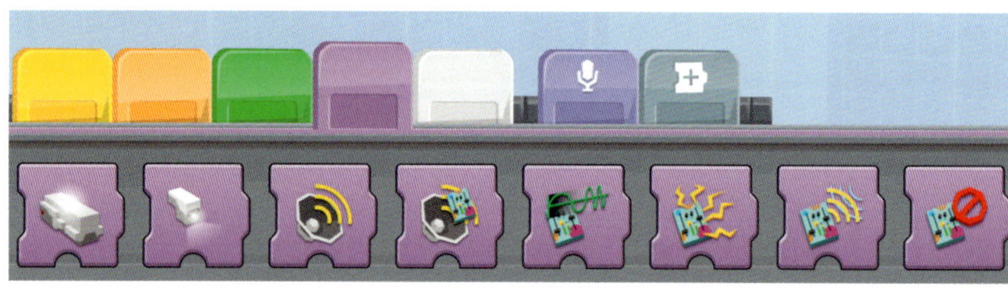

Mit dem lila Reiter rufst du die Befehle auf, die Signale nach außen schicken. So kannst du damit Töne und Geräusche über dein Tablet ausgeben oder auch die Farbe der Lampen auf dem Move-Hub und dem Sensor steuern.

Die weißen Befehle eröffnen fast unbegrenzte Möglichkeiten.

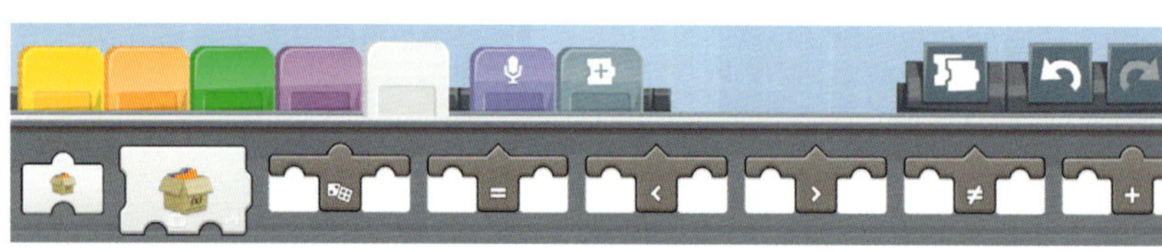

Die Befehle beim weißen Reiter sind schon etwas anspruchsvoller und erlauben aufwendigere Programme. Das sind keine eigenständigen Befehle, sondern Ergänzungen dazu. Diese sogenannten »Argumente« fügst du anderen Befehlen an. Insbesondere erstellst du damit Abfragen, ob z. B. die Rückmeldung eines Sensors größer, kleiner oder gleich einem bestimmten Wert ist. Oder du kannst Zufallszahlen erzeugen (mit dem Würfel-Befehl). So lassen sich viele coole Sachen realisieren. Aber oft muss man auch ein wenig herumprobieren, bis man das erreicht, was man wollte.

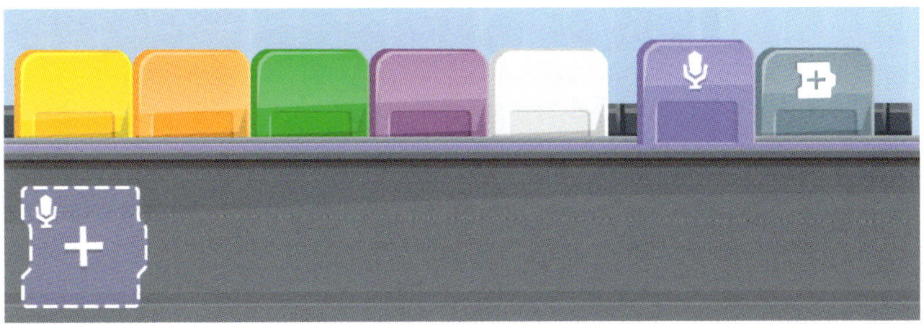

Im Bereich mit dem Mikrofon speicherst du eigene Töne, Klänge oder aufgenommene Sprache.

Mit dem blauen Reiter (der mit dem Mikrofon) kannst du deine eigenen Tonaufnahmen verwalten und einsetzen. Wenn dir die vorgegebenen Töne und Sprüche von LEGO Boost nicht gefallen, dann kannst du darüber eigene Sätze einsprechen und dann in das Programm einbinden. Wenn du also Vernie zu einem Freund fahren lässt, dann kann er ihm (über den Lautsprecher im Tablet) sagen, was du ihm schon immer mal sagen wolltest … Dabei kannst du im Nachhinein deine Stimme sogar von LEGO Boost so verändern lassen, dass sie zum Beispiel wie ein Roboter oder ein Hamster klingt.

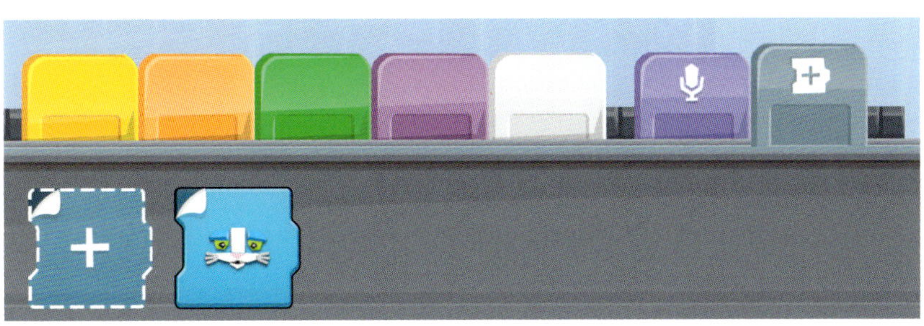

Hier gibt es schon ein Modul, zu erkennen an dem Katzengesicht.

Der graue Reiter mit dem Pluszeichen enthält deine eigenen Befehle. Das bedeutet, dass du Gruppen von Befehlen zusammenfassen kannst und dann mit einem Symbol in dein Programm einbindest. Dies ist insbesondere bei längeren Programmen sinnvoll, um so den Überblick zu behalten. Um damit einen eigenen Befehl zu erzeugen, drückst du unten links auf das Pluszeichen. Dann öffnet sich ein kleiner Bildschirm. Da kannst du nun entweder Teile deines schon fertigen Programms hineinziehen, oder du drückst auf diesen kleinen Bildschirm und hast dann eine neue Oberfläche, auf der du ganz normal dein Programm erstellst.

Tipp: Wenn du den Startbefehl mit dem Finger berührst, kannst du das gesamte Programm dahinter in den Bildschirm für den neuen Befehl hineinziehen.

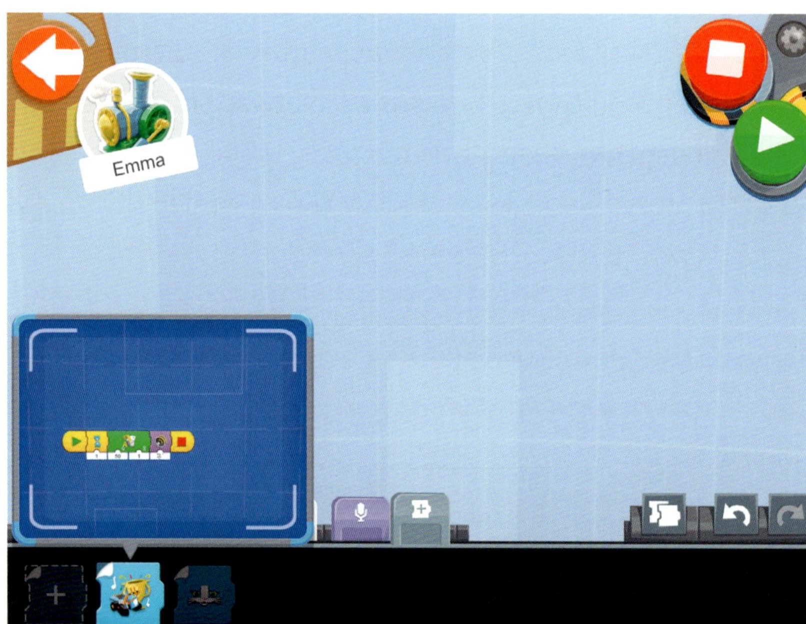

Unten links siehst du die Befehle, die du zu einem Modul zusammengefasst hast.

Mit Klick auf das Symbol des Moduls kannst du das Bildchen dazu ändern und über den Schraubenschlüssel passt du die Farbe an. Wenn du alle Befehle für dieses Modul eingefügt hast, dann klicke einfach auf den roten Pfeil oben links und fertig ist dein eigener kleiner Befehl. Den kannst du dann wie jeden eigenen Befehl in dein Programm ziehen.

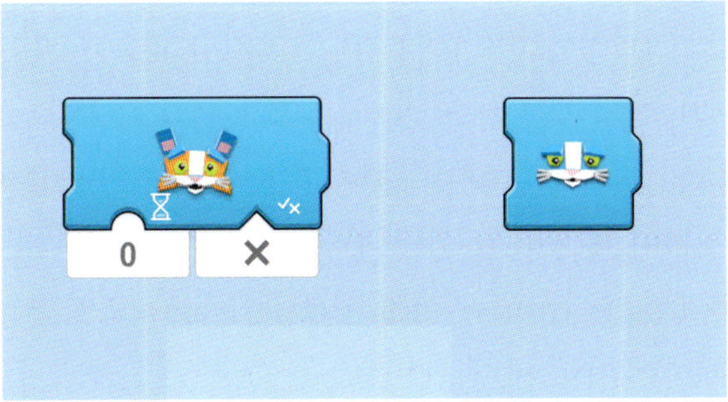

Wenn das Programm später ausgeführt wird, dann werden an dieser Stelle all die Befehle abgearbeitet, die du vorher dazu eingegeben hast. Es ist nur alles etwas schicker so und vor allem deutlich übersichtlicher. Wenn du länger mit LEGO Boost herumprobierst, kann der Moment kommen, wo du das nützlich findest.

Übrigens kannst du sogar Argumente an dein Modul weitergeben. Aber das erklären wir dir gleich im Abschnitt »Argumente«.

Und schließlich gibt es unten rechts noch ein paar Funktionen, mit denen du Programmteile kopieren kannst (die beiden grauen Rechtecke hintereinander), die letzte Änderung zurücknimmst (gebogener Pfeil nach links) oder nach einer versehentlichen Rücknahme einer Änderung diese wiederherstellst (gebogener Pfeil nach rechts).

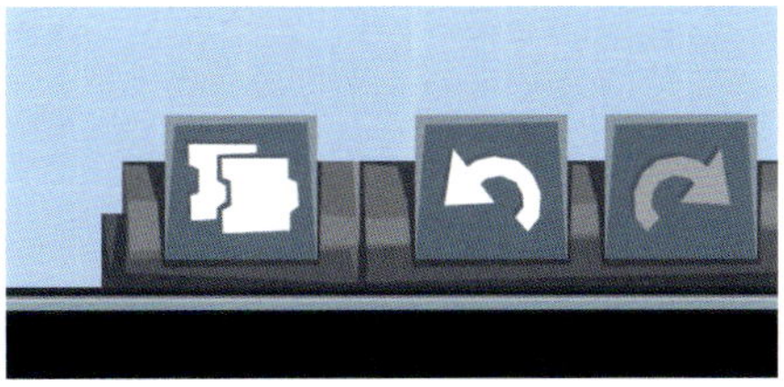

Besondere Befehle

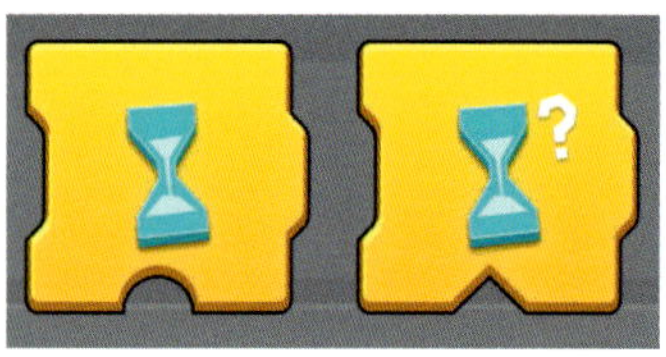

Unter dem gelben Reiter gibt es einige spannende Befehle, die das Programmieren von LEGO Boost besonders interessant machen. Die Befehle mit dem grünen Pfeil und dem roten Quadrat zum Starten und Beenden des Programms hatten wir dir ja schon gezeigt. Der Befehl mit der Sanduhr lässt dich das Programm für einige kurze Zeit anhalten. Dabei kannst du entweder selber eine Zeit angeben, oder du fügst ein Argument ein (siehe unten).

Schleifen

Mit den Befehlen, die zwei gebogene Pfeile zeigen, kann man sogenannte Schleifen bilden.

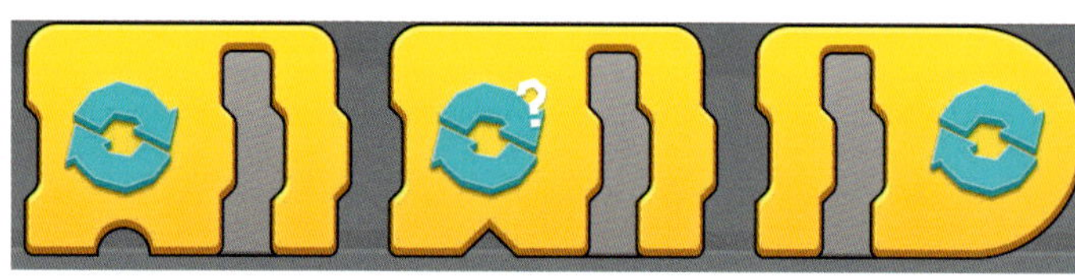

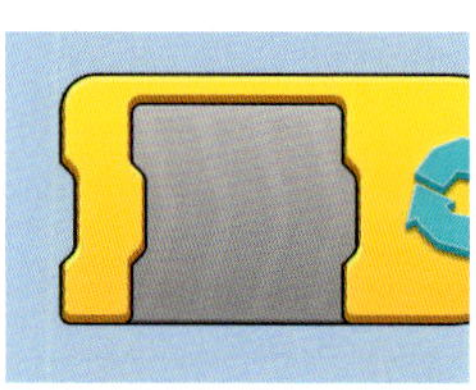

Schleifen dienen dazu, dass du Teile deines Programms mehrmals durchlaufen lassen kannst. Dazu fügst du das Schleifen-Symbol in dein Programm ein und fügst dann in die Lücke die Befehle hinzu, die mehrfach wiederholt werden sollen.

Keine Angst, dass die Lücke so klein erscheint. Sobald du einen Befehl da hineingezogen hast, wird diese Lücke breiter. Es passen also sehr viele Befehle dazwischen. Und wenn es zu unübersichtlich wird, dann kannst du immer noch ein Modul daraus machen.

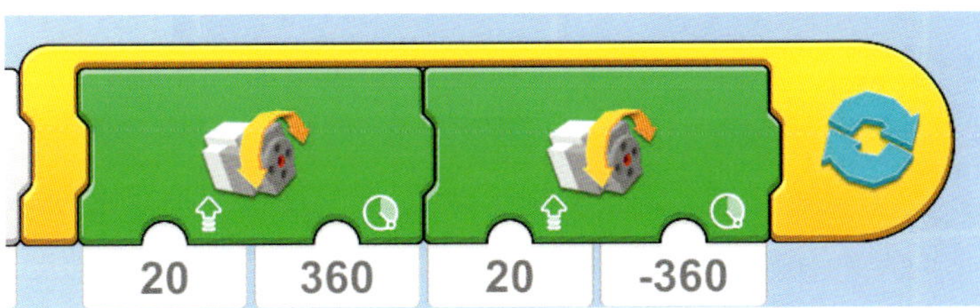

Drei mögliche Arten von Schleifen gibt es bei LEGO Boost:
Bei der mit der runden Einbuchtung gibst du einfach an, wie oft die Befehle wiederholt werden sollen. Dann führt LEGO Boost alle Befehle »im Bauch« des Schleifenbefehls so oft von vorne bis hinten aus, wie du angegeben hast.

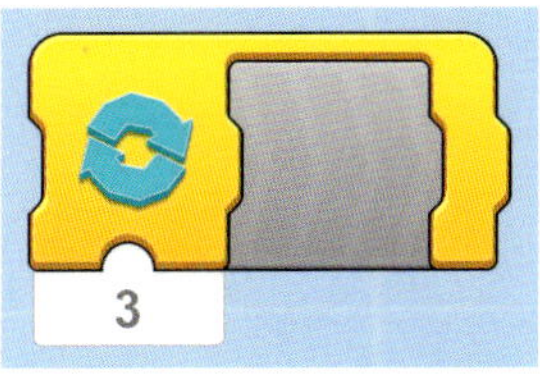

Bei der Schleife mit der eckigen Einbuchtung solltest du ein Argument einfügen (siehe unten).

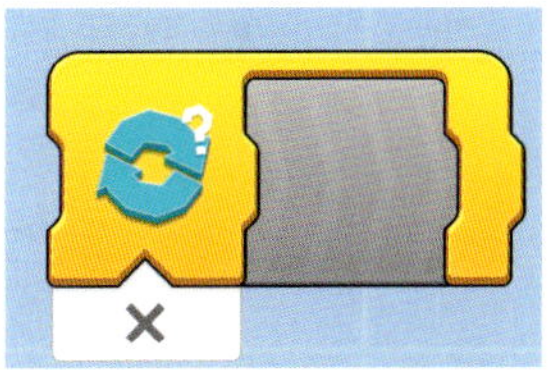

Und die Schleife ohne Einbuchtung läuft einfach so lange, bis du Stopp drückst (oder im Programm der Stopp-Befehl ausgeführt wird) ... oder bis die Batterien im Move-Hub leer sind.

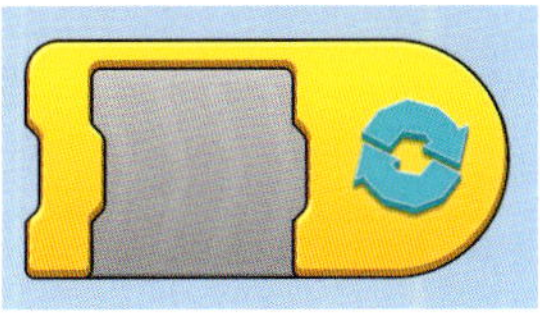

Bedingungen

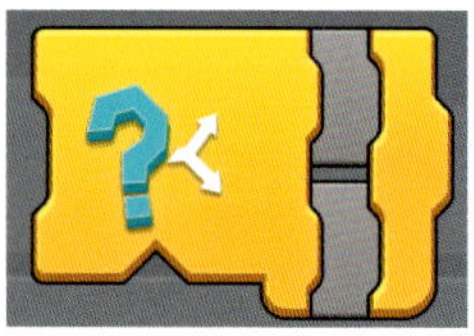

Mit dem Befehl mit dem großen Fragezeichen kannst du eine sogenannte Bedingung einbauen. Bedingungen sind Entscheidungen, die das Programm selbst fällt. Dadurch wird LEGO Boost fast ein wenig intelligent. Am Anfang des Bedingungsbefehls steht eine Frage und je nach Antwort (Haken oder »x«) werden dann entweder die Befehle im oberen Teil oder im unteren Teil abgearbeitet.

In diesen rechten Teil kannst du wieder beliebige Befehle hineinziehen, und das in zwei Ebenen übereinander. Das heißt, dass das Programm an der Stelle je nach bestimmten Umständen entscheidet, ob die oberen Befehle hinter dem Haken oder die unteren Befehle hinter dem »x« ausgeführt werden.

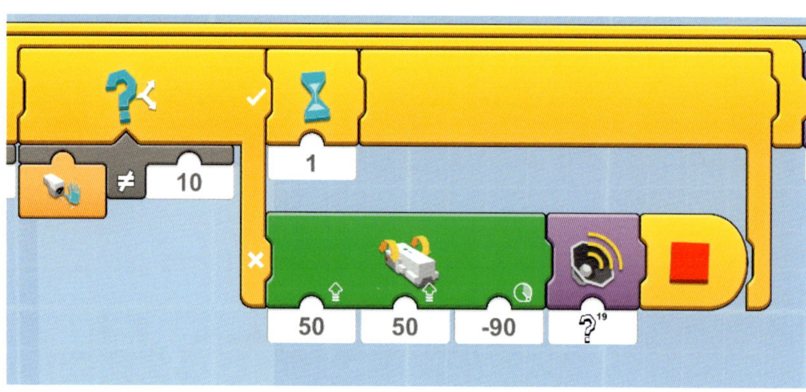

Ob ein Haken oder »x« vorliegt, das wird über das »Argument« in der eckigen Einbuchtung im vorderen Teil des Befehls entschieden. So kannst du zum Beispiel programmieren, dass, wenn der Sensor eine bestimmte Farbe erkannt hat, die Befehle hinter dem Haken ausgeführt werden; wenn diese Farbe

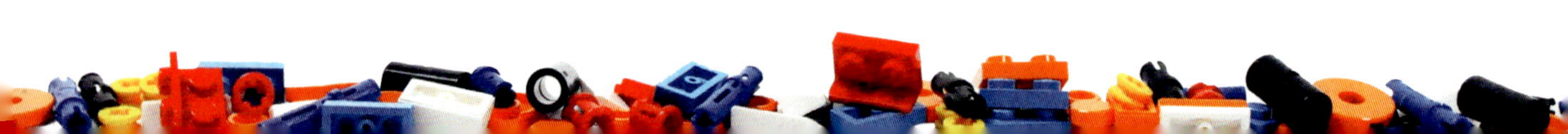

gerade nicht vorliegt, werden die Befehle hinter dem »x« relevant.

Und endlich ist es soweit: Lass uns über Argumente reden …

Argumente

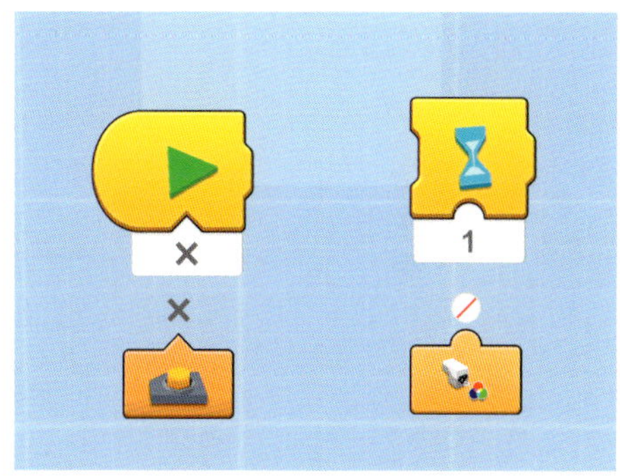

Du wirst schon bemerkt haben, dass einige Befehle bei LEGO Boost runde oder eckige Einbuchtungen haben. Außerdem gibt es Befehle, die oben drauf ein Dreieck oder einen Halbkreis haben.

Diese sind in der Regel etwas kleiner als die »richtigen« Befehle. Man kann sich leicht denken, dass das irgendwie zusammengehört, und das stimmt auch. Die Befehle mit dem Dreieck oben drauf passen in die Befehle mit der eckigen Einbuchtung und die mit dem Halbkreis … du weißt, was wir meinen.

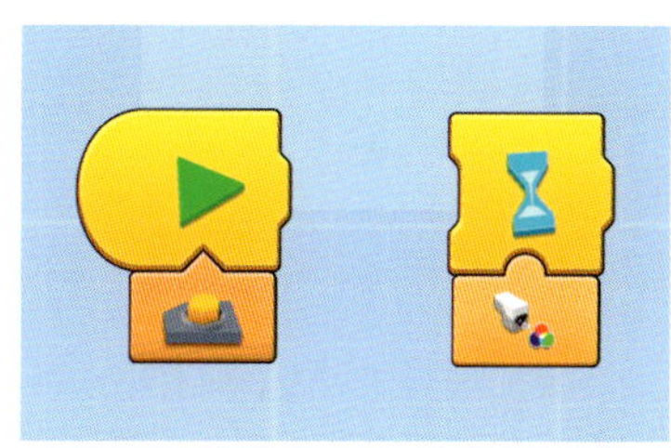

Diese Paare gehören also zusammen. Doch was soll das?

Die Befehle mit den Einbuchtungen sind meist noch gar nicht komplett. Ihnen fehlt noch eine Zahl oder ein Zustand, um richtig zu funktionieren. Baut man die Befehle in ein Programm ein, so gibt LEGO Boost zwar meist einen Wert darin vor.

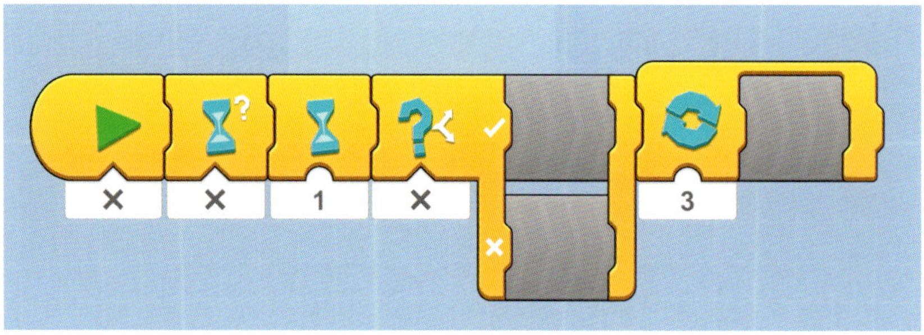

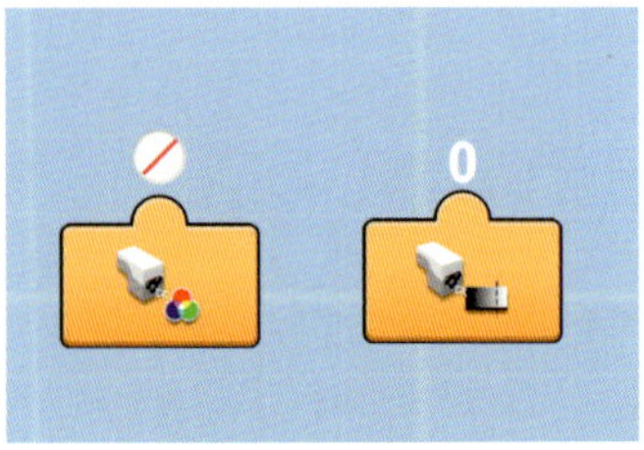

Aber das macht oftmals gar keinen Sinn. Warum solltest du z. B. eine Bedingung einbauen, bei der am Anfang klar ist, dass immer der Haken gegeben ist? Diese Werte sollen sich möglichst auch ändern, damit eine echte Entscheidung fallen kann. Außerdem will man vielleicht darauf reagieren, dass irgendetwas am Modell passiert (z. B. etwas dem Abstandssensor nahekommt oder jemand am Motor dreht). Deshalb gibt es die kleinen Befehle mit den Dreiecken und Halbkreisen oben drauf. Die gibt es etwa bei den Sensoren. Diese kleinen Befehle liefern dann einen Wert (z. B. den Abstand vom Sensor oder die erkannte Farbe) an den großen Befehl darüber.

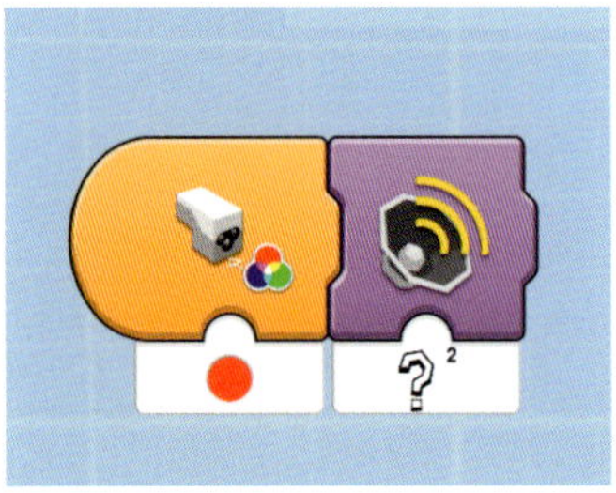

Dieser Wert wird auch »Argument« genannt. Der große Befehl entscheidet dann, was er daraus macht (z. B. einen anderen Befehl auslösen, die Anzahl der Schleifen ändern oder das Programm beenden). Somit kann etwa das Erkennen von »Rot« vor dem Sensor ein »Argument« dafür sein, dass das Programm bei der Bedingung die Befehle mit dem Furzgeräusch abspielt.

Aber warum gibt es nun runde und eckige Ausbuchtungen und Einbuchtungen? Das ist (fast) ganz einfach. Die runden Ein- und Ausbuchtungen sind für Zahlenwerte (wie die Entfernung von einem Gegenstand vom Sensor) oder andere veränderbare Werte (wie etwa eine Farbe) da. Bei den eckigen Ein- und Ausbuchtungen hingegen geht es um nur zwei mögliche Ergebnisse. Entweder kommt als Resultat der Haken raus (was für »ja« oder »ist so« steht) oder das Kreuz »x« (was für »nein« oder »ist nicht« steht).

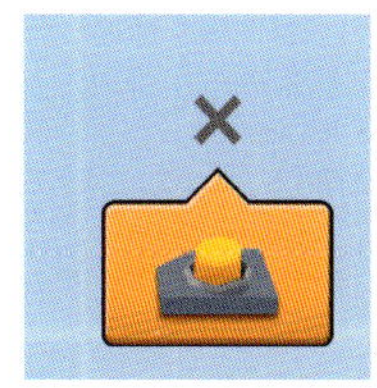

Mit den Befehlen unter dem weißen Reiter kann man das sogar noch verkomplizieren und eine weitere Ebene bilden. Dann nimmt man etwa den schwarzen Befehl mit dem Gleichheitszeichen und die beiden runden Einbuchtungen links und rechts davon.

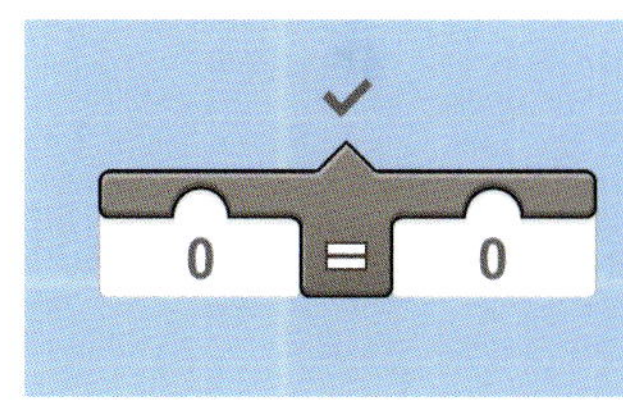

Auf der einen Seite kannst du dann z. B. das Argument mit dem Sensorwert hineinziehen und auf der anderen Seite wählst du dann eine Zahl (z. B. die »10«) aus.

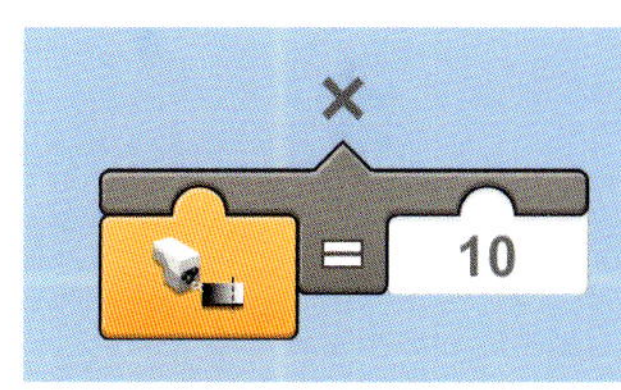

Dieses ganze Gebilde wiederum zieht man in die eckige Ausbuchtung eines anderen Befehls. Was bedeutet das? Das schwarze Gebilde guckt nun, ob der Sensorwert gleich 10 ist. Ist er es nicht, dann liefert es ein »x« (für »ist nicht«) an den Befehl darüber. Wenn der Sensorwert doch 10 ist, dann gibt es stattdessen den Haken. Und der Befehl darüber macht dann das, was er üblicherweise bei einem »x« oder Haken machen würde. Klingt kompliziert? Ist es auch zunächst ein wenig. Aber das Schöne ist, dass man bei LEGO Boost einfach alles ausprobieren kann. Wenn das Programm dann nach einigem Hin- und Herziehen der Befehle und Ausprobieren vieler »Argumente« tatsächlich das macht, was du wolltest, dann darfst du dich zu Recht cool fühlen.

Lust darauf, dass es noch ein wenig komplizierter wird? Dann zieh mal Befehle mit Einbuchtungen in deine eigenen Module, die du unter dem grauen Reiter erstellen kannst. Dann siehst du unten kleine blaue Argumente mit Zahlen darin.

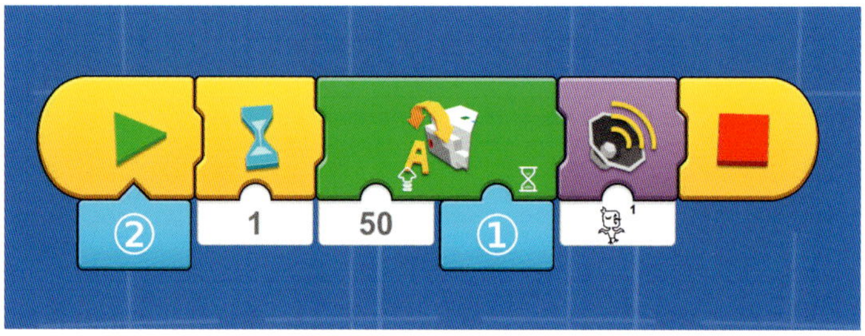

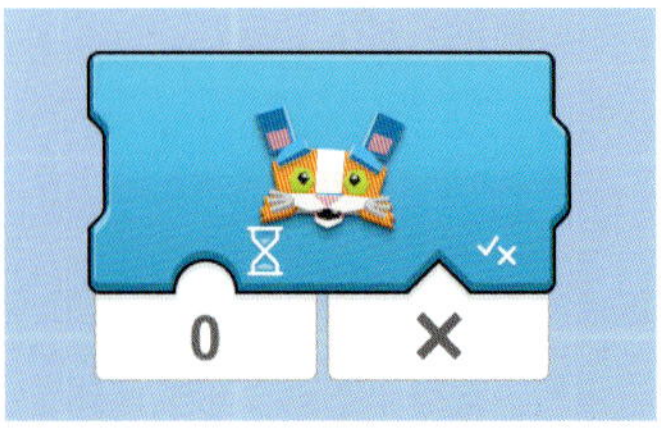

Die kannst du an deine Befehle heften. Allerdings ist noch überhaupt nicht klar, was diese Argumente später einmal darstellen werden. Denn wenn du nun zurück auf die normale Programmieroberfläche gehst, dann wirst du entdecken, dass dein eigenes Modul plötzlich Einbuchtungen hat. Da kannst du nun wieder an deinen eigenen Befehl (also das Modul mit deiner Sammlung an Befehlen) andere Argumente ziehen.

Puh. Wer das richtig hinbekommt, der ist zu Recht ein Meister in LEGO Boost.

Übrigens kannst du hierüber auch Bedingungen programmieren, wenn dir der Befehl mit dem Fragezeichen (siehe oben) dafür zu unübersichtlich wird. Dafür nimmst du aus dem gelben Reiter den Befehl mit der grünen Flagge. Den gibt es zweimal: einmal als Startbefehl mit der Rundung am Anfang und als Befehl im Innern einer Programmierung. Beiden Befehlen können wieder Argumente zugefügt werden, die eine Zahl darstellen. In der Regel gibst du dem Startbefehl eine feste Nummer. Dieser Strang wird dann erst ausgeführt, wenn der andere Flaggen-Befehl (der ohne die Rundung) erreicht wird und das Argument dort die passende Zahl auswirft. Das kann dann zum Beispiel eine Zufallszahl sein oder auch das Ergebnis einer Messung mit dem Sensor. Gibt der Sensor beispielsweise als Entfernung eines Hindernisses den Wert »5« aus, wird dann Programm Nr. 5 ausgeführt. Damit lassen sich einige interessante Konstruktionen verwirklichen.

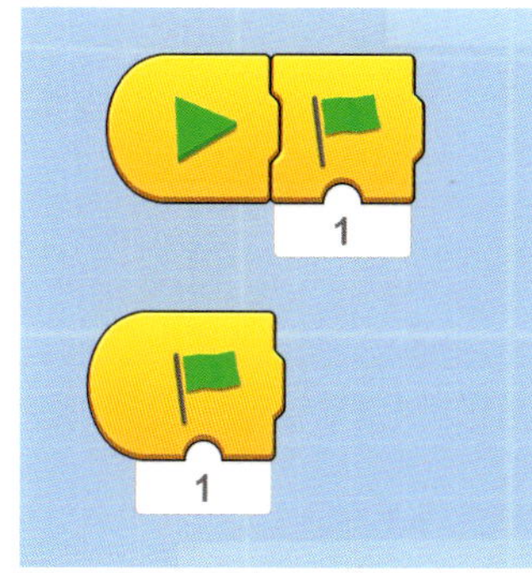

Oben die Fahne, die dann die untere Befehlskette mit der »1« startet.

Variablen

Vielleicht ist dir beim weißen Reiter ganz am Anfang der Befehl mit dem Pappkarton aufgefallen.

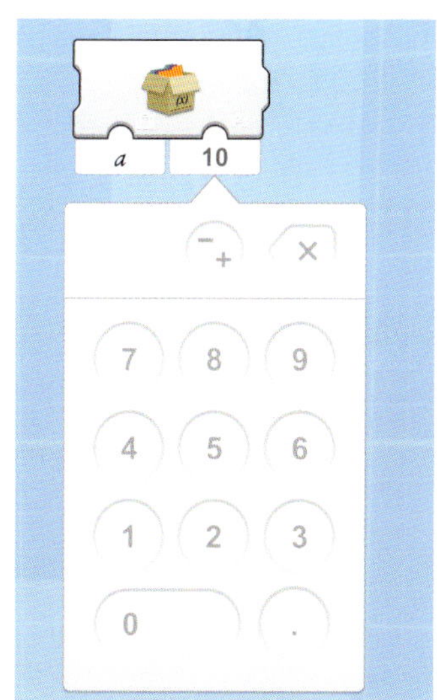

Links der Name der Variablen, rechts sein Wert.

Damit kannst du Variablen nutzen. Variablen sind etwas, das es in jeder großen Programmiersprache gibt, und man kann damit einige aufwendige Programme schreiben. Die Idee dahinter ist, dass du eine Zahl quasi tatsächlich in einem Karton verstaust. Zum Beispiel könntest du darein die Zahl legen, die ein Sensor zurückgemeldet hat. Meldet der Abstandssensor etwa die »5«, dann kannst du diese »5« für später aufbewahren und wieder hervorholen, wenn du sie irgendwann im Programm wieder benötigst.

Dafür nutzt du diesen Befehl mit dem Pappkarton. Der große Befehl mit den zwei runden Einbuchtungen ist für das Einlegen (Speichern) und der kleine Befehl mit dem Karton dient dazu, die Zahl wieder hervorzuholen. Zwei Argumente werden bei dem großen Befehl zum Reinlegen der Zahl benötigt.

Der linke Befehl setzt die Variable »a« auf »0« und der rechte Befehl zeigt an, dass »a« gleich »0« ist.

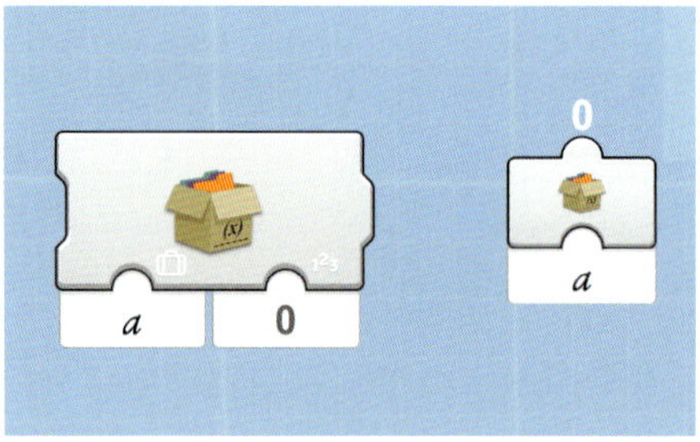

Das erste Argument ist ein Buchstabe oder Zeichen, das du dort frei auswählen kannst. Du kannst nämlich mehrere Variablen einrichten (also quasi mehrere Kartons zum Speichern). Damit du die Kartons auseinanderhalten kannst, schreibst du auf jeden einen anderen Buchstaben oder ein Zeichen. Das machst du mit dem ersten Argument.

Links der Befehl, der »a« gleich 10 setzt und rechts die Abfrage, ob »a« gleich 10 ist. Wenn das so ist, dann hört das Programm auf zu warten.

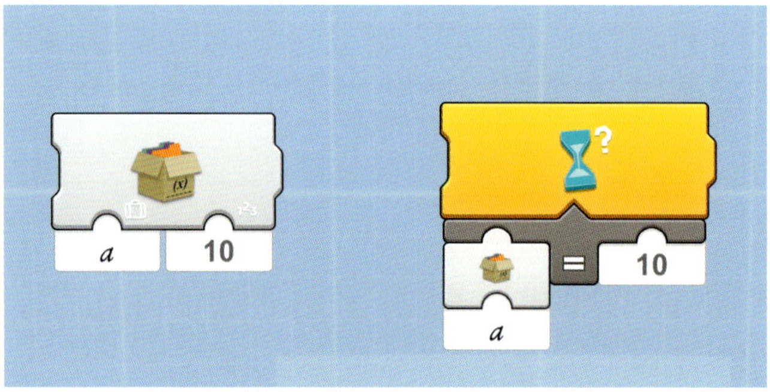

Das zweite Argument ist der Inhalt des Kartons, also die Zahl, die du hineinlegst und speicherst. Entweder wählst du eine feste Zahl aus. Oder du baust hier wiederum einen anderen Befehl ein, der eine Zahl liefert. Das kann zum Beispiel das Ergebnis der Abfrage eines Sensors sein oder auch eine Zufallszahl aus dem Zufallszahlengenerator.

Willst du diese Zahl dann später wieder hervorholen, dann nimmst du den kleinen Karton-Befehl und baust ihn als Argument ein – zum Beispiel bei der Schleife in die Anzahl der Durchläufe.

Du kannst auch jederzeit mit dem großen Karton-Befehl die Variable neu beschreiben und damit ändern. Oder du machst ganz neue Variablen.

Übersicht der wichtigsten Funktionen

Nachdem du alle LEGO-Boost-Modelle in der App Schritt für Schritt zusammengebaut und die verschiedenen Funktionen und Steuerungsbefehle kennengelernt hast, ist es nun an der Zeit, deine eigenen Modelle zu entwickeln. Damit es direkt losgehen kann und du nicht unnötig Zeit für die Suche nach den einzelnen Kommandos aufbringen musst, haben wir für dich eine praktische Übersicht mit den wichtigsten Funktionen erstellt.

Zur besseren Orientierung haben wir die Befehle in Kategorien unterteilt, die in der LEGO-Boost-App auch anhand der verschiedenen Farben deutlich erkennbar sind.

Flow Blocks

Die sogenannten Flow Blocks stellen die Standardfunktionen von LEGO Boost dar. Es gibt wohl kaum eine Befehlskette, die ohne die gelben Icons auskommt.

	Mit diesem Icon beginnt meistens eine Befehlsfolge bei LEGO Boost. Zum Starten einfach den Button antippen.
	Die Befehlsfolge startet erst, wenn eine vorher festgelegte Bedingung erfüllt ist.
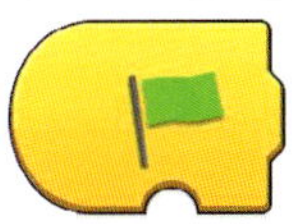	Die Befehlsfolge wird gestartet, sobald die Aktivierung durch einen anderen Marker (die Fahne) erfolgt.
	Dieses Icon sorgt dafür, dass andere Befehlsfolgen, die mit einem Fahnensymbol beginnen, gestartet werden.
	Zwischen 1 und 9.999 Sekunden warten, bevor es weitergeht.
	So lange warten, bis eine vorab definierte Bedingung erfüllt ist.
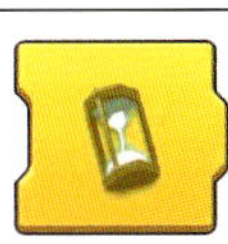	Eine Sekunde warten, dann geht es weiter. Die Wartezeit ist hier von den Entwicklern voreingestellt.
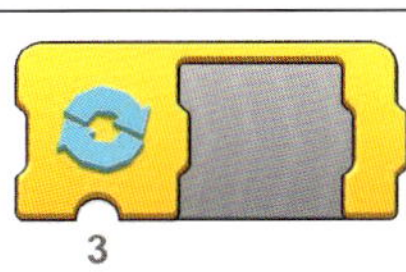	Den eingefügten Befehl in dem Icon x-mal wiederholen.
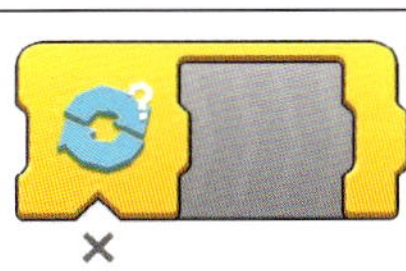	So lange den eingefügten Befehl wiederholen, bis eine vorab festgelegte Bedingung erfüllt ist.

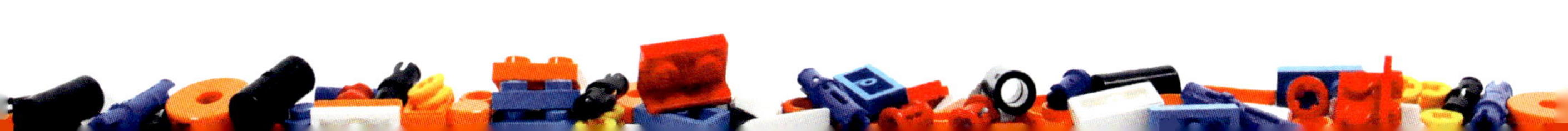

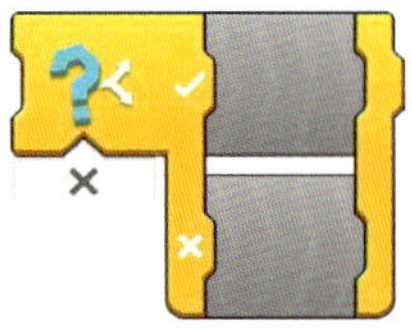	Wenn die Bedingung zutrifft, mit der oberen Befehlsfolge fortfahren. Falls nicht, wird mit der unteren Befehlsfolge weitergemacht.
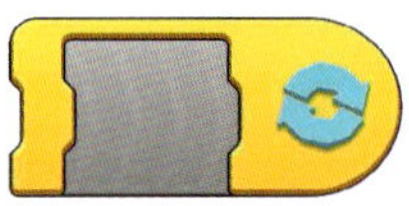	Den eingefügten Befehl so lange wiederholen, bis die Batterien des Move-Hubs leer sind oder du die Befehlsfolge manuell abbrichst.
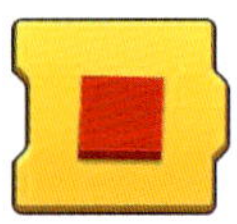	Die aktive Befehlsfolge wird angehalten.
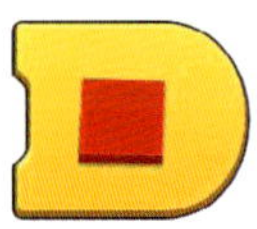	Alle Befehlsfolgen werden angehalten.

Movement Blocks

Die Movement Blocks – also »Bewegungs-Blöcke« – bieten dir eine Vielzahl an Steuerungsfunktionen. Mit den grünen Icons kannst du deinem Modell Leben einhauchen. Ansteuern kannst du neben den beiden eingebauten Motoren im Move-Hub auch den externen Motor. Bitte beachte, dass nicht alle Icons im Modus »Freies Programmieren« erhältlich sind, sondern teilweise nur bei den einzelnen LEGO-Boost-Modellen.

	Einmal schnell vorwärtsfahren.
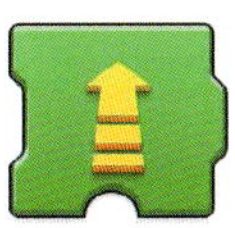	X-mal schnell vorwärtsfahren.
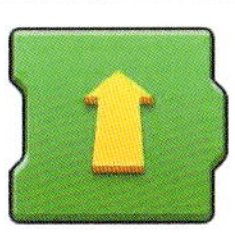	Einmal mit normaler Geschwindigkeit vorwärtsfahren.
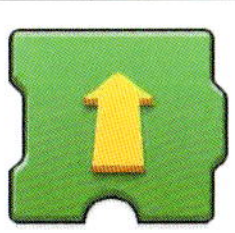	X-mal mit normaler Geschwindigkeit vorwärtsfahren.
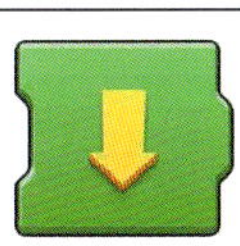	Einmal mit normaler Geschwindigkeit rückwärtsfahren.
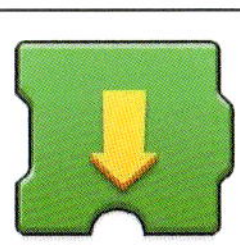	X-mal mit normaler Geschwindigkeit rückwärtsfahren.
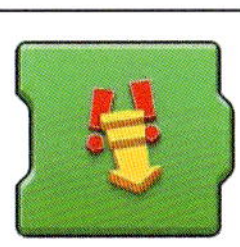	Einmal schnell rückwärtsfahren.

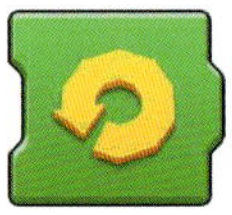	Schnelle 360-Grad-Drehung gegen den Uhrzeigersinn.
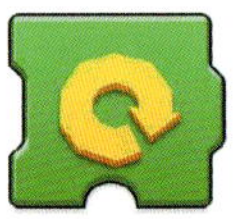	Schnelle Drehung im Uhrzeigersinn. Der Winkel ist frei wählbar, einfach einen Wert zwischen 0 und 360 Grad auswählen.
	Zufällige Drehung im Uhrzeigersinn. Der Würfel entscheidet. Probiere es aus und lass dich überraschen!
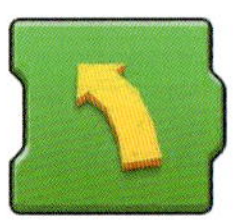	Circa 10 cm geradeaus und dann eine 45-Grad-Drehung nach links.
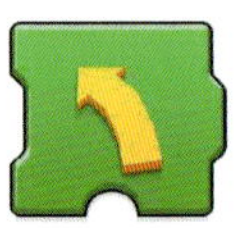	Um x Grad Drehung nach links.
	Circa 10 cm geradeaus und dann eine 45-Grad-Drehung nach rechts.
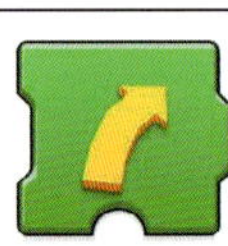	Um x Grad Drehung nach rechts.
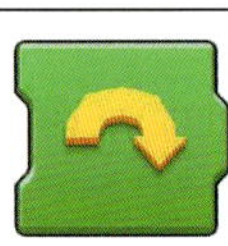	180-Grad -Drehung im Uhrzeigersinn.
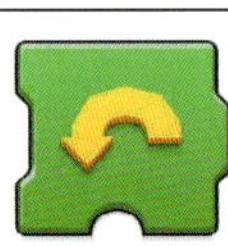	Langsame Drehung um x Grad gegen den Uhrzeigersinn.
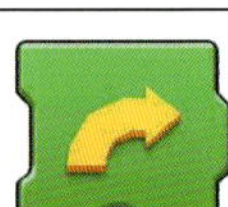	Um x Grad Drehung im Uhrzeigersinn.
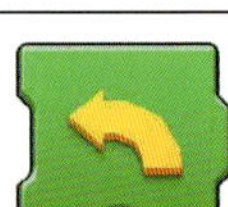	Um x Grad Drehung gegen den Uhrzeigersinn.

Besonderheiten: Steuerungsbefehle für den externen Motor

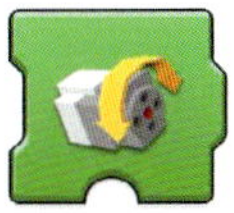	Externer Motor dreht sich mit einer vorab definierten Geschwindigkeit. Einfach einen Wert zwischen –100 und +100 auswählen und schauen, was passiert.
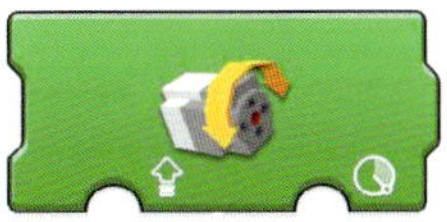	Externer Motor dreht sich. Neben Geschwindigkeit der Drehung kannst du auch festlegen, bis zu welcher Position sich der Motor drehen soll.
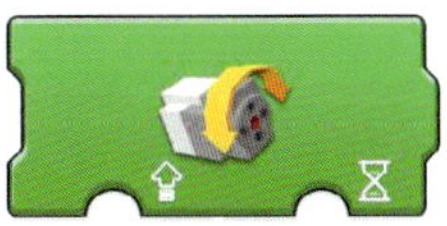	Externer Motor dreht sich. Neben der Geschwindigkeit kannst du hier festlegen, wie viele Sekunden die Drehung erfolgen soll.
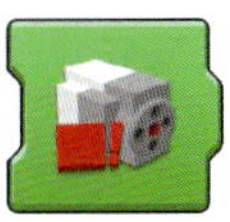	Stopp! Stillstand! Externer Motor beendet Drehung.

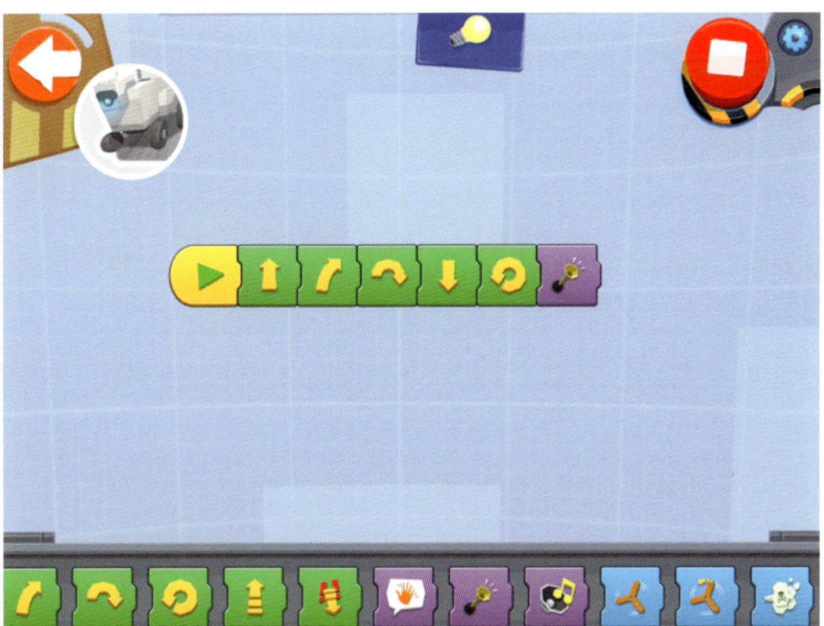

Verschiedene Steuerungsbefehle hintereinander. Zum Schluss wird noch die Hupe betätigt.

Besonderheiten: Steuerungsbefehle für die beiden Motoren im Move-Hub

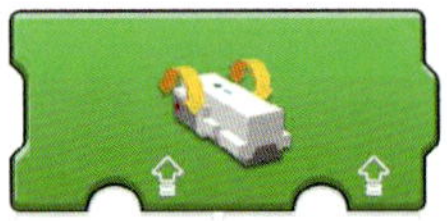	Beide Move-Hub-Motoren (A und B) drehen sich mit einer vorab definierten Geschwindigkeit. Zur Auswahl steht jeweils ein Wert von –100 bis +100, je nach Richtung.
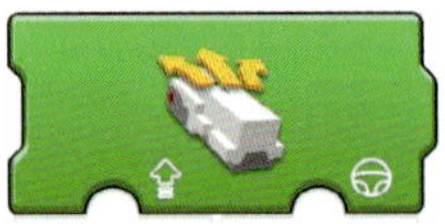	Motor A und B drehen sich mit der Geschwindigkeit x. Zusätzlich kann die Richtung gesteuert werden.
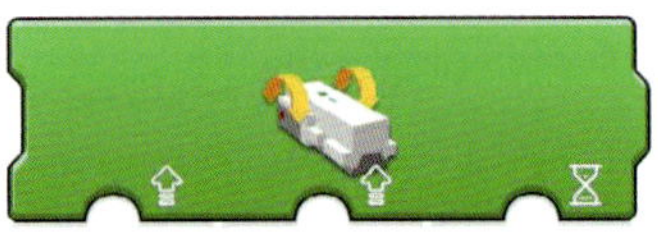	Motor A und B drehen sich mit der Geschwindigkeit x für eine bestimmte Zeit (in Sekunden).
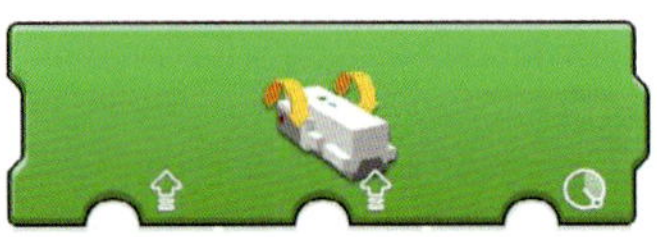	Motor A und B drehen sich so lange mit der Geschwindigkeit x, bis eine bestimmte Position erreicht ist.
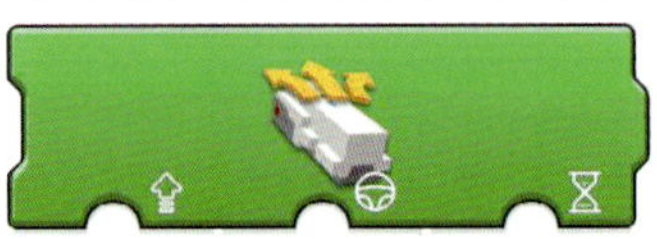	Motor A und B drehen sich für eine bestimmte Zeit mit der Geschwindigkeit x. Zusätzlich kann die Richtung gesteuert werden.
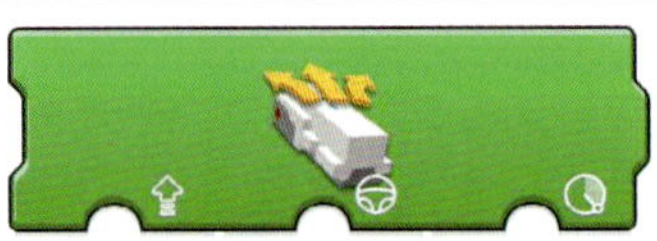	Motor A und B drehen sich so lange mit der Geschwindigkeit x, bis eine bestimmte Position erreicht ist. Zusätzlich kann die Richtung gesteuert werden.
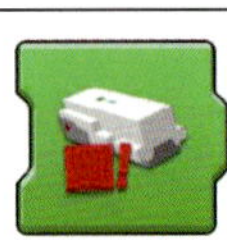	Beide Move-Hub-Motoren stoppen.
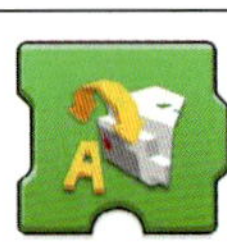	Motor A mit der Geschwindigkeit x bewegen.
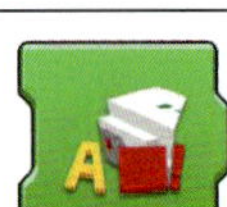	Motor A stoppen.
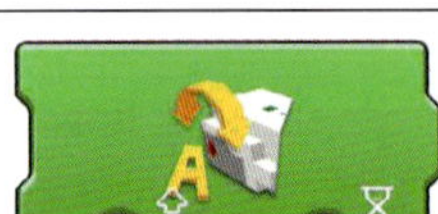	Motor A mit der Geschwindigkeit x bewegen, und zwar für x Sekunden.

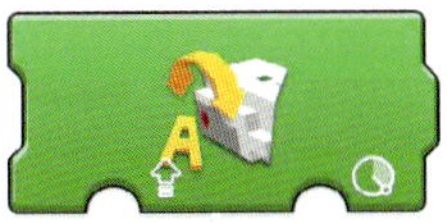	Motor A so lange bewegen, bis eine bestimmte Position erreicht ist.
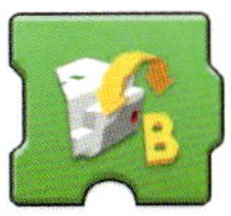	Motor B mit der Geschwindigkeit x bewegen.
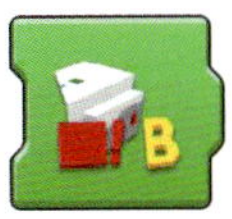	Motor B stoppen.
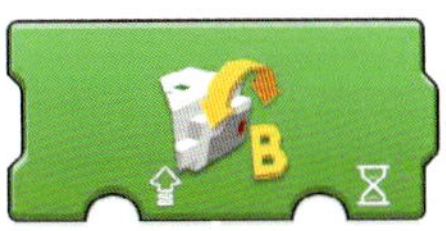	Motor B mit der Geschwindigkeit x bewegen, und zwar für x Sekunden.
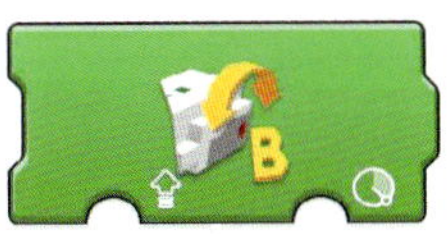	Motor B so lange bewegen, bis eine bestimmte Position erreicht ist.

Besonderheiten: Steuerungsbefehle für den Roboter Vernie

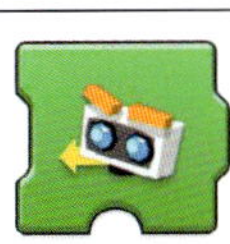	Vernie dreht seinen Kopf nach links.
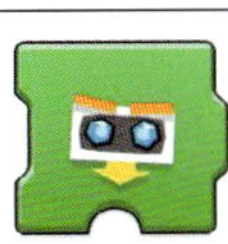	Vernie dreht den Kopf, um geradeaus zu schauen.
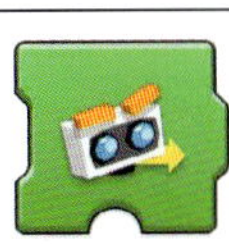	Der Roboter dreht den Kopf nach rechts.
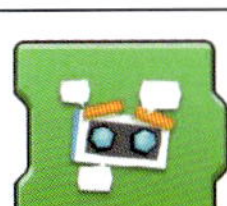	Vernie bewegt den Kopf in eine zufällige Richtung.

Besonderheiten: Steuerungsbefehle für die Katze Frankie

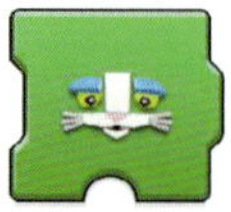	Frankie bewegt den Kopf und schaut geradeaus.
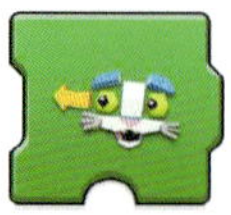	Kopfdrehung nach links.
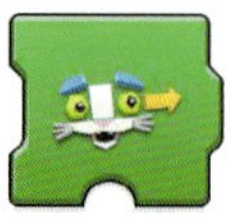	Kopfdrehung nach rechts.
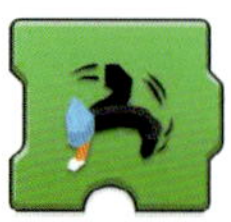	Die Katze wedelt mit dem Schwanz.
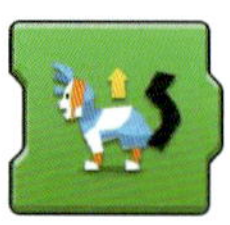	Frankie steht auf.
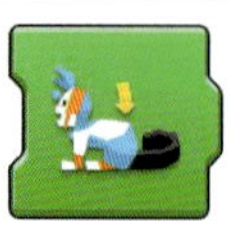	Frankie setzt sich hin.

Besonderheiten: Steuerungsbefehle für die Fabrik

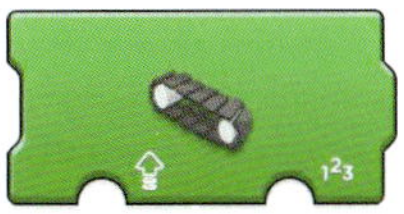	Förderband für x Sekunden bewegen.
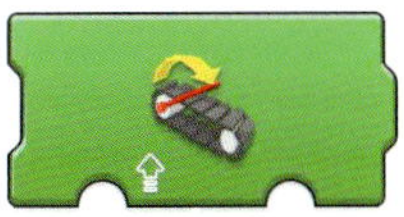	Förderband zur Position x bewegen.
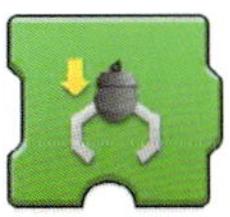	Greifarm senken.
	Greifarm heben.
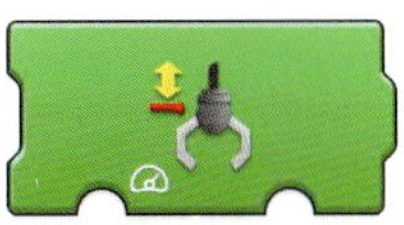	Greifarm zur Position x bewegen.
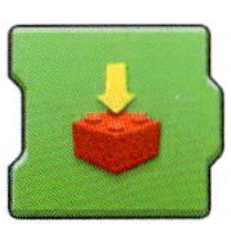	Baustein ablegen.
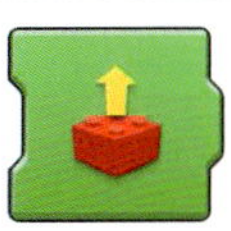	Baustein aufnehmen.
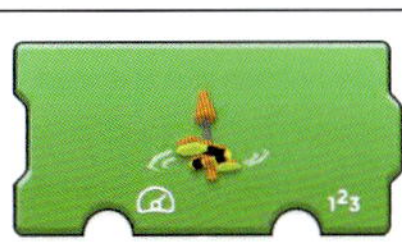	Gelenk x Sekunden lang drehen.

Sensor Blocks

Die Sensor Blocks, also die Sensor-Funktionen, sind neben den Kommandos zur Steuerung deiner Modelle das wichtigste Element bei LEGO Boost – und sie machen richtig viel Spaß. Mit den orangefarbenen Icons kannst du deine Kreativität ausleben, da die meisten Befehle eine Vielzahl an Variationen zulassen.

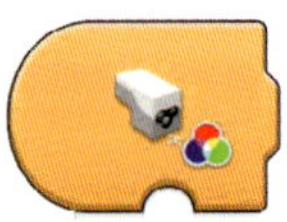	Warten auf eine vorher definierte Farbe, um die weiteren Kommandos zu starten.
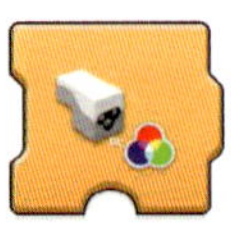	Warten auf die Farbe, dann erst wird das Programm fortgesetzt.
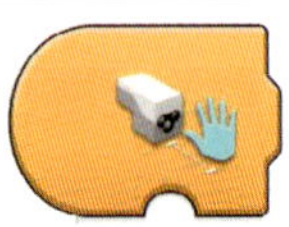	Warten auf eine Bewegung innerhalb eines vorab festgelegten Abstandes. Ist dies der Fall, wird das Programm gestartet.
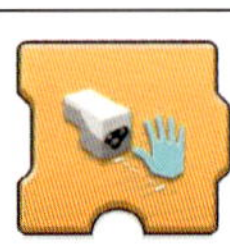	Warten auf eine Bewegung, dann wird das Programm fortgesetzt.
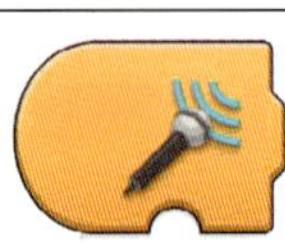	Warten auf ein Geräusch, dann erst wird das Programm gestartet.
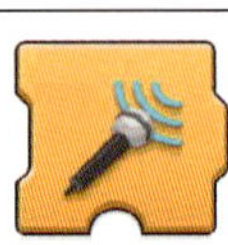	Warten auf ein Geräusch, um das Programm fortzusetzen.
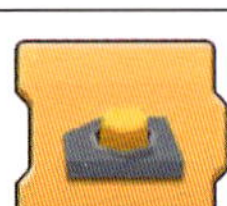	Warten auf den Knopfdruck, um das Programm fortzusetzen.

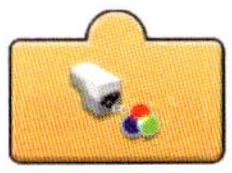	Durch den Sensor erkannte Farbe als Parameter übergeben.
	Durch den Sensor erkannten Abstand als Parameter übergeben.
	Lautstärke des Geräuschs als Parameter übergeben.
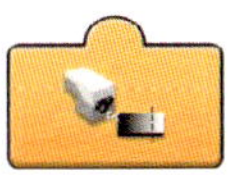	Lichtstärke bzw. Helligkeit als Parameter übergeben.
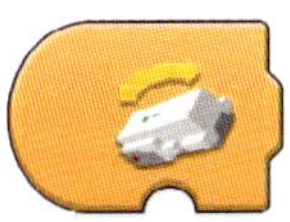	So lange mit dem Programmstart warten, bis der Move-Hub eine bestimmte Lage erreicht hat.
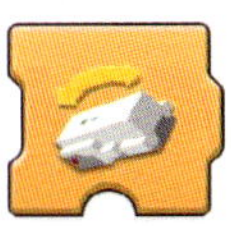	Warten auf den Move-Hub, bevor das Programm fortsetzt werden kann.
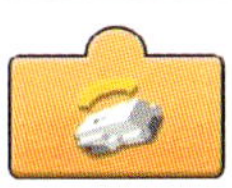	Lage des Move-Hub als Parameter übergeben.

Besonderheiten: Sensorik-Befehle für Vernie und Frankie

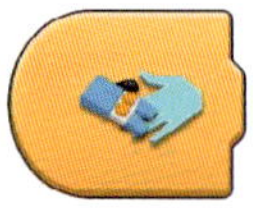	Vernie wartet auf ein Händeschütteln, erst dann wird die Befehlsfolge gestartet. Als Sensor für diese Funktion kommt hier übrigens der Move-Hub zum Einsatz.
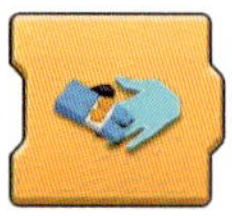	Vernie wartet auf den Handschlag, damit das Programm fortgesetzt werden kann.
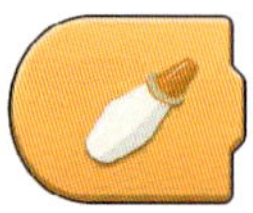	Frankie wartet auf die Milchflasche, bevor das Programm gestartet wird. Vom Sensor erkannt wird hier ausschließlich die Farbe Weiß.
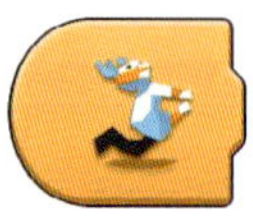	Das Programm startet, sobald die Katze angehoben wird.
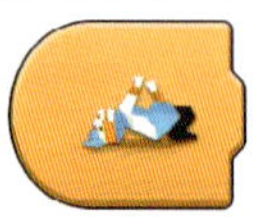	Das Programm startet, sobald Frankie auf dem Rücken liegt.
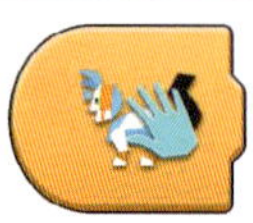	Das Programm wird gestartet, wenn die Katze gestreichelt wird.
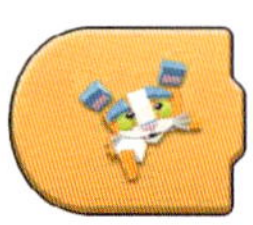	Ebenfalls witzig: Eine Befehlsfolge wird gestartet, wenn Frankie Langweile hat und sich vernachlässigt fühlt. Miau!

Sound & Light Blocks

Rund ein Drittel aller möglichen LEGO-Boost-Kommandos sind für die Wiedergabe von Musik und Geräuschen verantwortlich. Insbesondere bei der Gitarre gibt es eine Vielzahl an Möglichkeiten. Eine vollständige Übersicht der lilafarbenen Icons würde den Rahmen hier vermutlich sprengen, deshalb haben wir uns entschieden, dir nur die wichtigsten Funktionen vorzustellen. Es ist wie bei einem echten Musikinstrument: Übung macht den Meister. Viel Erfolg!

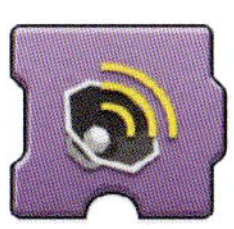	Ton abspielen. LEGO Boost bietet eine große Auswahl an Klängen, Geräuschen und Musik-Clips.
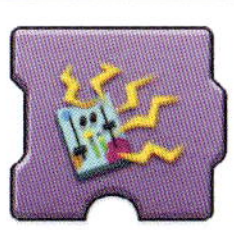	Verzerr-Filter für Tonwiedergabe aktivieren. Ein witziges Feature zur Verfremdung von Stimmen.
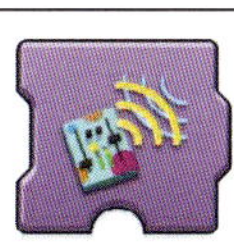	Echo-Effekt für Tonwiedergabe aktivieren.
	Alle Filter-Einstellungen werden zurückgesetzt.
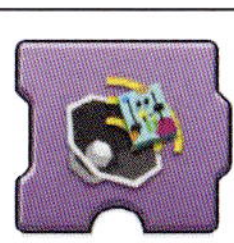	Tonwiedergabe mit allen aktivierten Filtereinstellungen.
	Freundliche Begrüßung, wird oft mit dem Abstands-/ Bewegungssensor kombiniert.
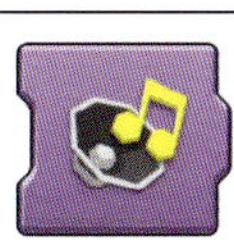	Musik abspielen.

	Geräusch »Hupe« abspielen, beispielsweise für ein Auto.
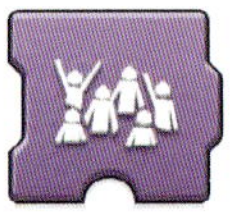	Reaktionen vom Publikum wie im Fußballstadion oder vor einer Konzertbühne.
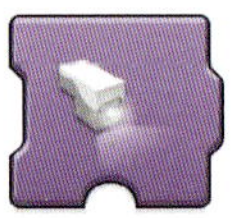	Farbe des Sensor-Lichts auswählen.
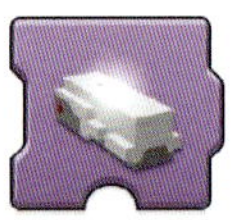	Farbe des LED am Move-Hub auswählen.

Die Diskokugel ist bereit. Sobald die E-Gitarre aktiviert wird, geht es los.

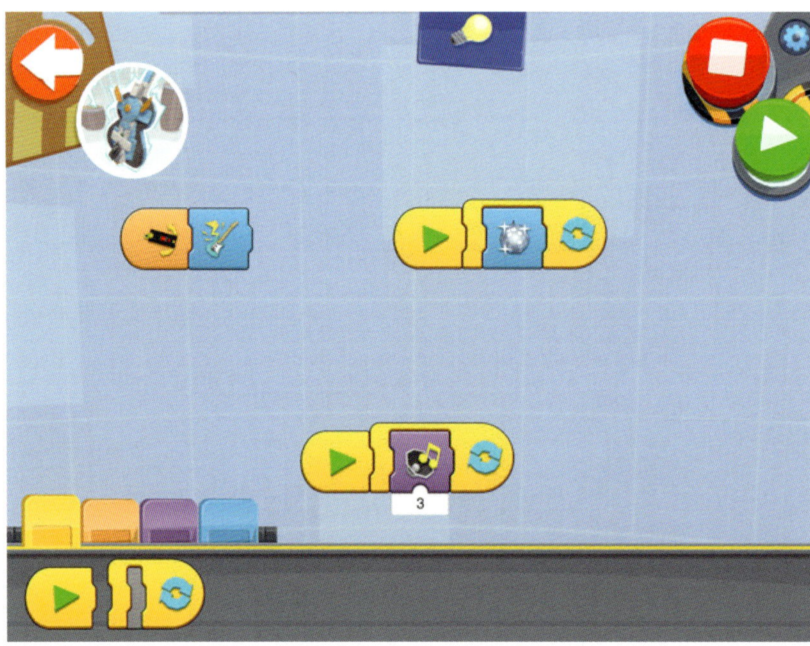

Besonderheiten: Sound-Befehle für Vernie, Frankie und Guitar 4000

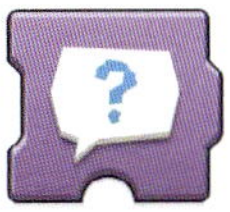	Lass Vernie ein paar Fragen stellen. Im Kombination mit einem Sensor ist das ein cooles Feature.
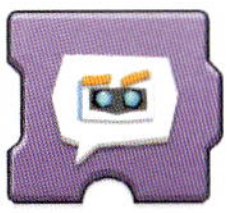	Vernie ist glücklich und kann das auch ausdrücken.
	Vernie kann auch anders. So klingt er, wenn er sauer ist.
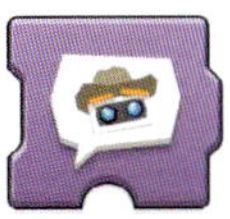	Vernie mit Sprüchen aus dem Wilden Westen. Lust auf ein Duell?
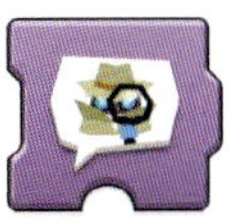	Vernie hat auch als Detektiv die richtigen Sätze auf Lager.
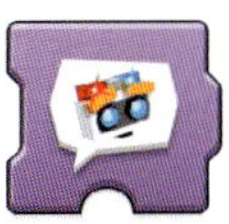	Ebenfalls sehr originell: Vernie als Polizist. Kannst du dich ausweisen?
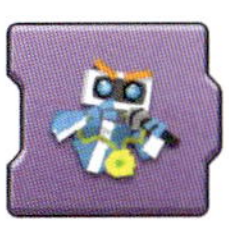	Auch Beat-Boxing ist für unseren Vernie kein Problem.
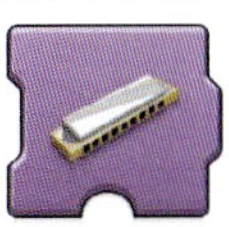	Frankie kann dafür Mundharmonika spielen.
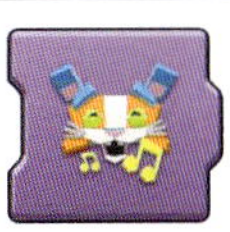	Oder einen Blues anstimmen, wenn es gewünscht wird.
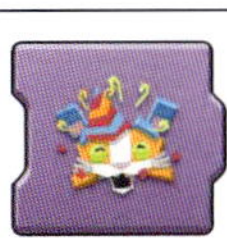	Witzig: Die Katze singt ein Geburtstagsständchen.

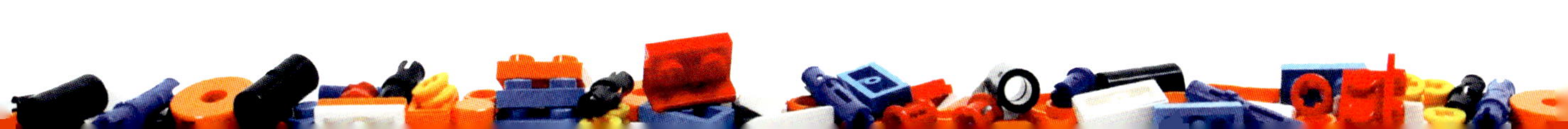

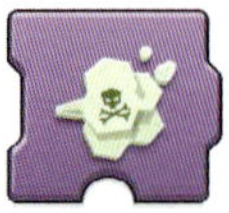	Diverse Furz-Geräusche stehen zur Auswahl.
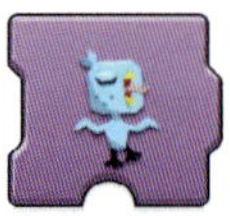	Auch zahlreiche Stierstimmen gehören zum Portfolio.
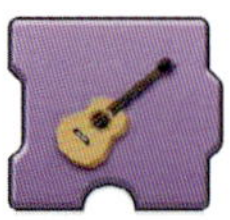	Die klassische Gitarre ist nur eines der Instrumente, die bei der Guitar 4000 ausgewählt werden können. Einfach ausprobieren und viel Spaß beim Komponieren.

Action Blocks

Die sogenannten Action Blocks sind in der Regel auf die verschiedenen LEGO-Boost-Modelle der Designer abgestimmt. Zudem können sie nur so eingesetzt werden, wie sie ab Werk programmiert wurden. Das macht ihre Anwendung zwar sehr einfach, hat aber den Nachteil, dass hier keine Variationen möglich sind. Unten stehend findest du einige der blauen Icons, die wir besonders originell finden.

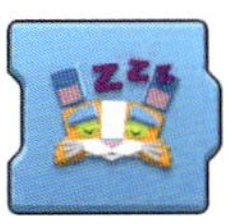	Frankie ist müde und will schlafen.
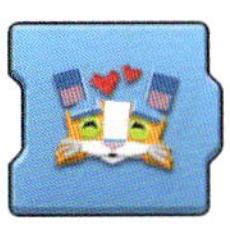	Die Katze fängt an, laut zu schnurren.
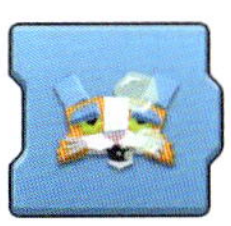	Habt ihr schon mal eine rülpsende Katze gesehen? Hier ist der Beweis.
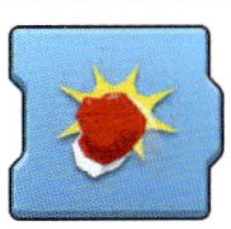	Lust auf einen Boxkampf? Unbedingt ausprobieren!
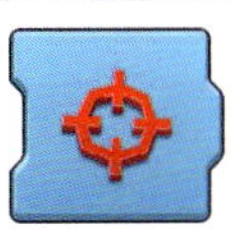	Vernie als Cowboy: zielen und schießen. Schussgeräusch inklusive.
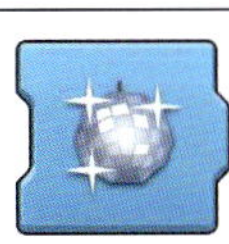	Alle LEDs fangen an, wie in der Disko zu blinken.
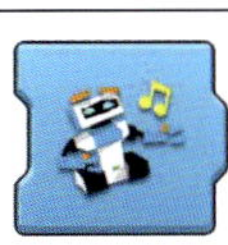	Vernie beginnt, wild zu tanzen.

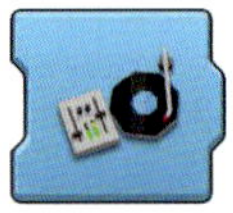	Mit der Scratching-Funktion kannst du deiner Musik auf der Guitar 4000 noch mehr Pep verleihen.
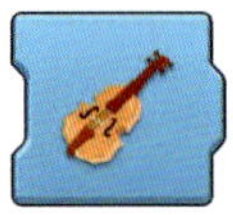	Die Gitarre wird mit diesem Icon zur Violine.

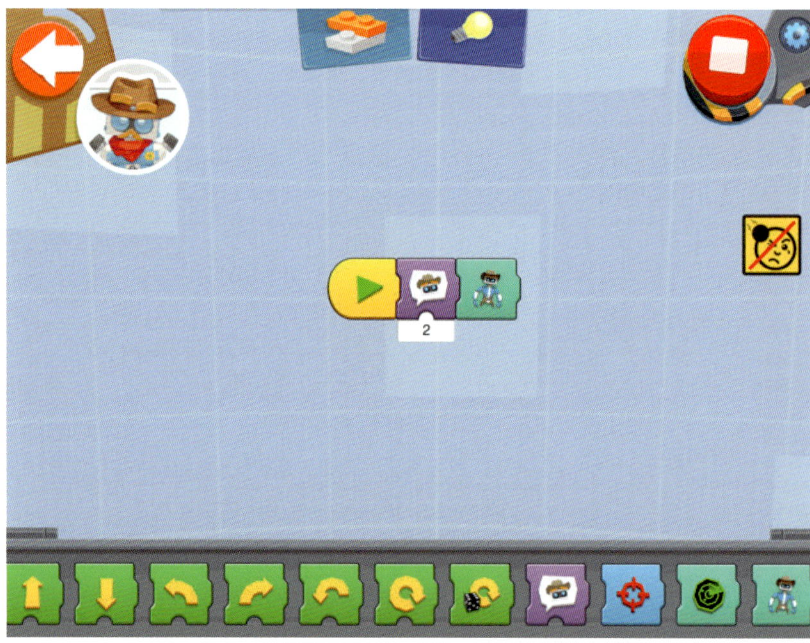

Vernie als Revolverheld ist einfach klasse. Wer zieht schneller?

Interaction Blocks

Bei LEGO Boost gibt es auch sogenannte Interaction Blocks. Sie ähneln sehr stark der Funktionsweise der Action Blocks und sind ebenfalls von den Designern voreingestellt worden. Am besten lassen sich die türkisfarbenen Icons als Mini-Spiele beschreiben. Und der Spaß kommt hier keinesfalls zu kurz.

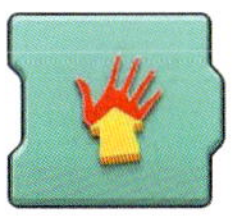	Vernie fährt so so lange, bis vor dem Sensor ein Hindernis auftaucht. Dann bleibt der Roboter stehen.
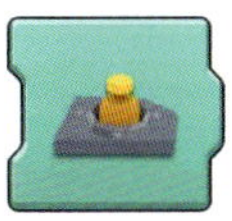	Nutze den Joystick, um Vernie fernzusteuern.
	Starte mit Vernie in einem Rennen.
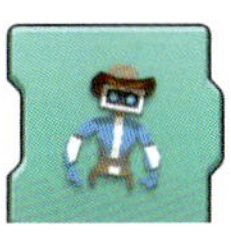	Tritt gegen Vernie an, um herauszufinden, wer von euch schneller auf ein Lichtsignal reagieren kann.
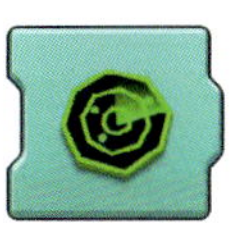	Ziele so lange, bis ein lautes Signal ertönt.
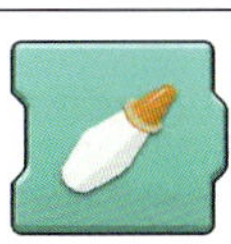	Frankie bettelt um Milch.
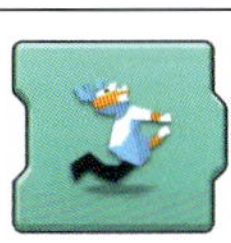	Frankie möchte in den Arm genommen werden.
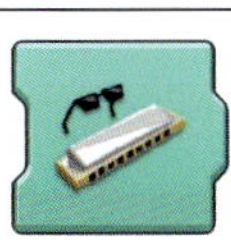	Je nach Farbe, die der Sensor erkennt, spielt Frankie einen Song auf der Mundharmonika.

Math Blocks

Ohne Mathematik kommt auch LEGO Boost nicht aus. Bei den weißen Math Blocks gibt es allerdings eine Besonderheit. Sie funktionieren nur in Kombination mit anderen Befehlen, wie zum Beispiel den Movement Blocks.

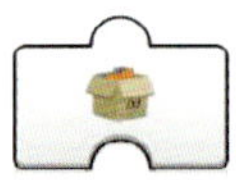	Variable (ein-)lesen
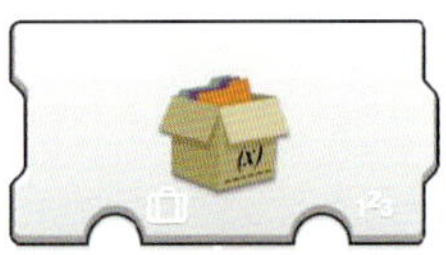	Variable schreiben
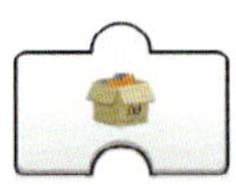	Generiere eine Zufallszahl zwischen der ersten und zweiten Zahl, zwischen –9999 bis +9999 ist alles möglich.
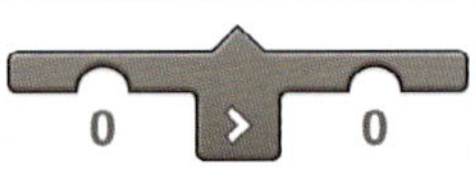	Zahl 1 ist größer als Zahl 2.
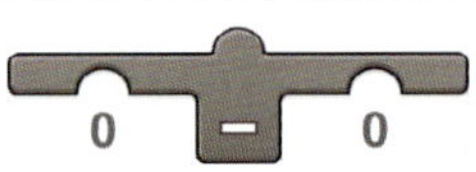	Zahl 1 minus Zahl 2
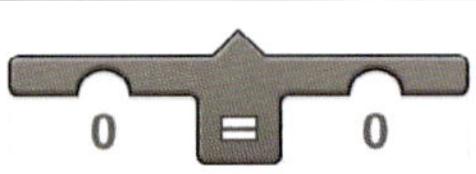	Zahl 1 = Zahl 2
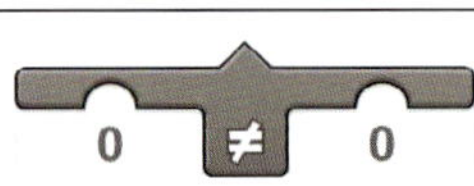	Zahl darf nicht gleich Zahl 2 sein.
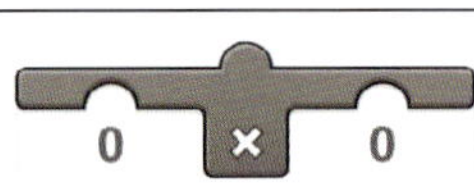	Zahl 1 multipliziert mal Zahl 2.
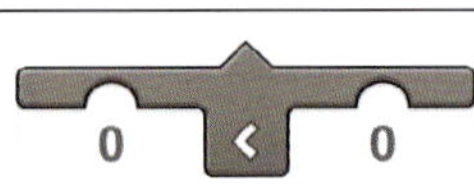	Zahl 1 ist kleiner als Zahl 2.

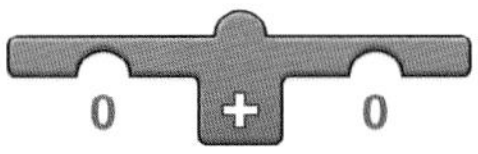	Zahl 1 plus Zahl 2
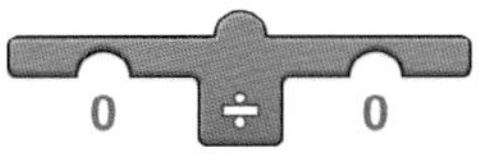	Zahl 1 dividiert durch Zahl 2.
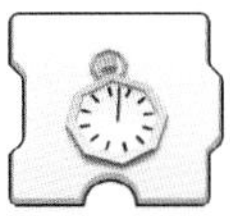	Die Uhr tickt. Der Countdown ist gestartet.

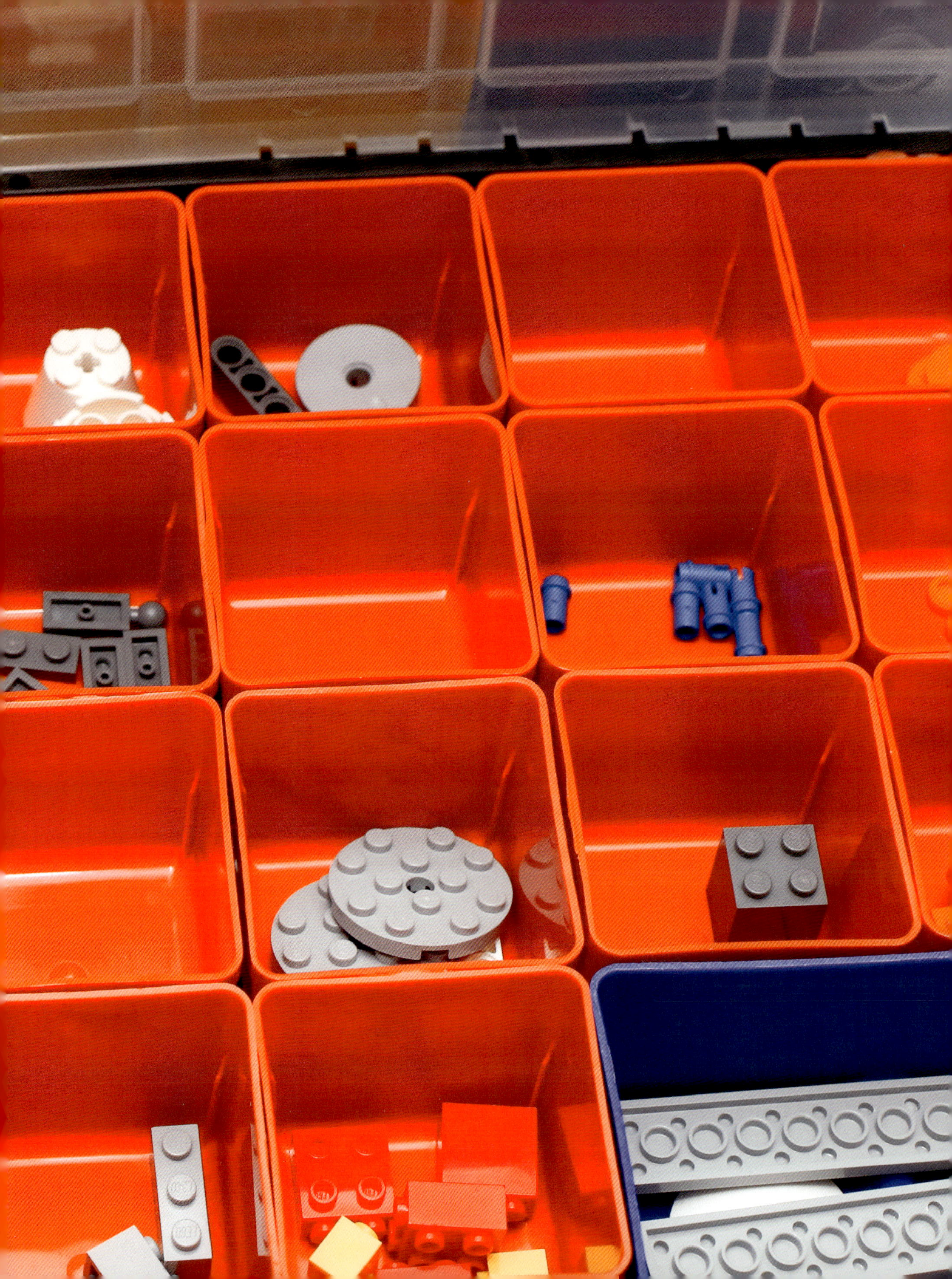

Erweiterungen

6

Externe Lautsprecher

Leider hat LEGO Boost keinen eigenen Lautsprecher, sodass deine Modelle nicht selber Töne oder Stimmen von sich geben können. Alles kommt nur aus dem Tablet raus. Das ist insbesondere dann ärgerlich, wenn man ein Modell zum Beispiel etwas weiter weg von sich einsetzt – etwa eine Alarmanlage oder Vernie, wenn er einen Freund überrascht.

Eine Lösung hierfür ist, einen externen Lautsprecher kabellos über Bluetooth einzubinden. LEGO hat so einen Lautsprecher nicht selber im Angebot, aber es gibt sie bei allen größeren Elektronikhändlern.

Diese Lautsprecher sind auch nicht direkt mit LEGO Boost verbunden, sondern sind ganz normal bei dem Tablet eingebunden. Somit geben sie alle Töne und Geräusche wieder, die normalerweise aus dem Lautsprecher des Tablets kommen

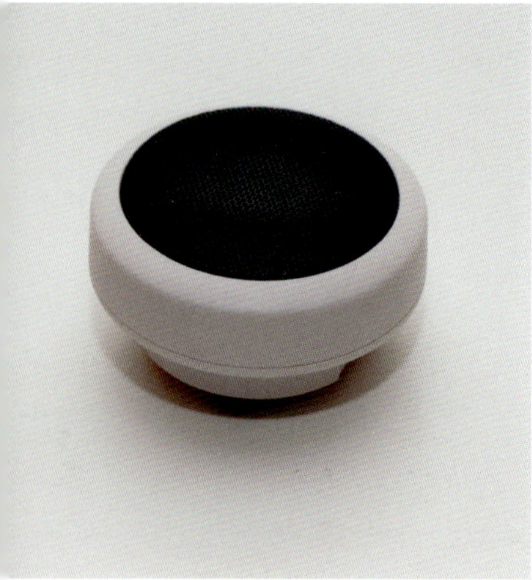

Beispiel für einen Lautsprecher, der über Bluetooth vom Tablet aus angesprochen wird.

würden – also Filme, Musik und eben auch alles aus der App von LEGO Boost.

Wenn du dir im Elektronikladen die Lautsprecher ansiehst, dann wirst du leider feststellen, dass selbst die kleinen noch so groß wie eine Untertasse sind. Also wirst du sie leider nur sehr schwer in einem Modell unterbringen können. Aber probieren kann man es natürlich bei großen Modellen trotzdem. Noppen zum Zusammenstecken haben die Lautsprecher zwar auch nicht, aber man kann sie natürlich mit Legosteinen so umranden, dass sie fest im Modell sitzen. Oder man stellt den Lautsprecher neben das Modell. Das kann klappen, wenn sich das Modell in der Regel nicht bewegt (etwa bei der schon erwähnten Alarmanlage).

Power Functions

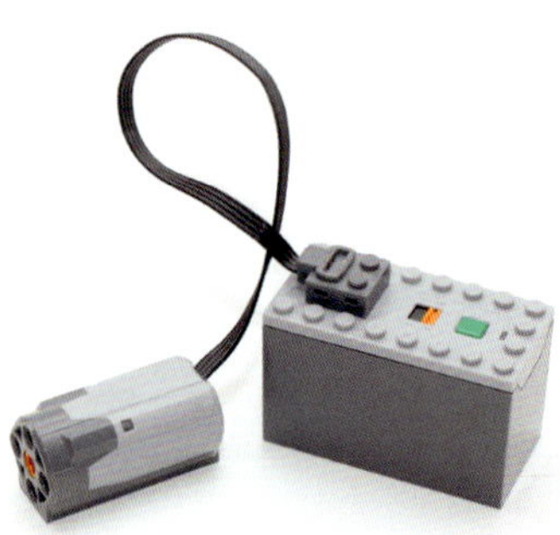

LEGO Power Functions: links ein Motor, rechts die Batteriebox.

Lego bietet schon seit vielen Jahren sogenannte Power Functions für seine Modelle an. Das sind Erweiterungen, die ebenfalls batteriebetriebene Motoren und Lampen enthalten. Leider kannst du die Power Functions nicht direkt mit LEGO Boost verbinden. Das ist schade, denn gerade die Leuchten wären sicherlich eine gute Erweiterung. Und auch die Motoren hätten interessante Verbindungen zu anderen LEGO-Sets erlaubt. Man denke nur an die Lego-Eisenbahnen.

Mit etwas Kreativität ist es aber durchaus möglich, zumindest mechanisch eine Verbindung herzustellen. Ähnlich wie bei unserem Modell »Auf der Suche nach dem verlorenen Schatz« könnte man eine Art Fernsteuerung bauen, die dann von LEGO Boost bedient wird. Dazu müsste man eine Stange zum Einschaltknopf legen, die mit einem Motor von LEGO Boost verbunden ist. Lass dir was einfallen.

Sammelkasten

Schon beim Bauen des zweiten Modells wirst du festgestellt haben, dass es sehr nervig wird, die Teile zu suchen. Besser ist es da, ein wenig Ordnung hineinzubringen. Das geht über kleine und größere Sammelkästen oder Koffer, die viele kleine Fächer oder Schachteln haben, um dort die Legosteine aus Boost hinein zu sortieren. Das ist dann zwar etwas Arbeit, aber wir versprechen dir, dass sich das lohnt. Jeder LEGO-Fan hat sicherlich schon minutenlang nach einem einzelnen kleinen Teil in einem Wust von Steinen gesucht. Das kannst du dir damit sparen.

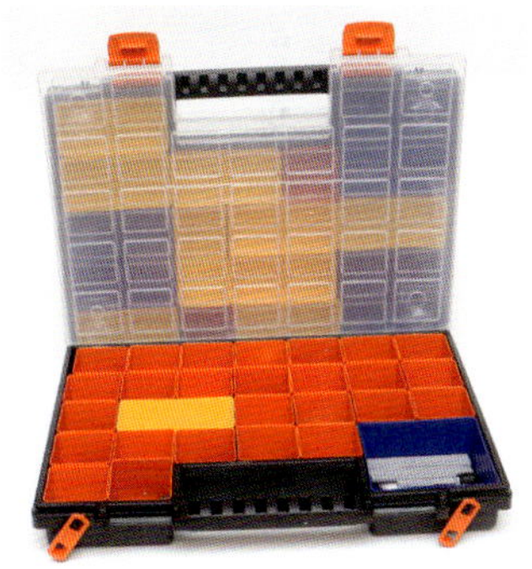

Beispiel für einen Sammelkasten

Diese Kisten und Koffer gibt es bei vielen Händlern, die sie oft als »Kleinteilemagazine« anbieten.

Dabei sind die Sortierhilfen nicht unbedingt für Legosteine gedacht, sondern eher für Schrauben oder Bastelsachen. Das macht aber nichts. Hauptsache, man bekommt etwas Ordnung in die über 800 Steine.

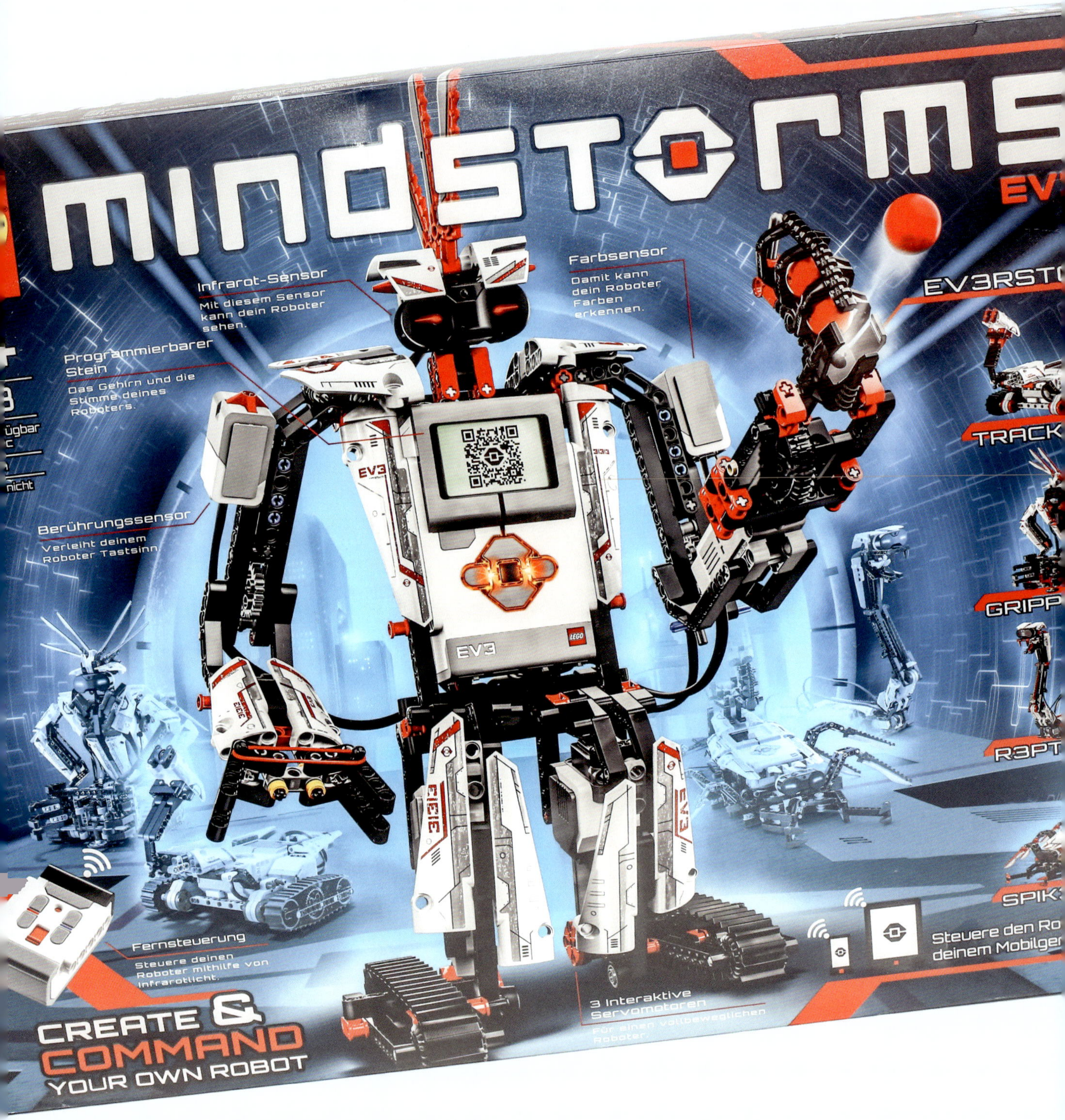

mindstorms
Infrarot-Sensor
Mit diesem Sensor kann dein Roboter sehen.
Farbsensor
Damit kann dein Roboter Farben erkennen.
Programmierbarer Stein
Das Gehirn und die Stimme deines Roboters.
Berührungssensor
Verleiht deinem Roboter Tastsinn.
EV3
Fernsteuerung
Steuere deinen Roboter mithilfe von Infrarotlicht.
3 interaktive Servomotoren
CREATE & COMMAND YOUR OWN ROBOT

Blick über den Tellerrand: Mindstorms und WeDo 2.0

7

Mindstorms

Mindstorms ist der große Bruder von LEGO Boost. Weltweit gibt es viele Fans von Mindstorms, es wird in Schulen zum Erlernen der Programmierung von Robotern eingesetzt und es gibt sogar Meisterschaften. Dabei müssen Gruppen eigene Roboter bauen, die dann komplizierte Aufgaben auf einem Tisch selbstständig erledigen müssen.

Solltest du sehr viel Spaß mit LEGO Boost haben, dann kann es sinnvoll sein, irgendwann auch mal Mindstorms auszuprobieren. Auch wenn dort alles nicht ganz so bunt ist und nicht so viele unterschiedliche Modelle zum gleich Ausprobieren von LEGO als Anleitungen bereitgestellt werden, ist das Programmieren gar nicht so viel schwerer als bei LEGO Boost. Viele Dinge, die du bei Boost gelernt hast, wirst du bei Mindstorms wiederentdecken (z. B. Schleifen, Bedingungen oder auch das

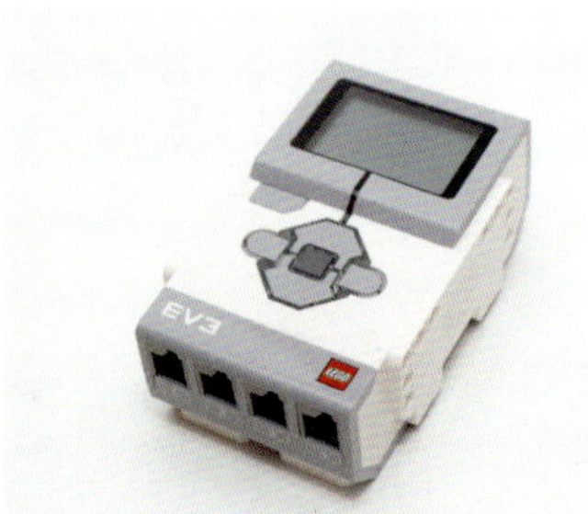

Das Herz von Mindstorms, der EV3. Sozusagen sein Move-Hub.

Zusammenfassen von Programmen zu Modulen). Außerdem ist Mindstorms inzwischen mit vielen Programmiersprachen auf dem Tablet, Smartphone und PC kompatibel. Das Beste ist jedoch, dass du Programme direkt auf das zentrale Element von Mindstorms (das heißt dort nicht Move-Hub, sondern EV3) laden und dann ohne ein Tablet oder PC in der Nähe starten kannst.

Leider kostet Mindstorms deutlich mehr als LEGO Boost, und für den Einstieg und um gleich viel Spaß zu haben, ist LEGO Boost besser geeignet. Aber Mindstorms wirst du auch als Erwachsener gerne weiter nutzen und kannst die Legosteine aus Boost auch dort einbauen – allerdings leider nicht die Motoren und Sensoren.

WeDo 2.0

LEGO WeDo 2.0 hat sehr viele Ähnlichkeiten mit LEGO Boost. Die Sensoren und Motoren sind zwar ebenfalls untereinander nicht austauschbar, aber das Konzept ist durchaus vergleichbar. Mit WeDo aus der LEGO Education-Reihe will der dänische Spielwarenhersteller vor allem Schüler in Grundschulen erreichen, um ihnen erste Programmierkenntnisse zu vermitteln.

Furzgeräusche wie bei LEGO Boost suchst du hier zwar vergeblich, Spaß macht es aber trotzdem, die kleinen Modelle nachzubauen und mit ihnen zu spielen. Gesteuert wird WeDo 2.0 ebenfalls mit dem Tablet und einer App, die du kostenlos im

App-Store herunterladen kannst. Die App enthält zahlreiche Bauanleitungen, die die jeweiligen Funktionen und Möglichkeiten schrittweise erläutern.

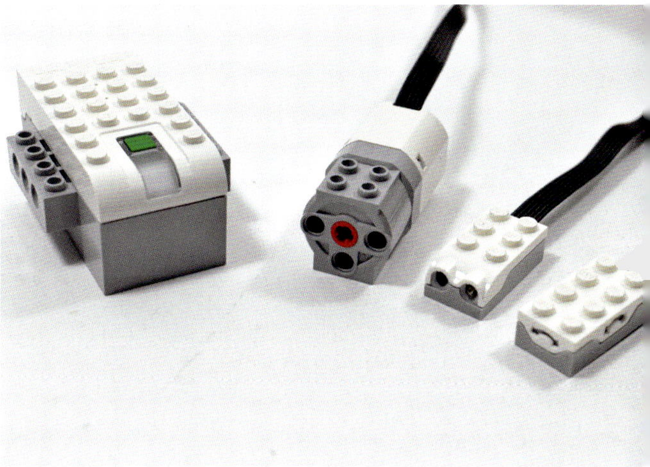

Der WeDo Smarthub mit dem Motor und zwei Sensoren (von links nach rechts).

Was der Move-Hub bei LEGO Boost ist, nennt sich bei WeDo schlicht Smarthub. Dieser verfügt ebenfalls über zwei Anschlussmöglichkeiten für einen Motor und die Sensoren, kann aber technisch weniger als der Move-Hub. So sind in der Steuereinheit von LEGO Boost bereits der Motor sowie der Neigungssensor integriert.

Auch die Modelle, die mit WeDo 2.0 und den knapp 300 Teilen aus dem Basis-Set realisiert werden können, fallen etwas kleiner aus und sind im Vergleich einfacher gestaltet. An guten Bauideen mangelt es trotzdem nicht. So können Schüler beispielsweise das Ruckeln eines Erdbebens simulieren und austesten, ab wann ein Haus aus Legosteinen einstürzt. Du siehst, für Langeweile ist auch hier kein Platz, aber LEGO Boost bietet einfach mehr.

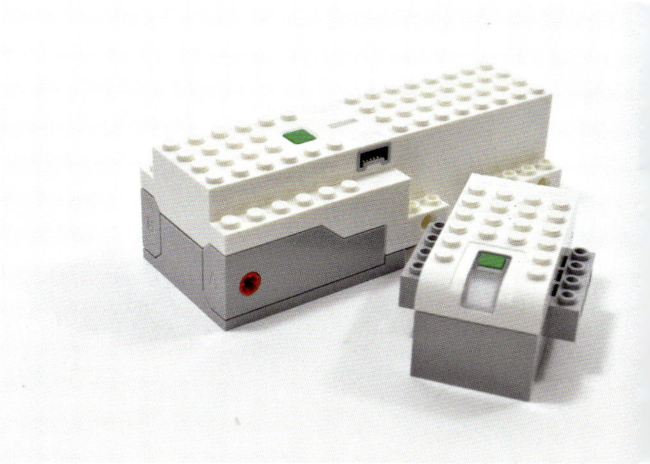

Beide Steuerungseinheiten im Vergleich: Der Move-Hub von LEGO Boost und der Smarthub von LEGO WeDo 2.0 nebeneinander.

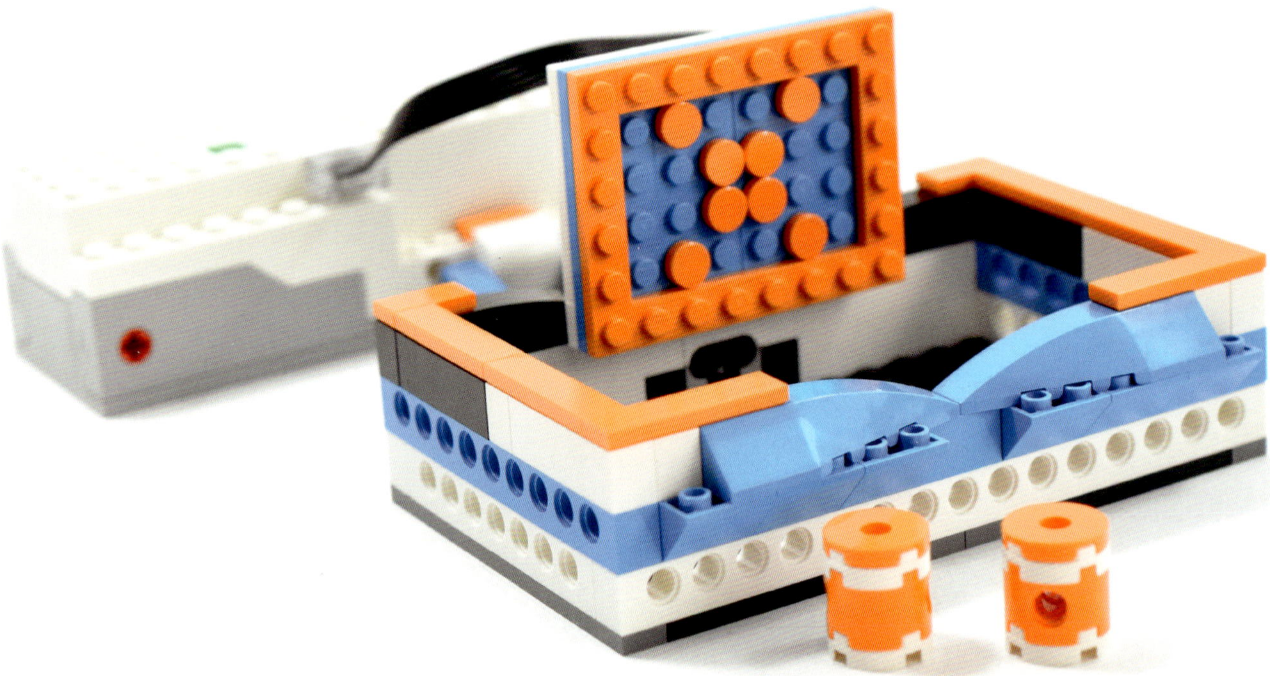

Bauvorschlag: Mülleimer mit Sound

8

Für den Einstieg haben wir uns ein einfaches Modell überlegt, welches in relativ kurzer Zeit mit den Möglichkeiten und Bauteilen von LEGO Boost prima umgesetzt werden kann: einen Mülleimer mit Sound. Die Idee dahinter ist zwar schon ein wenig in die Jahre gekommen, nichtsdestotrotz erfreut sich dieses Gadget immer noch einer hohen Beliebtheit.

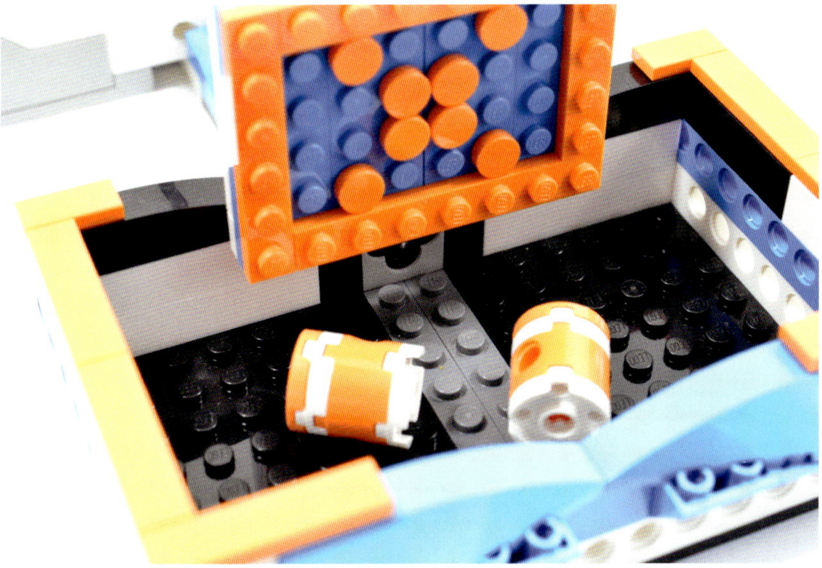

Getroffen! Der »Müll« ist im Eimer gelandet.

Unser Modell funktioniert ähnlich. Sobald der weiß-orange Wurfkörper in den Auffangbehälter geworfen wurde, ertönt aus eurem Tablet lauter Beifall. In deinen LEGO-Boost-Mülleimer kannst du natürlich auch andere kleine Dinge werfen wie zum Beispiel einen Radiergummi oder zusammengeknülltes Bonbonpapier. Der Fantasie sind hier keine Grenzen gesetzt, aber pass bitte auf, beim Hineinwerfen den Sensor nicht zu beschädigen. Das kann sonst ein teurer Spaß werden.

Das Programm ist ebenso einfach gestaltet wie das Modell und lässt sich nach Belieben erweitern. Du kannst die Programmierung zum Beispiel so ändern, dass du mehrere Dinge hintereinander hineinwerfen kannst, mit dem entsprechenden Applaus natürlich bei jedem Treffer. Probiert es einfach aus und lasst eurer Kreativität freien Lauf.

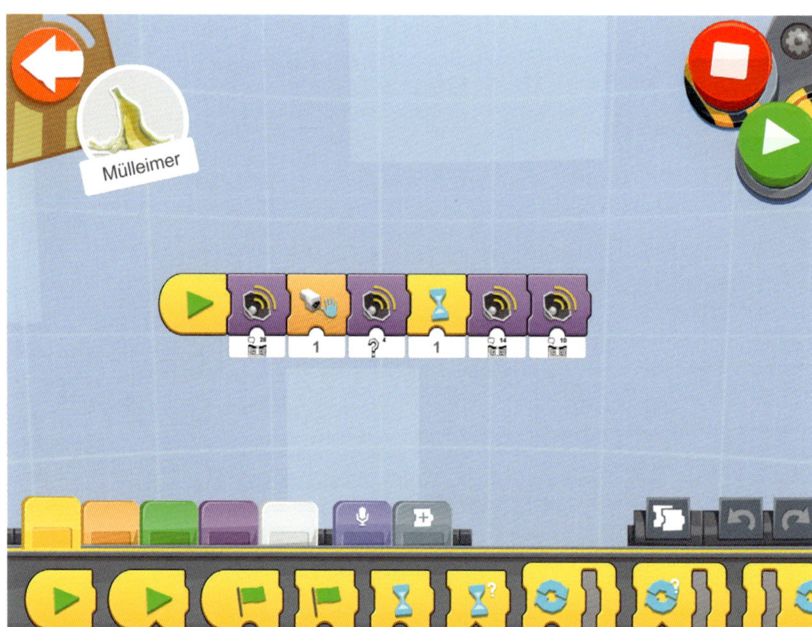

Das Programm zum Mülleimer ist schnell erstellt und bietet ausreichend Variationsmöglichkeiten.

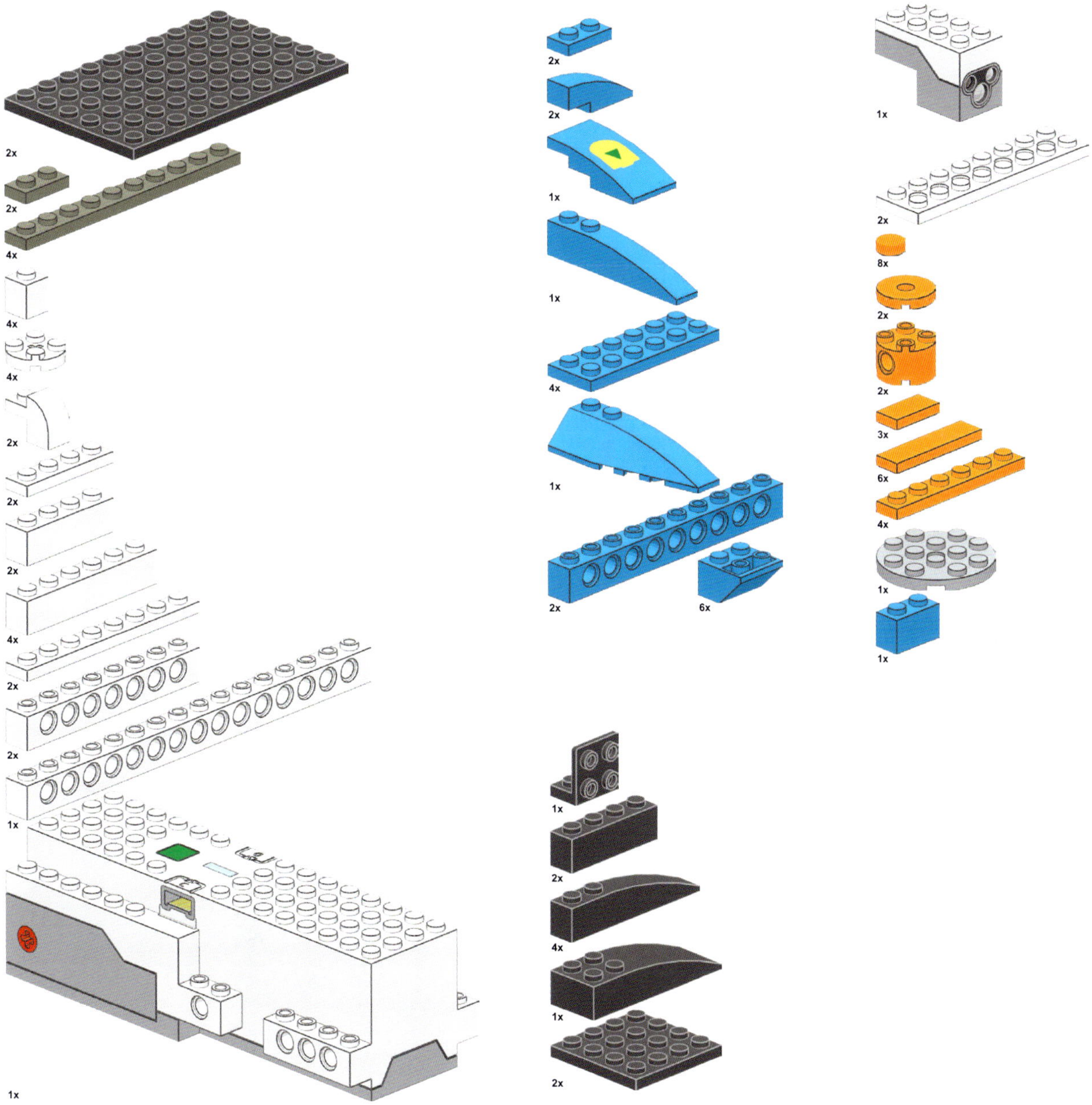
2x
2x
4x
4x
4x
2x
2x
2x
2x
4x
2x
2x
1x
1x
2x
2x
1x
1x
4x
1x
2x
6x
1x
2x
4x
1x
2x
1x
2x
8x
2x
2x
3x
6x
4x
1x
1x

1

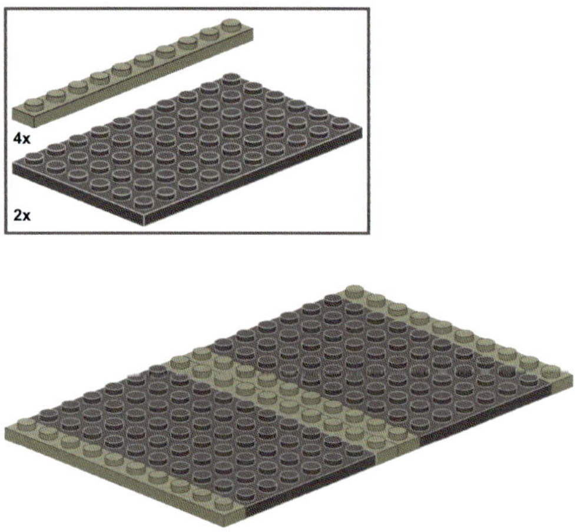

2

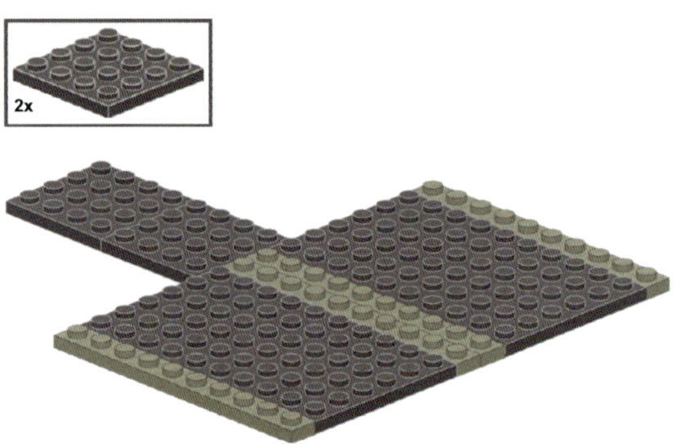

3

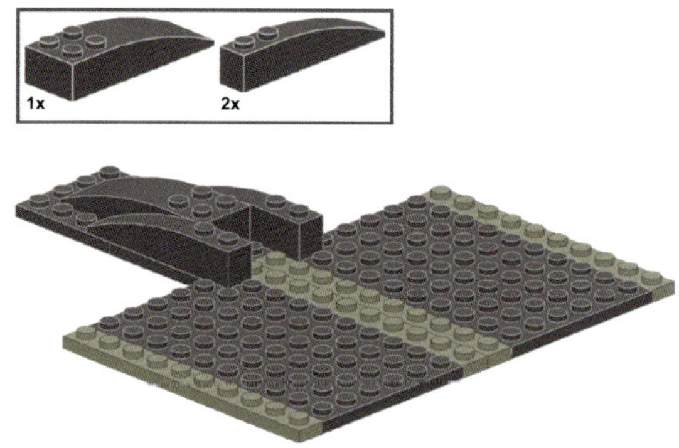

4

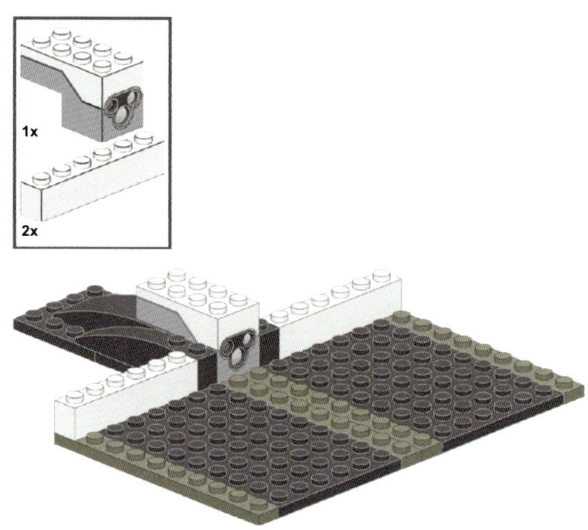

5

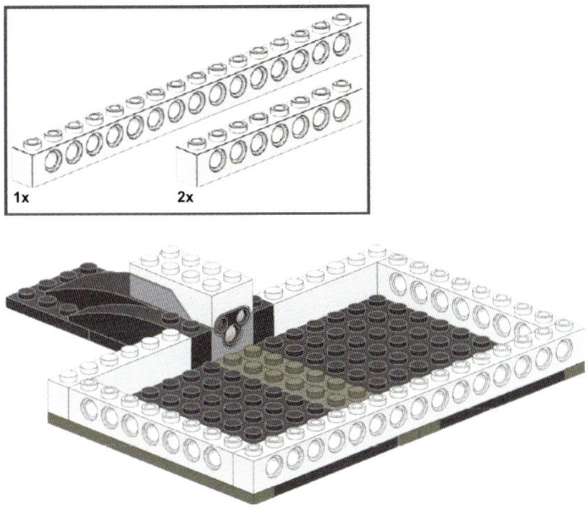

6

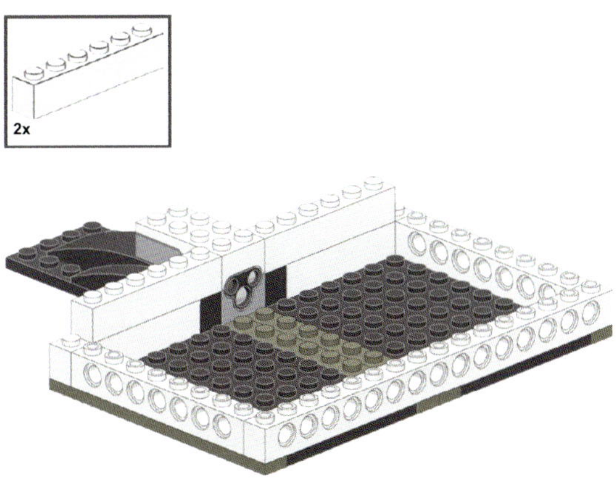

7

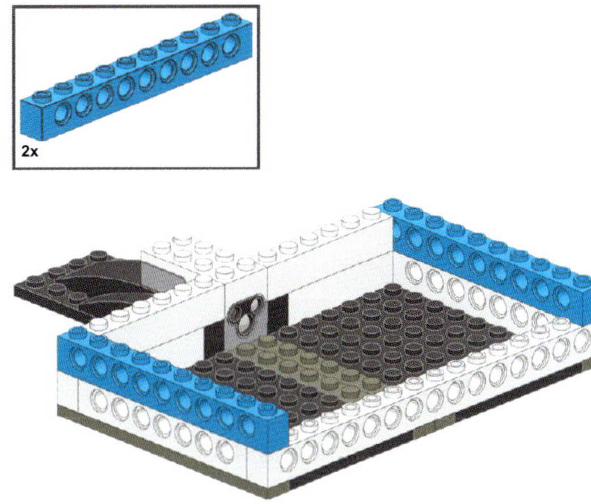

8

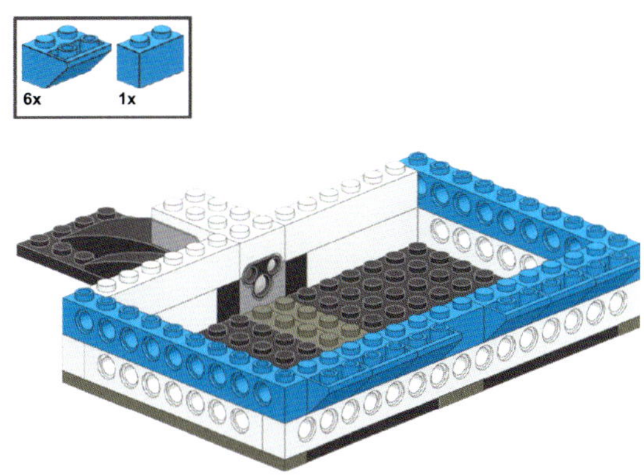

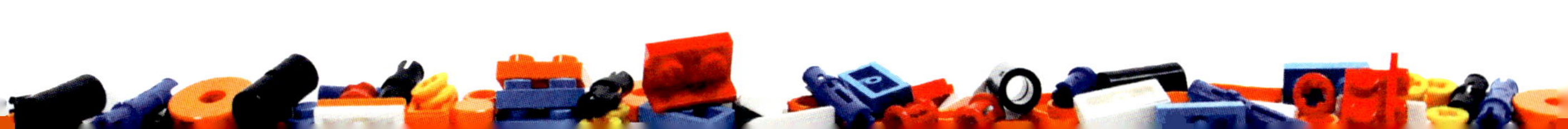

9

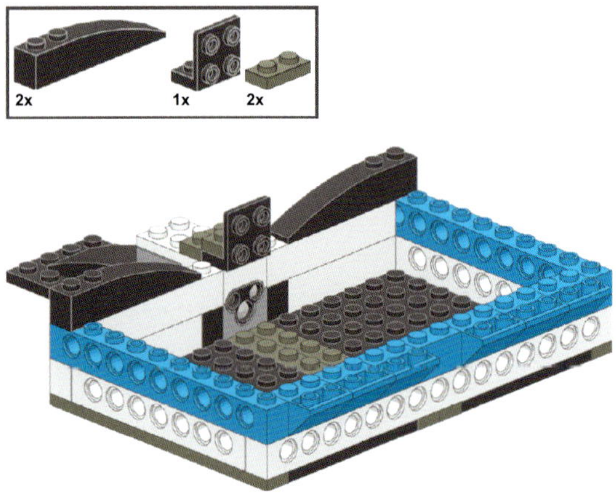

10

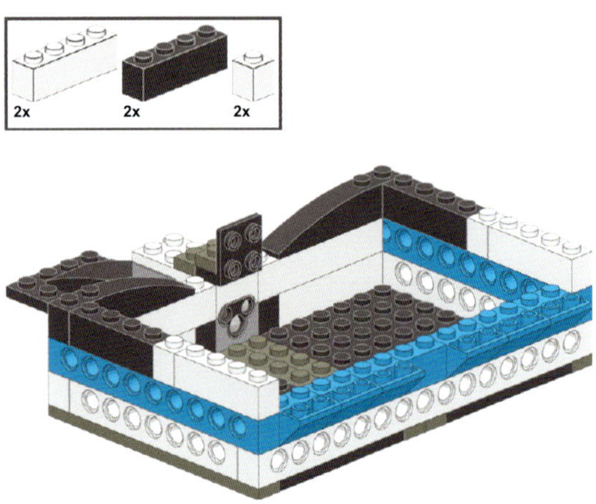

11

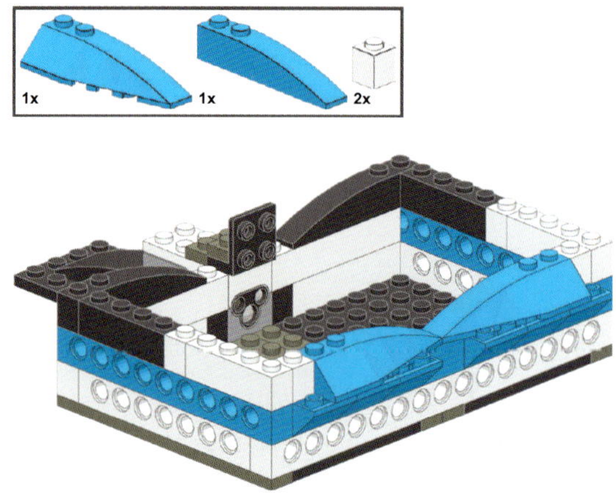

12

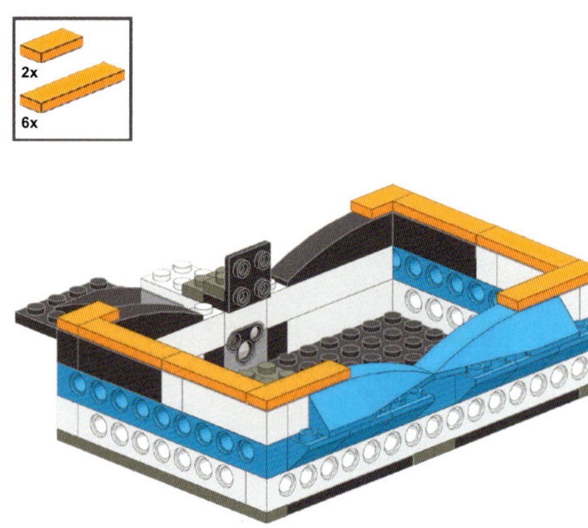

13

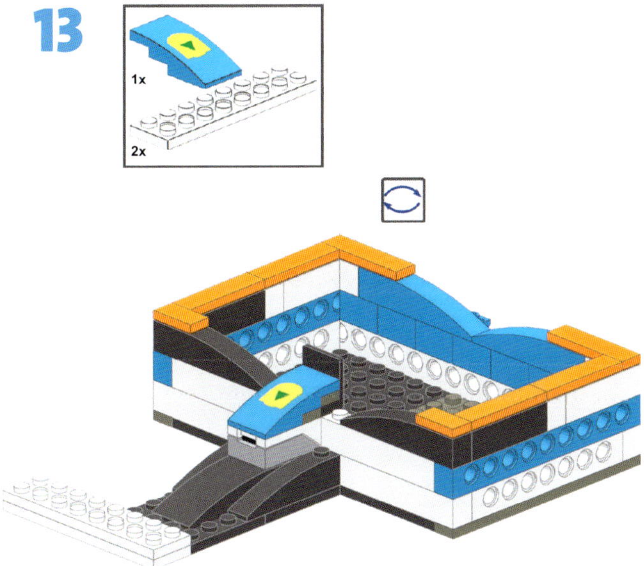

15

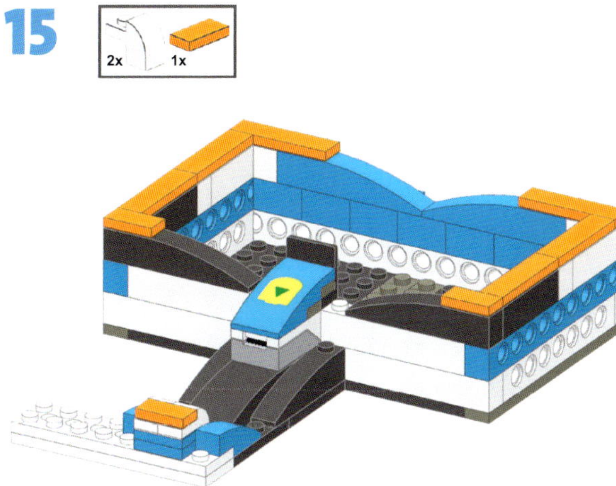

14

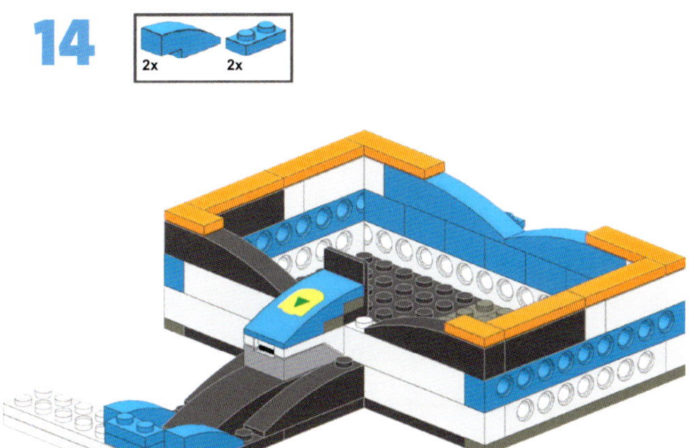

16

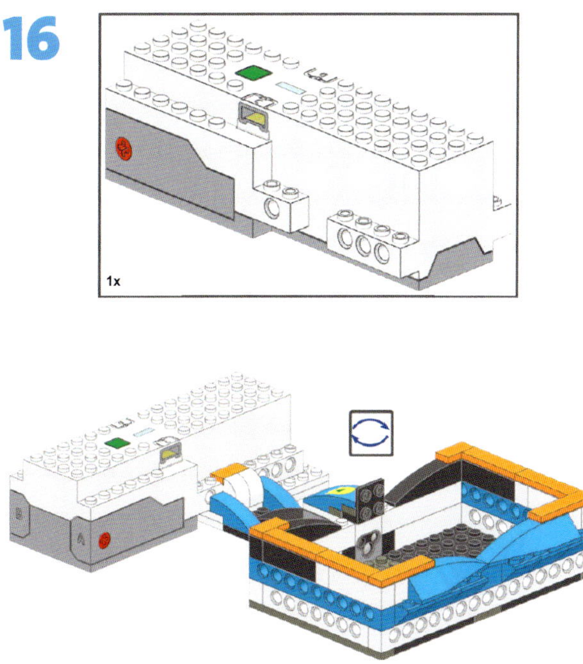

Sensor-Kabel an den Move-Hub anschließen

17

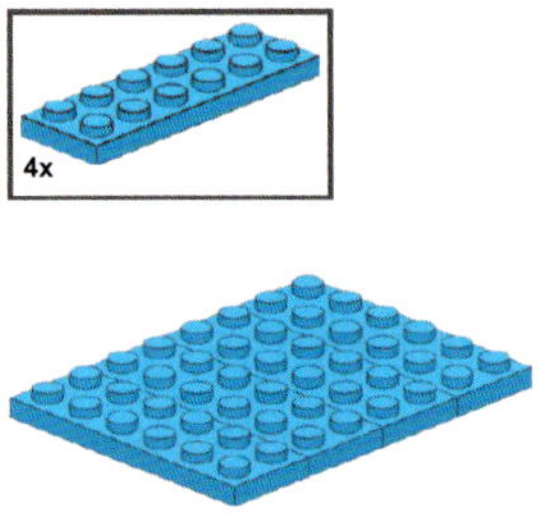

18

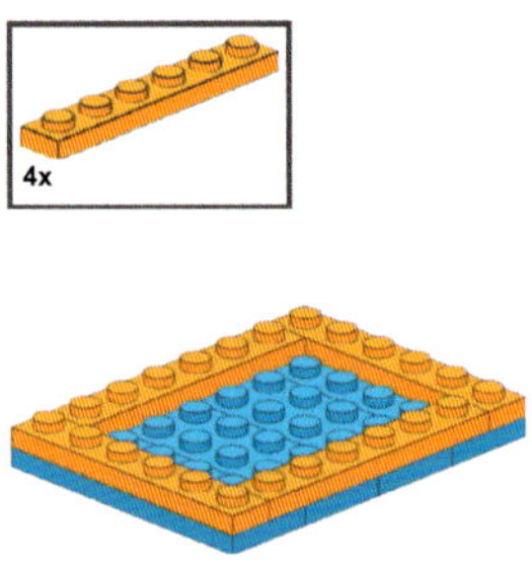

19

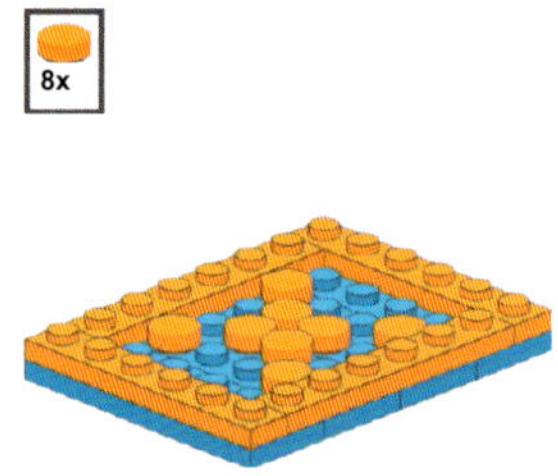

20

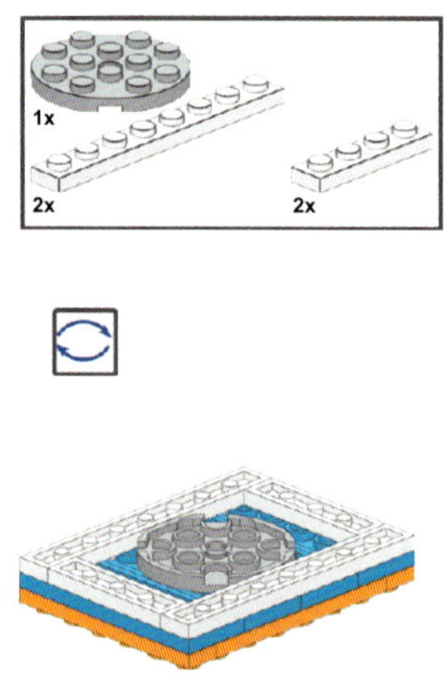

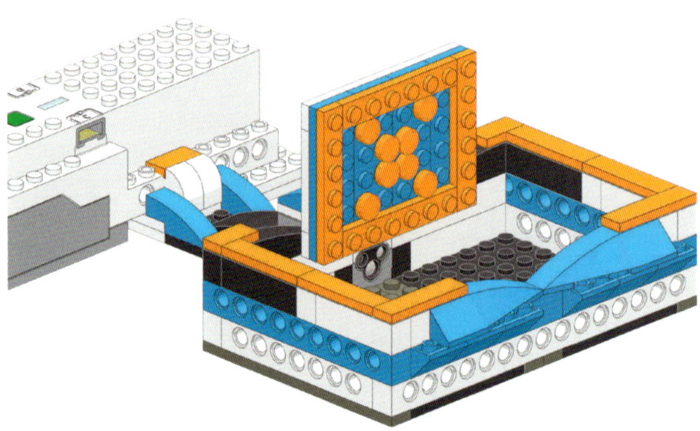

21

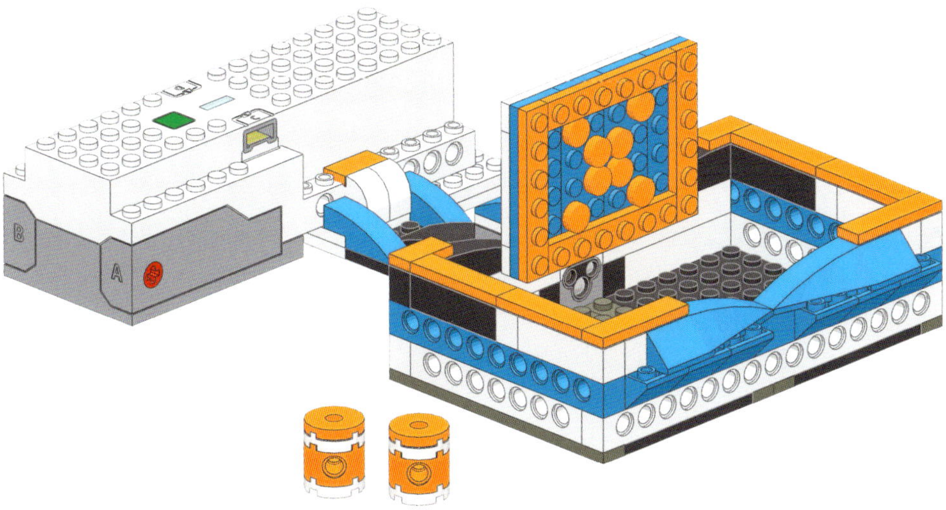

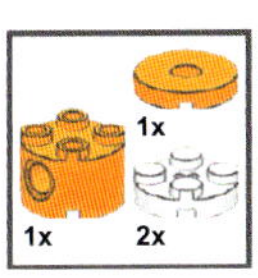

2x

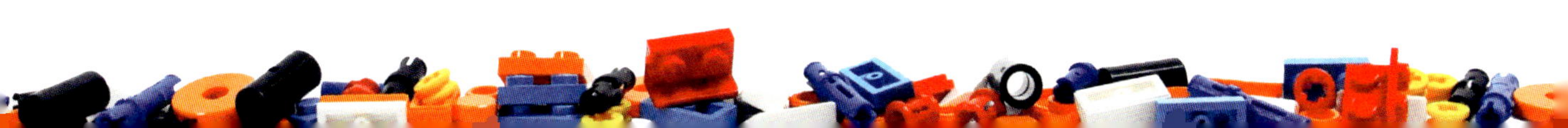

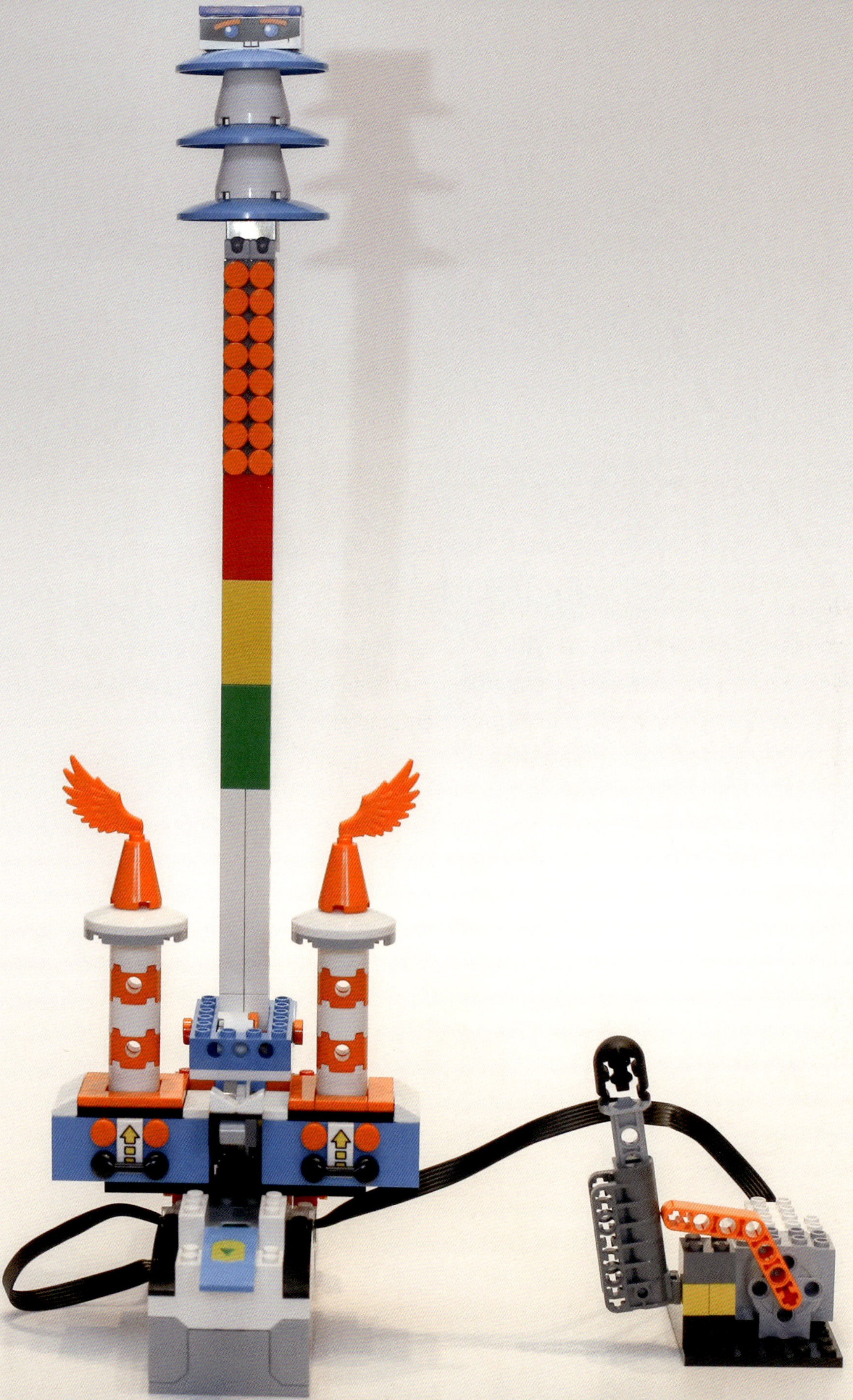

9 Bauvorschlag: Hau den Lukas

Als wir dieses Modell entwickelt haben, dachten wir an einen Jahrmarkt bei uns um die Ecke. Da gibt es auch einen »Hau den Lukas«. Dort schlägt man mit einem großen Hammer auf eine kleine Wippe. Die lässt dann eine Scheibe entlang einer Schiene nach oben schießen. Und je stärker man zugeschlagen hat, umso höher kommt sie. Ziel ist es, die Scheibe ganz nach oben zu bringen, sodass dort eine Glocke angeschlagen wird.

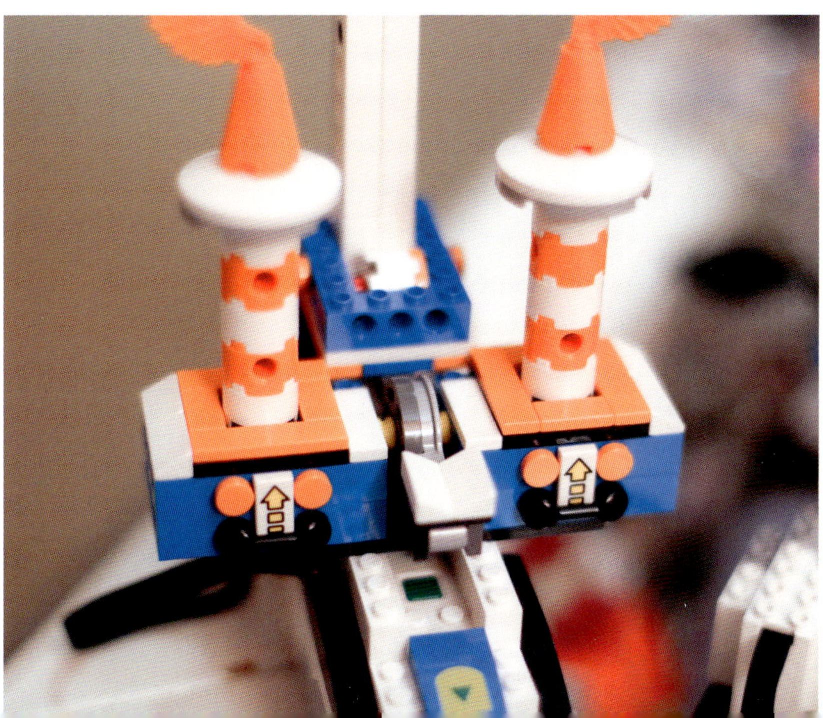

Bei deinem Boost-Modell bitte keinen Hammer verwenden – das machst du besser mit dem Finger.

Bei unserem Modell nimmst du deine Finger, um auf die Wippe zu hauen. Je besser du das machst, umso höher schießt auch hier eine blaue LEGO-Scheibe. Schaffst du es bis hoch zum roten Bereich, dann kommt ein Geräusch aus dem Tablet und aus der Abschussvorrichtung schießt die Gummifaust in den Himmel (wie ein kleines Feuerwerk).

Der Hebel, der gegen die Scheibe haut, kann unterschiedlich eingestellt werden. So ist es möglich, diesen etwas angewinkelt einzusetzen, um das Hochschießen zu vereinfachen. Allerdings kann sich diese Einstellung bei allzu heftigem Draufschlagen auch verstellen. Aber vielleicht fällt dir ja eine bessere Lösung hierfür ein?

Das Programm ist ganz einfach gestaltet. Sobald die Scheibe den Abstand »10« vom darunter angebrachten Sensor erreicht, wird der Ton gespielt und der Motor der Abschussvorrichtung ein wenig bewegt.

Auch da geht sicherlich mehr. Zum Beispiel könntest du programmieren, dass andere Töne gespielt werden, wenn man nicht ganz bis nach oben schießt.

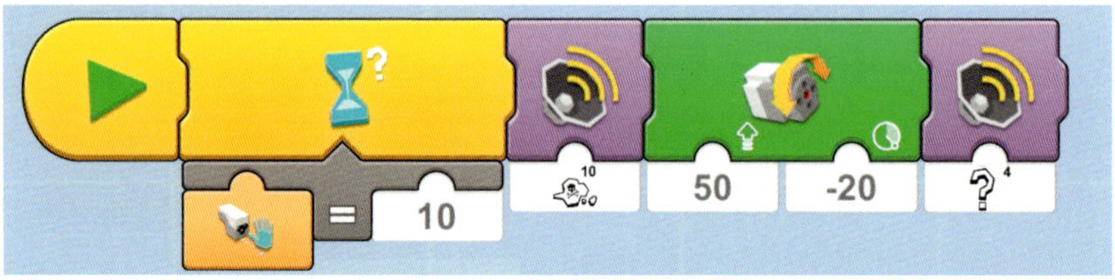

Das Programm zum Modell »Hau den Lukas«.

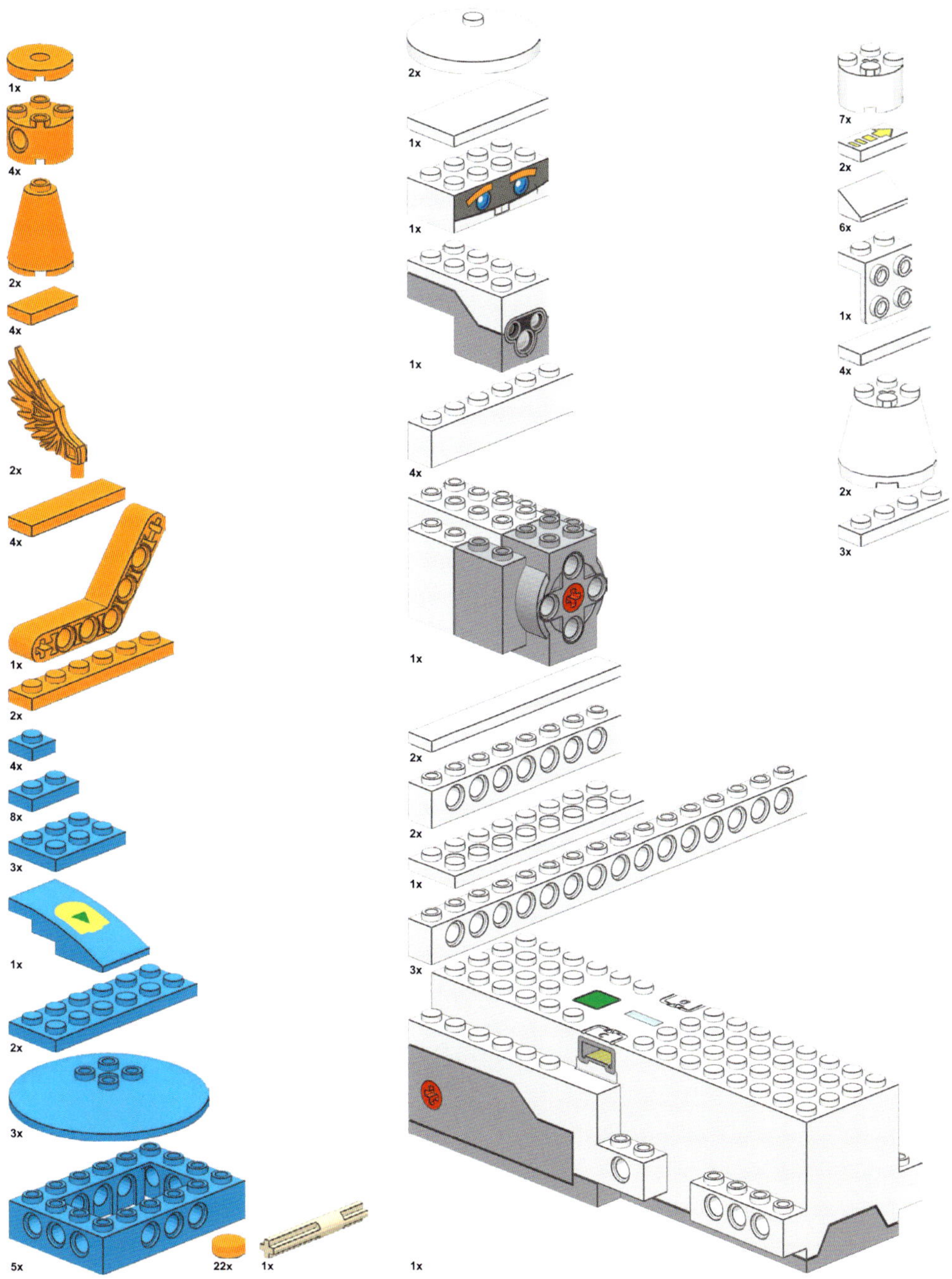
1x
4x
2x
4x
2x
4x
1x
2x
4x
8x
3x
1x
2x
3x
5x
22x
1x
2x
1x
1x
1x
4x
1x
2x
2x
1x
3x
1x
7x
2x
6x
1x
4x
2x
3x

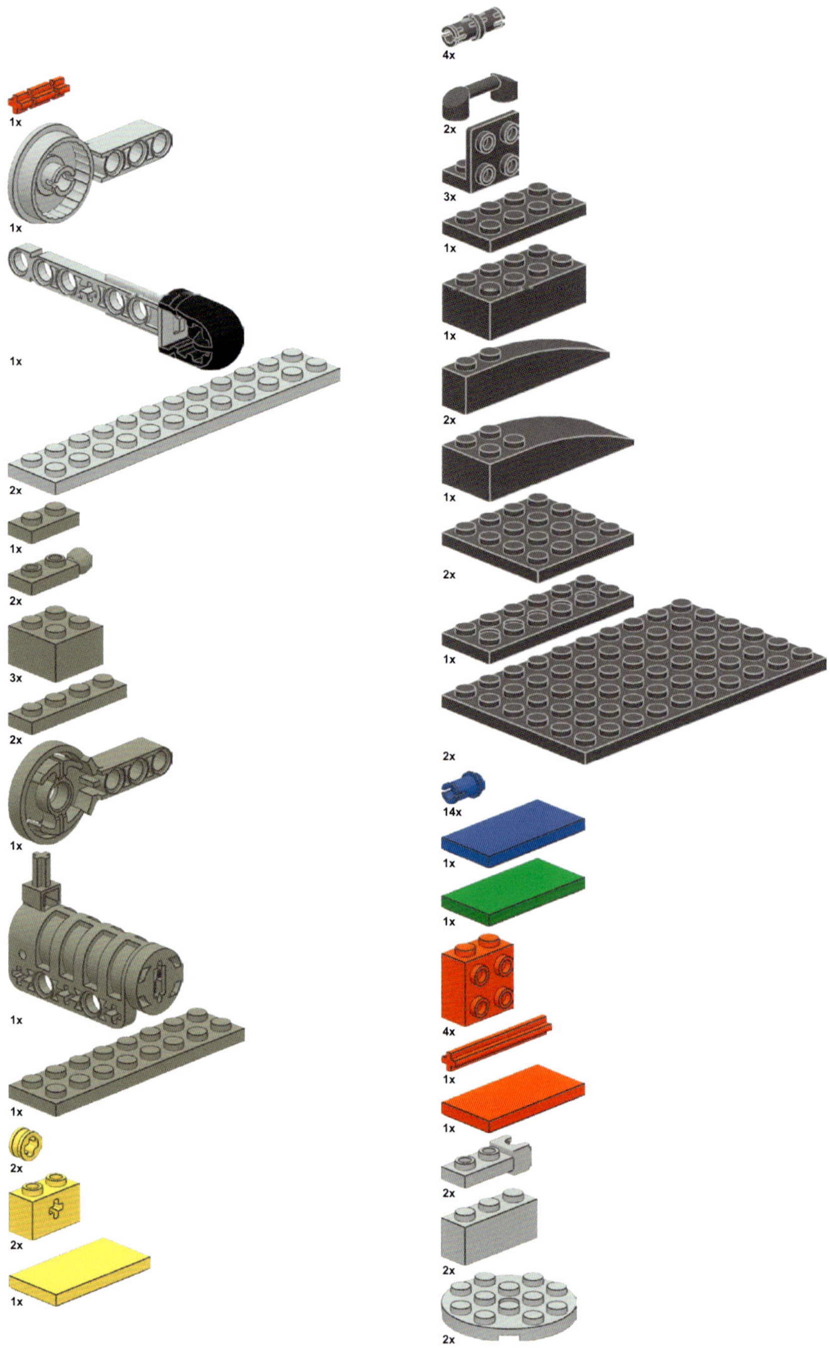
1x
1x
1x
2x
1x
2x
3x
2x
1x
1x
1x
2x
2x
1x
4x
2x
3x
1x
1x
2x
1x
2x
1x
2x
14x
1x
1x
4x
1x
1x
2x
2x
2x

1

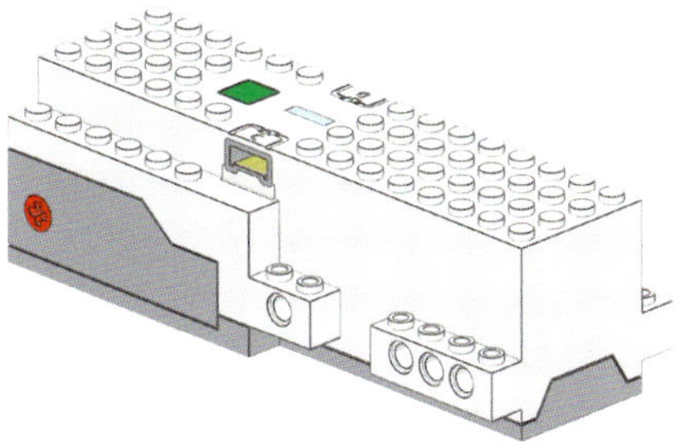

3

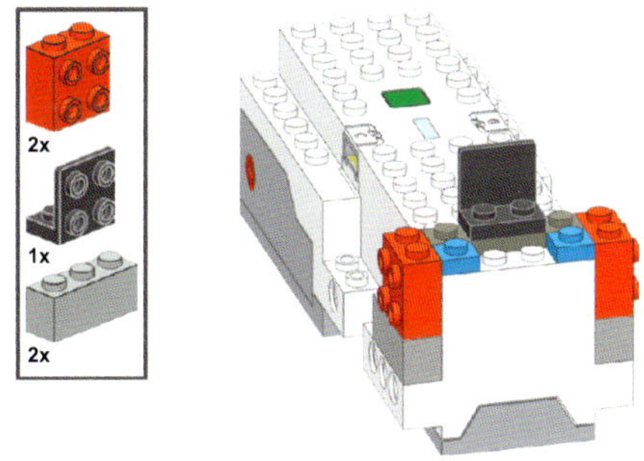

2

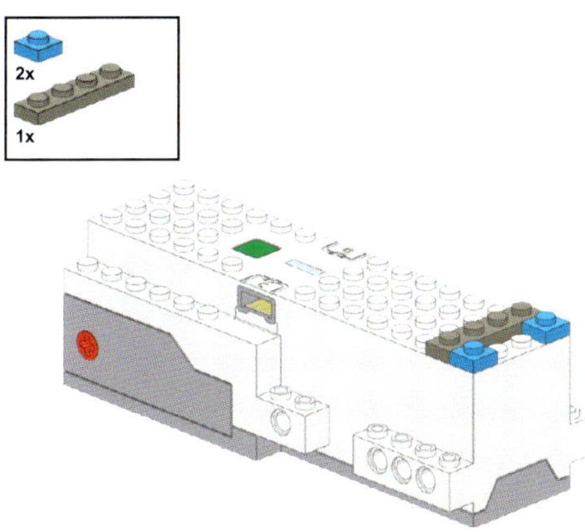

4

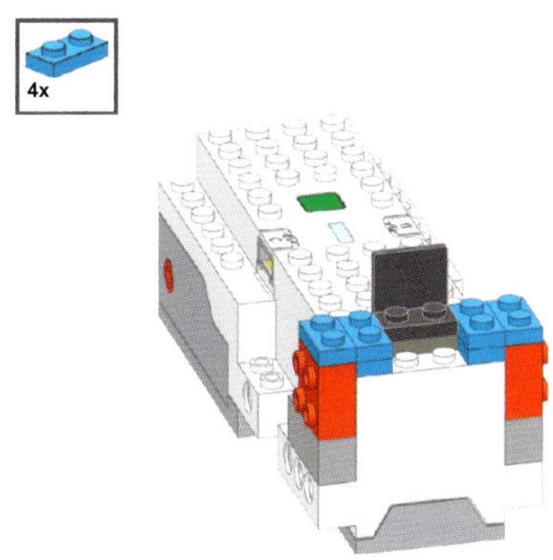

5

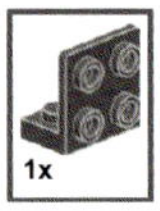

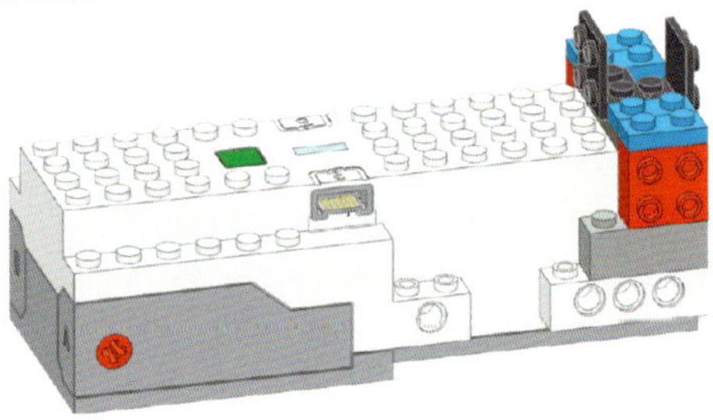

6

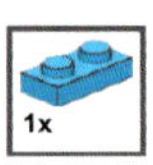

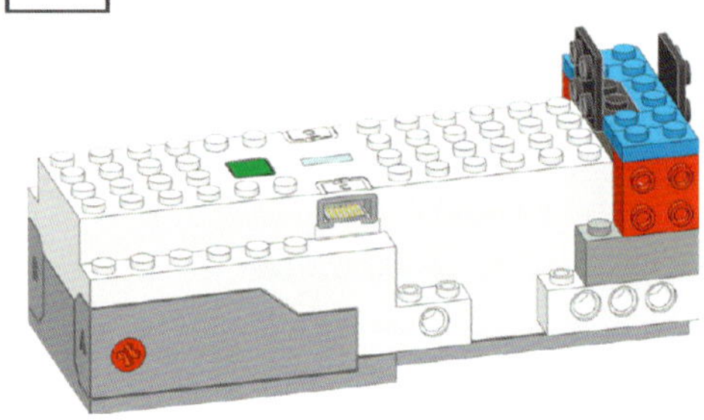

7

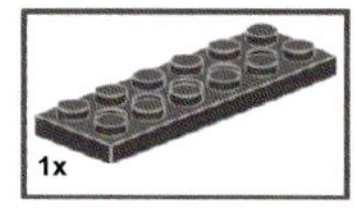

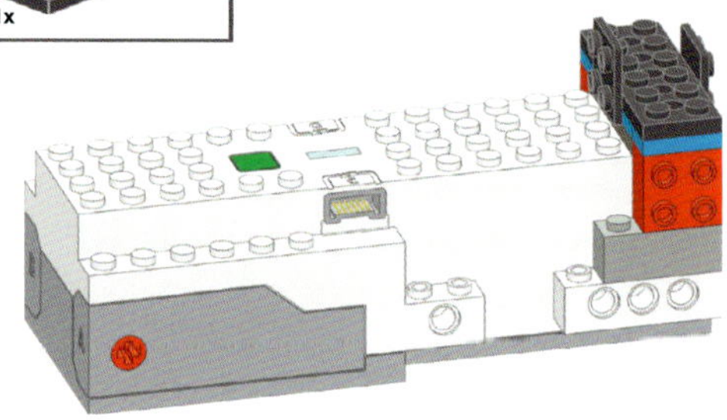

8

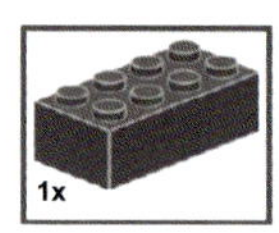

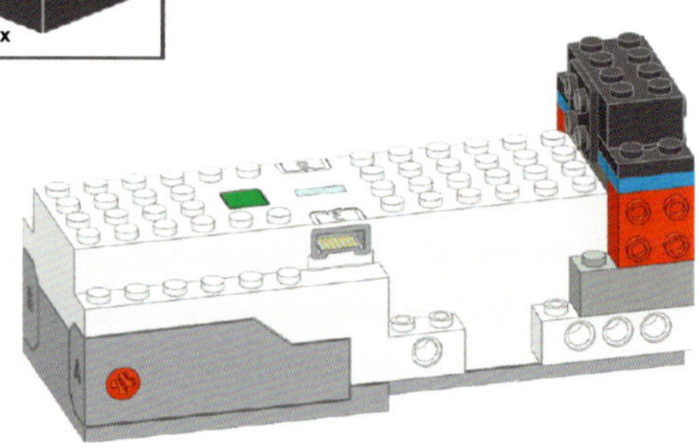

9

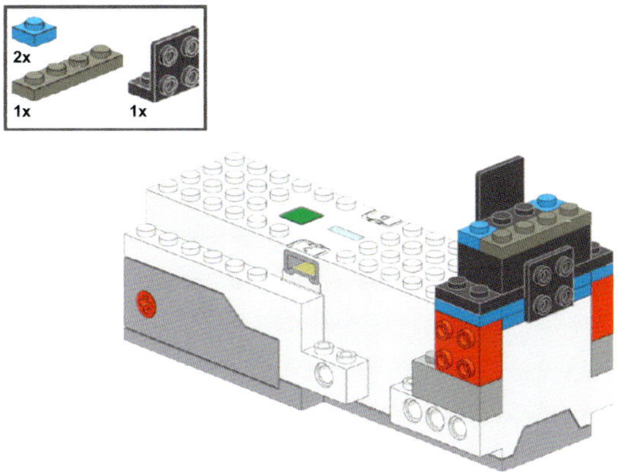

10

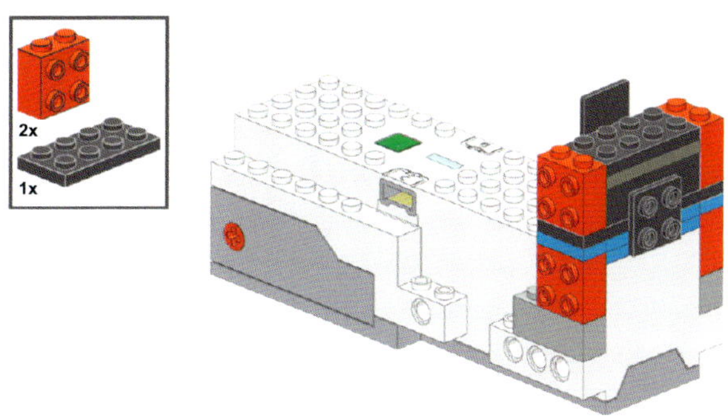

11

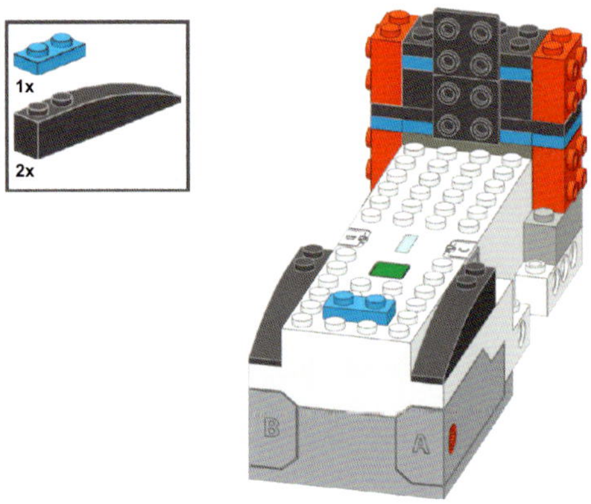

12

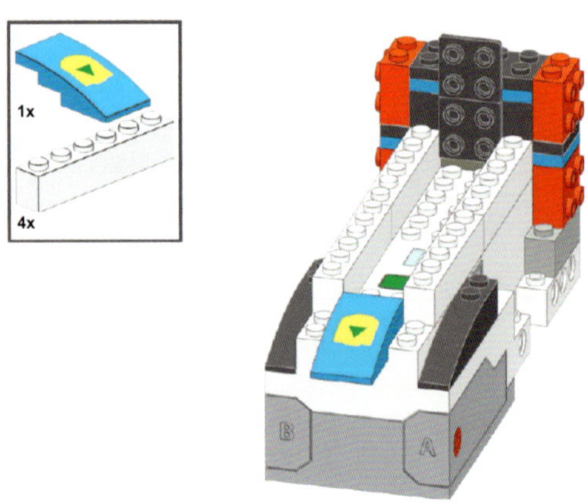

13

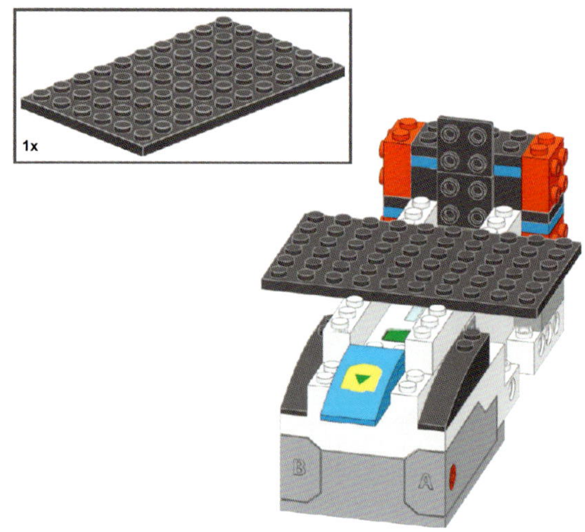

14

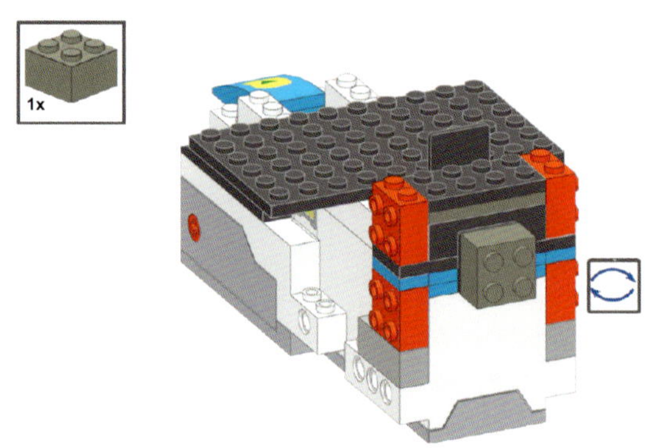

15

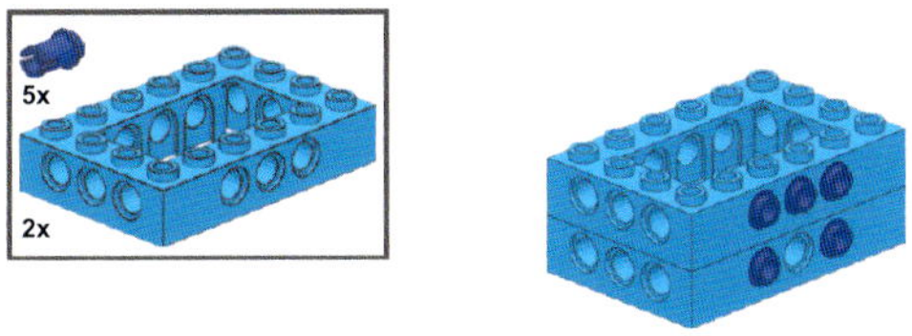

16

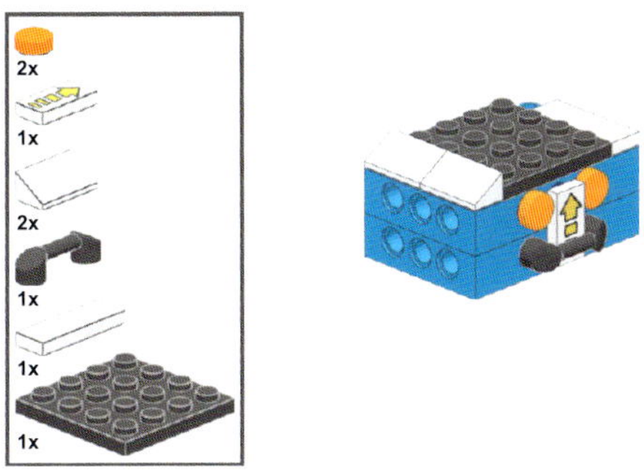

17

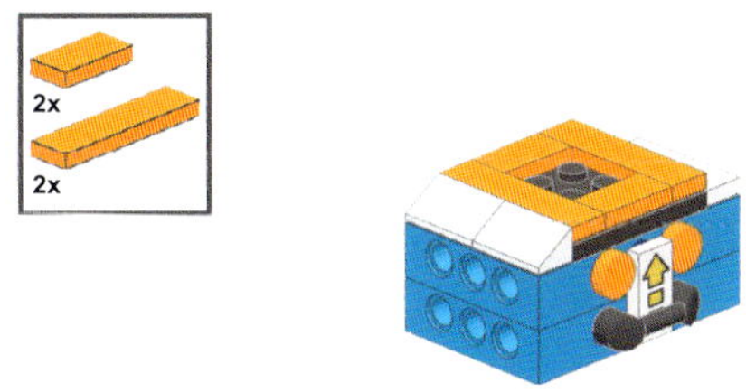

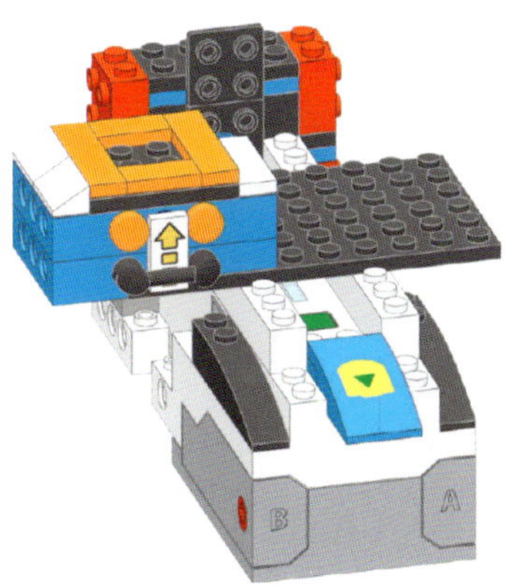

18

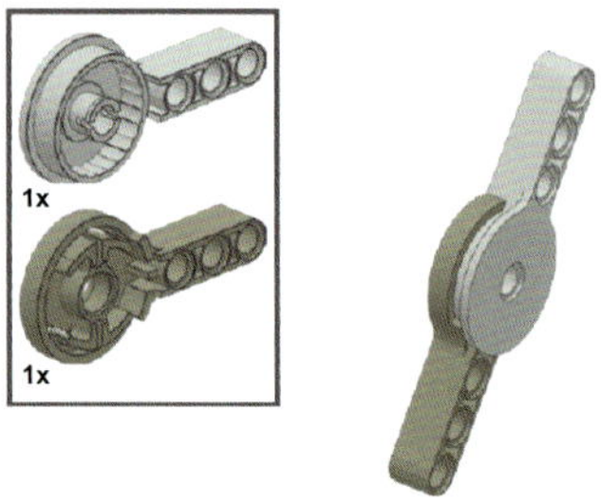

19

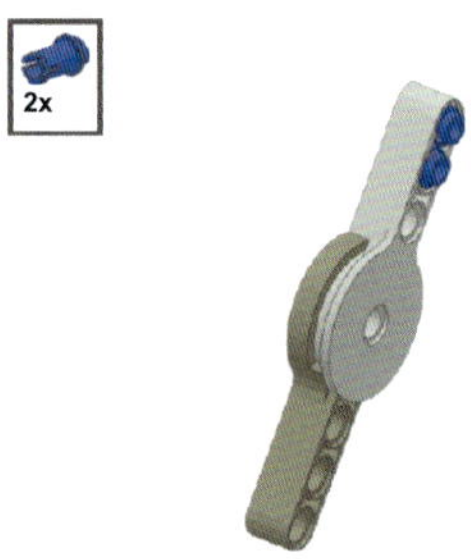

20

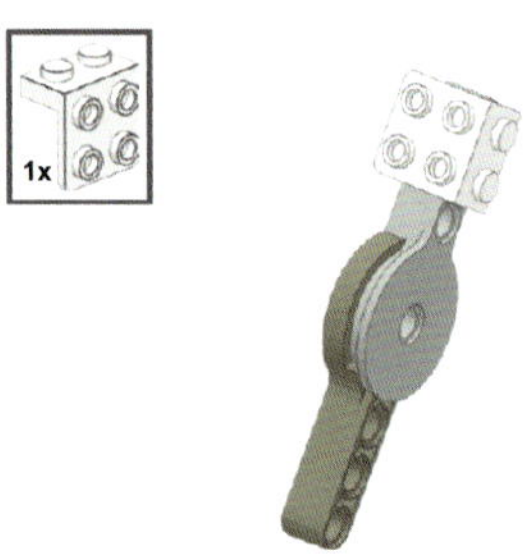

21

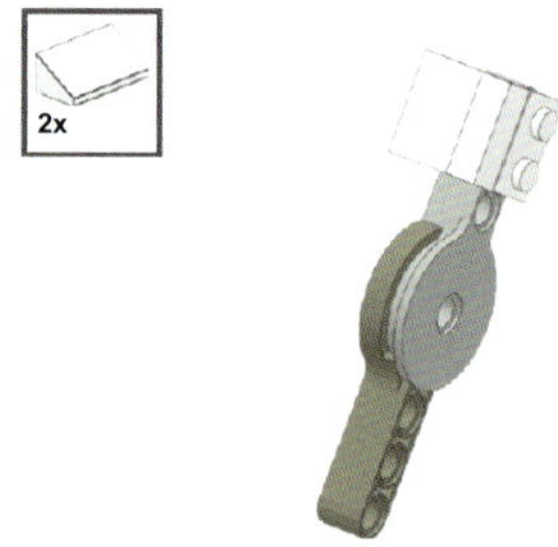

22

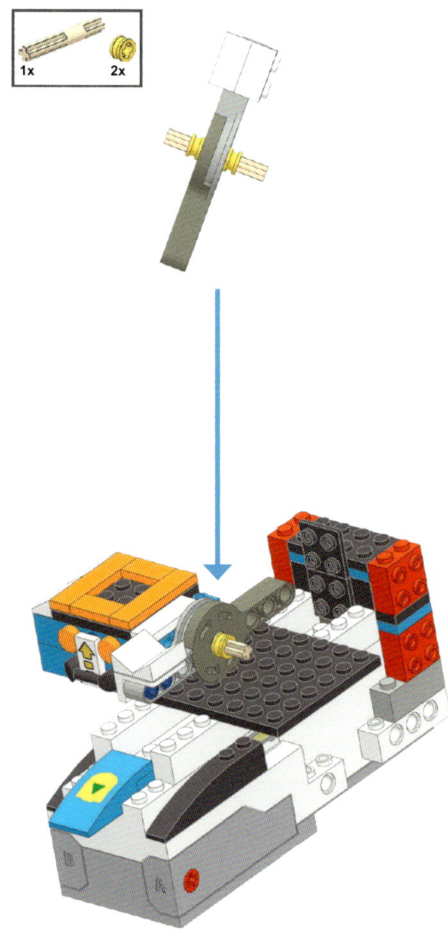

23

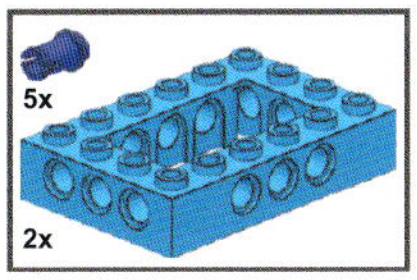

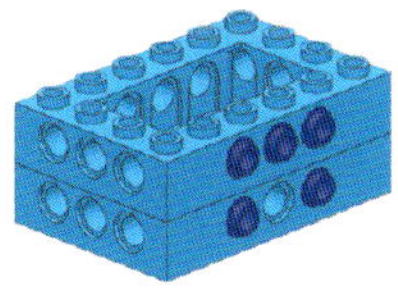

24

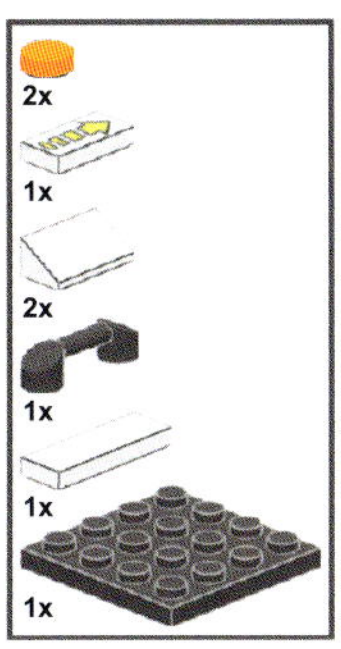

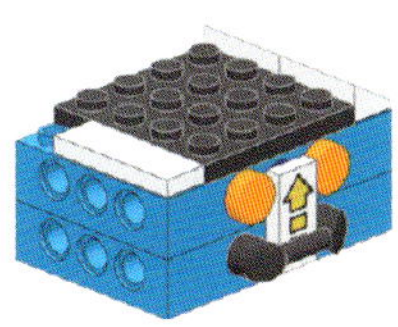

25

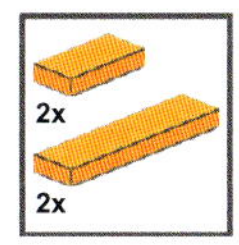

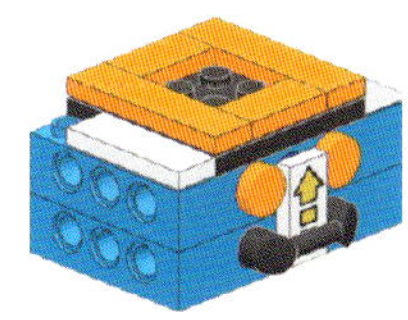

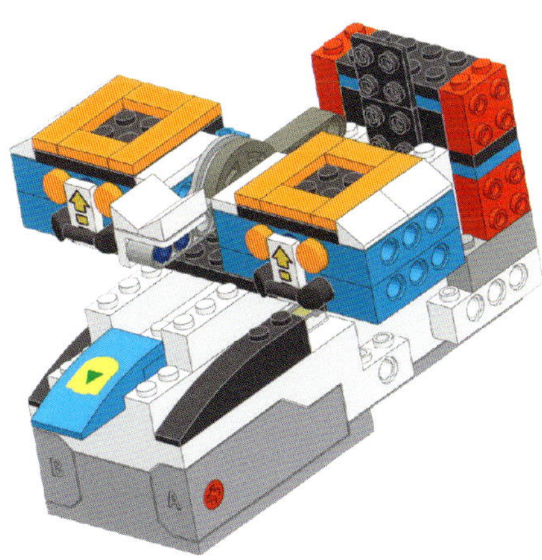

26

2x

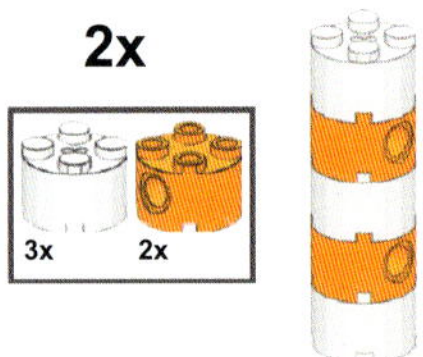

27

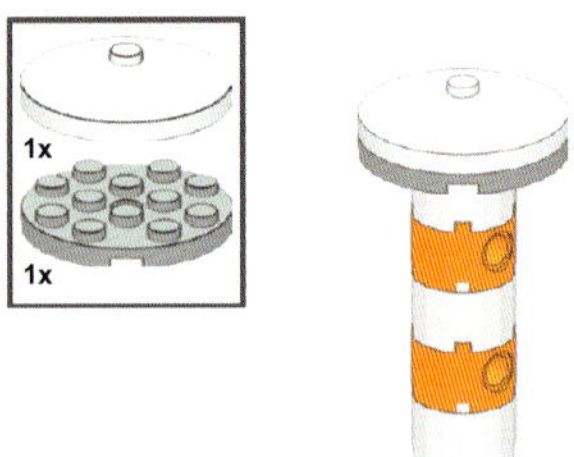

28

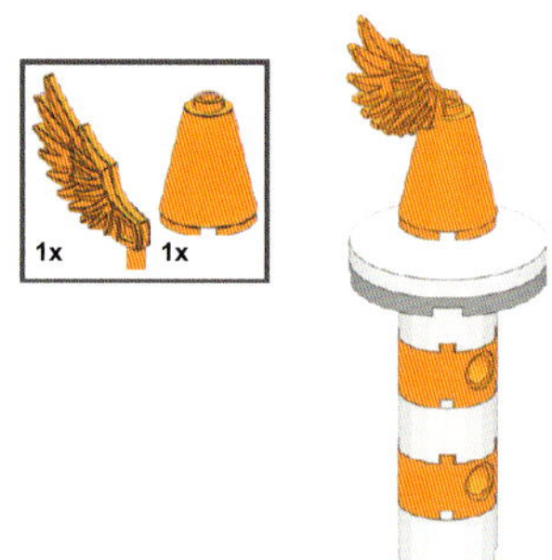

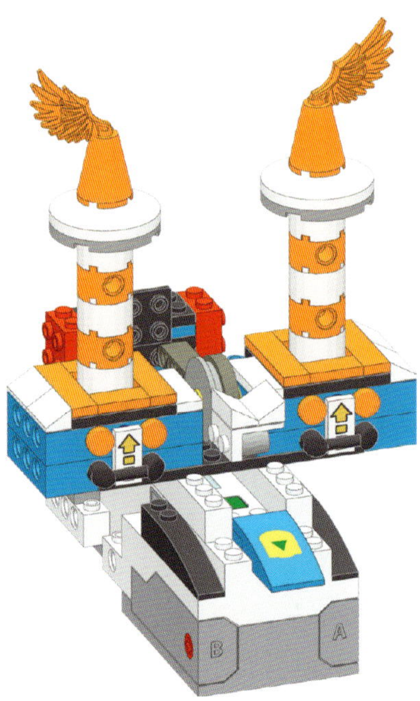

29

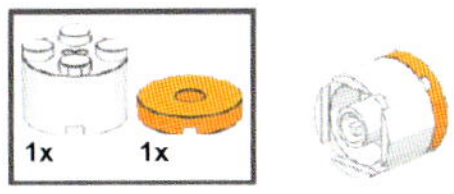

30

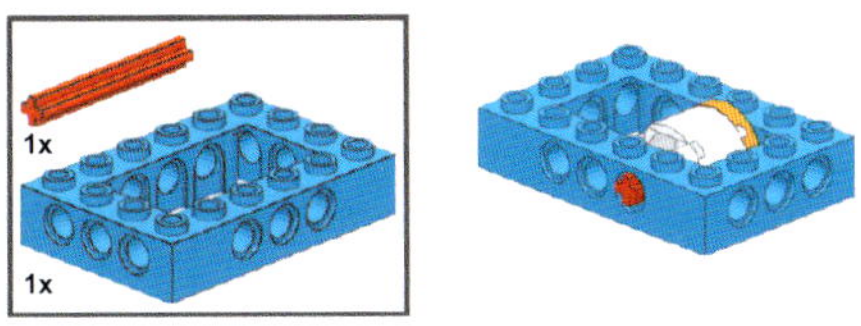

31

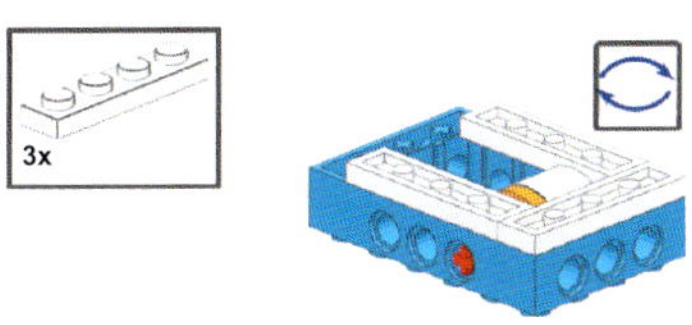

32

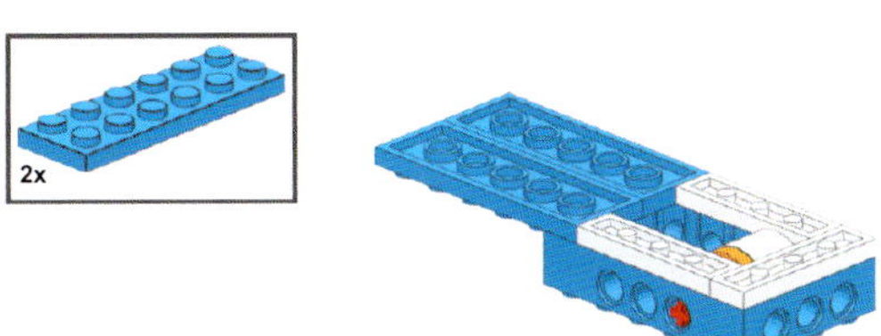

33

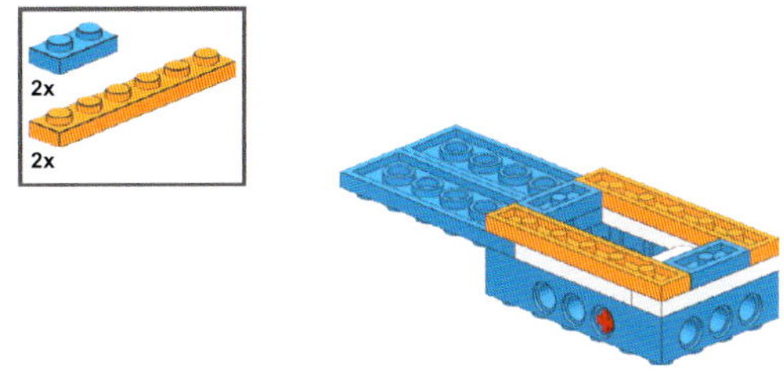

34

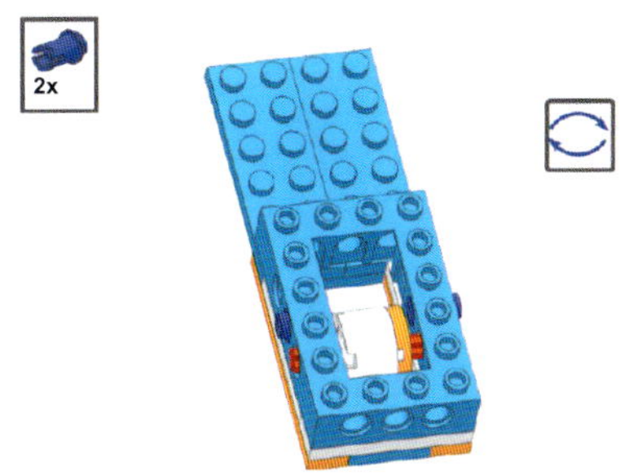

35

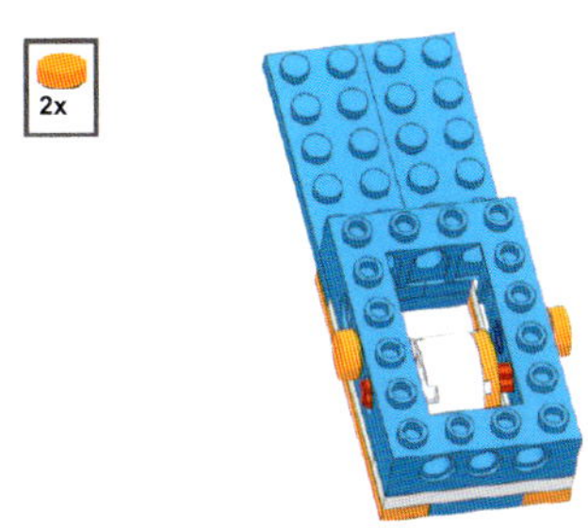

36

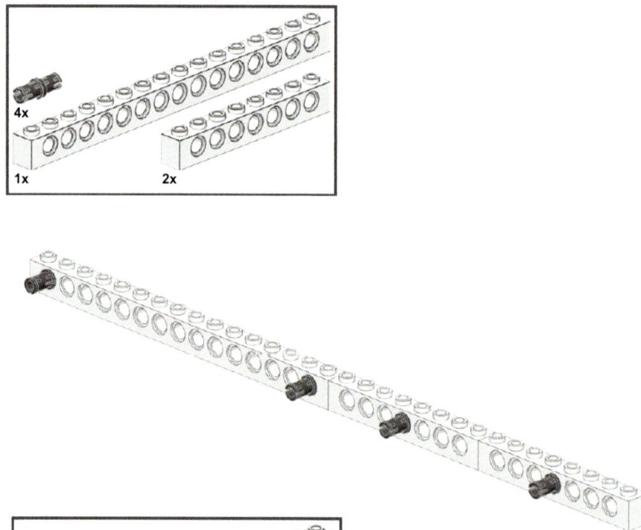

37

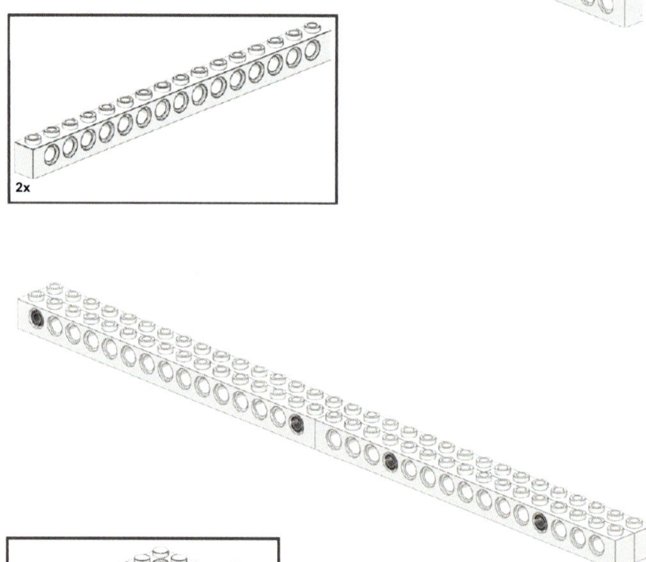

38

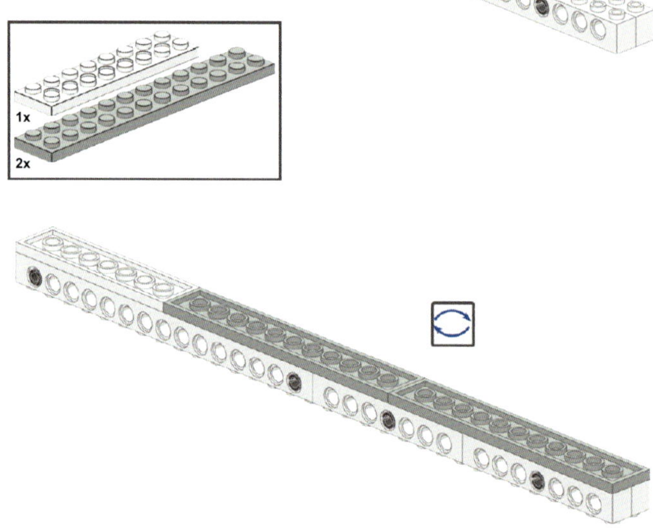

39

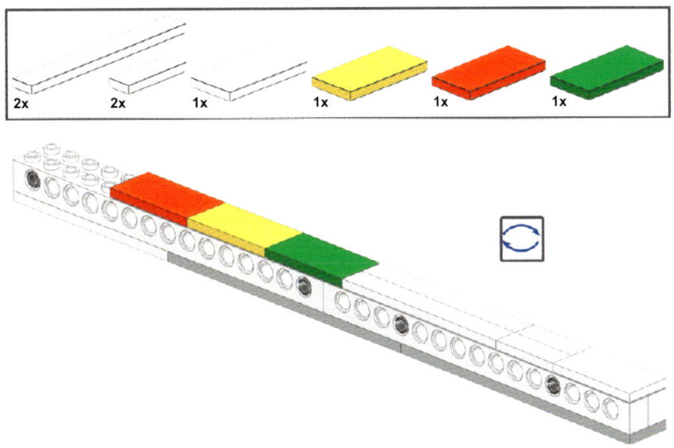

40

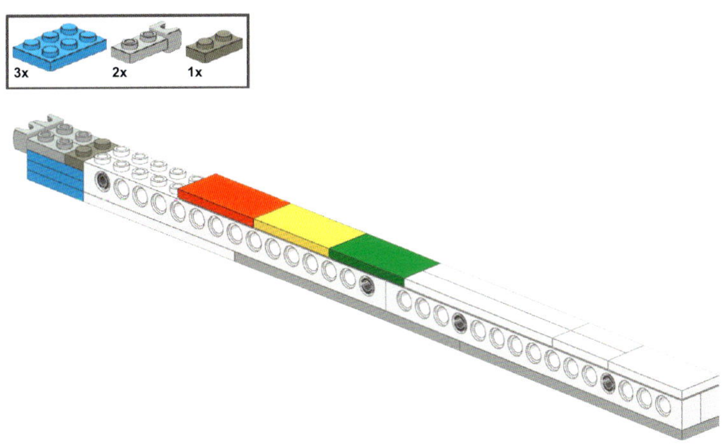

41

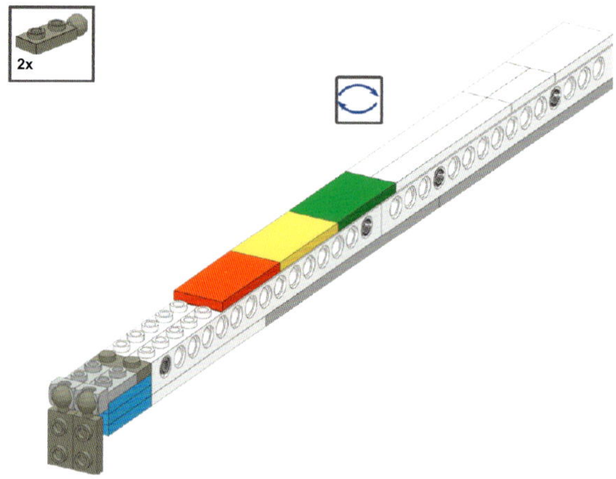

42

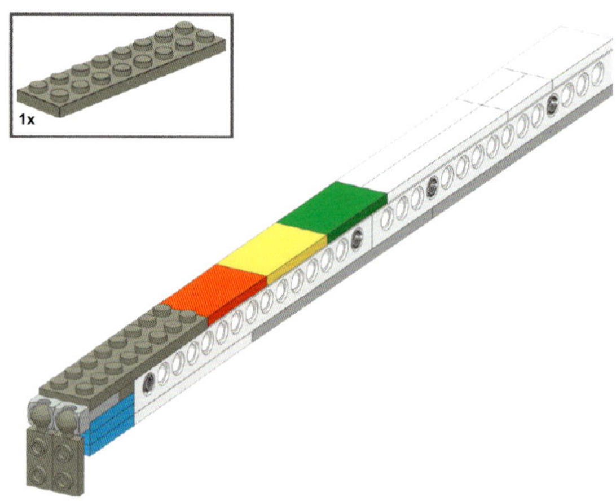

43

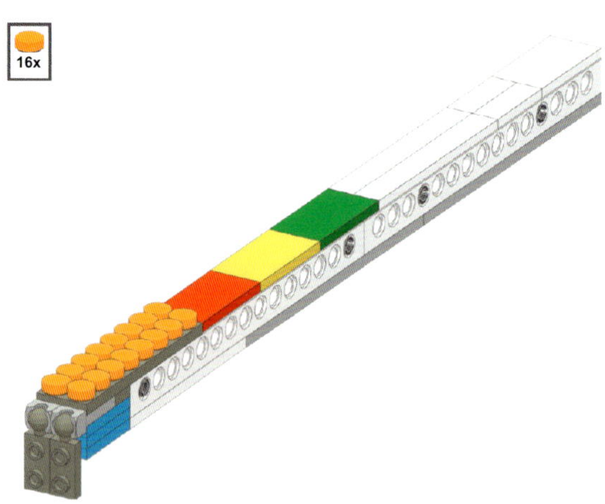

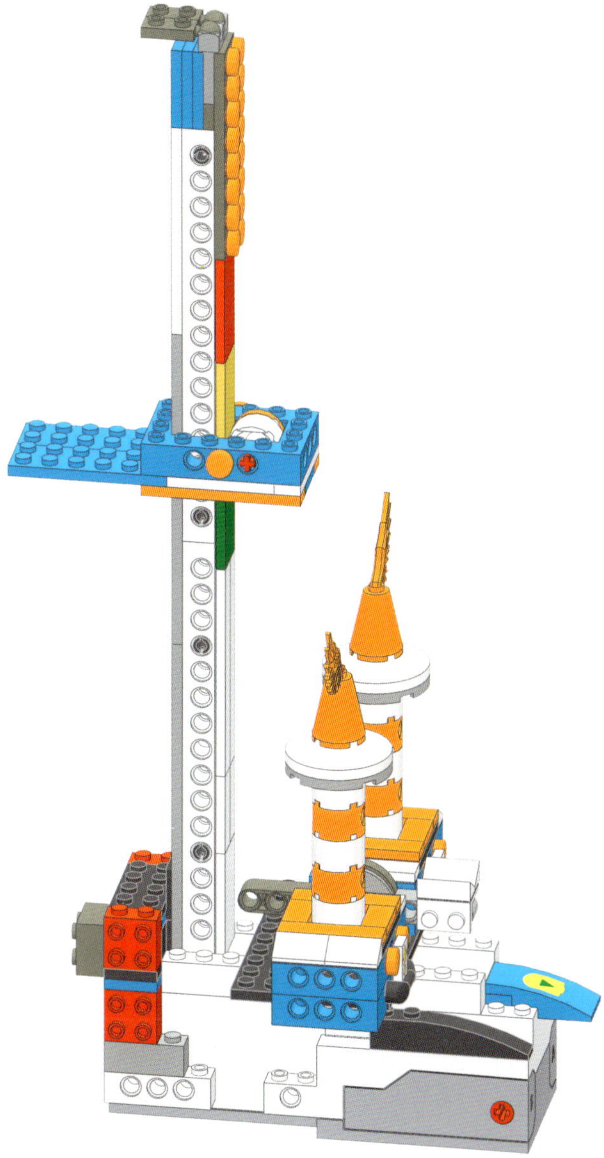

Den blauen Schlitten von unten über den Stab ziehen

44

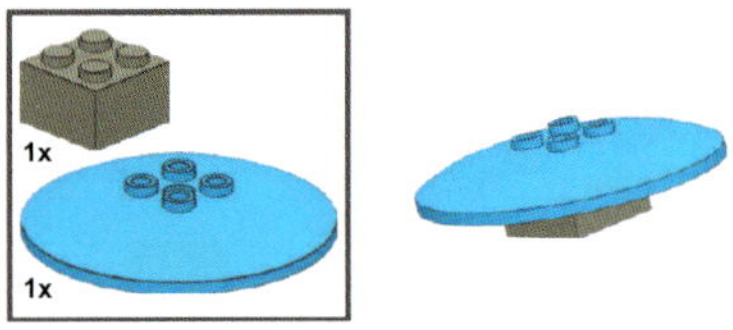

45

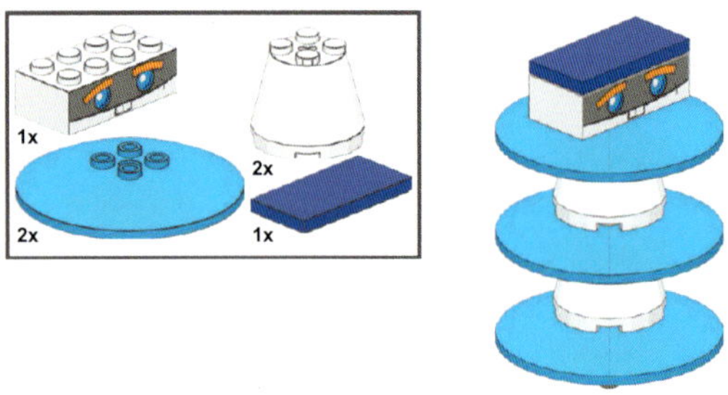

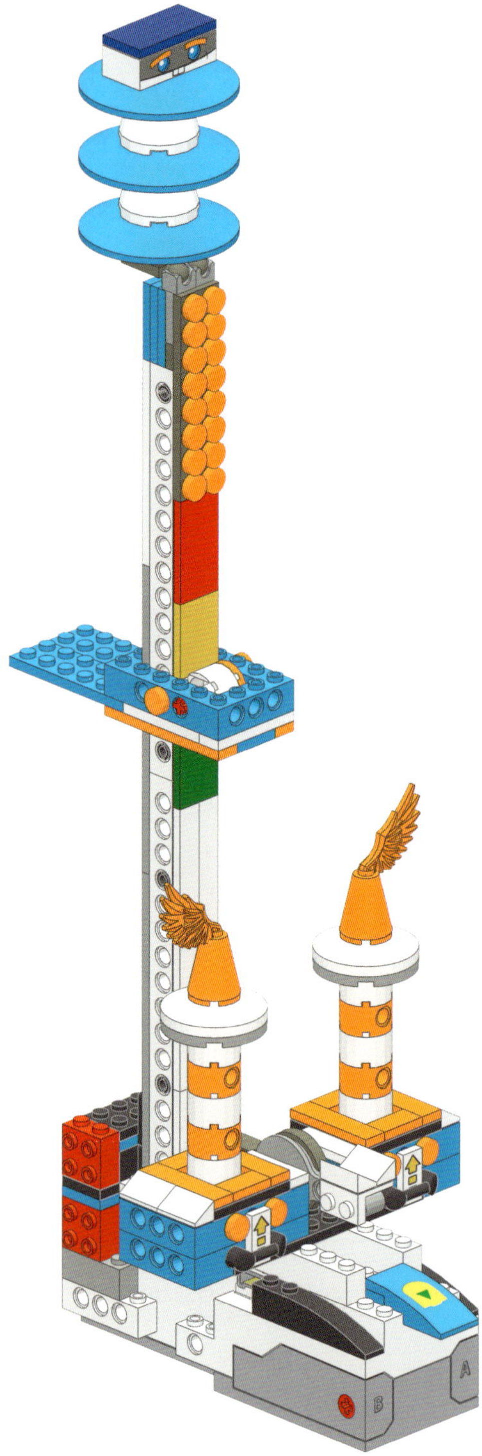

46

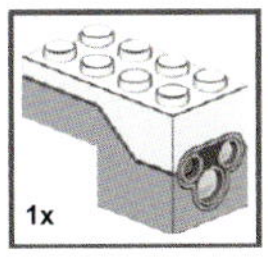

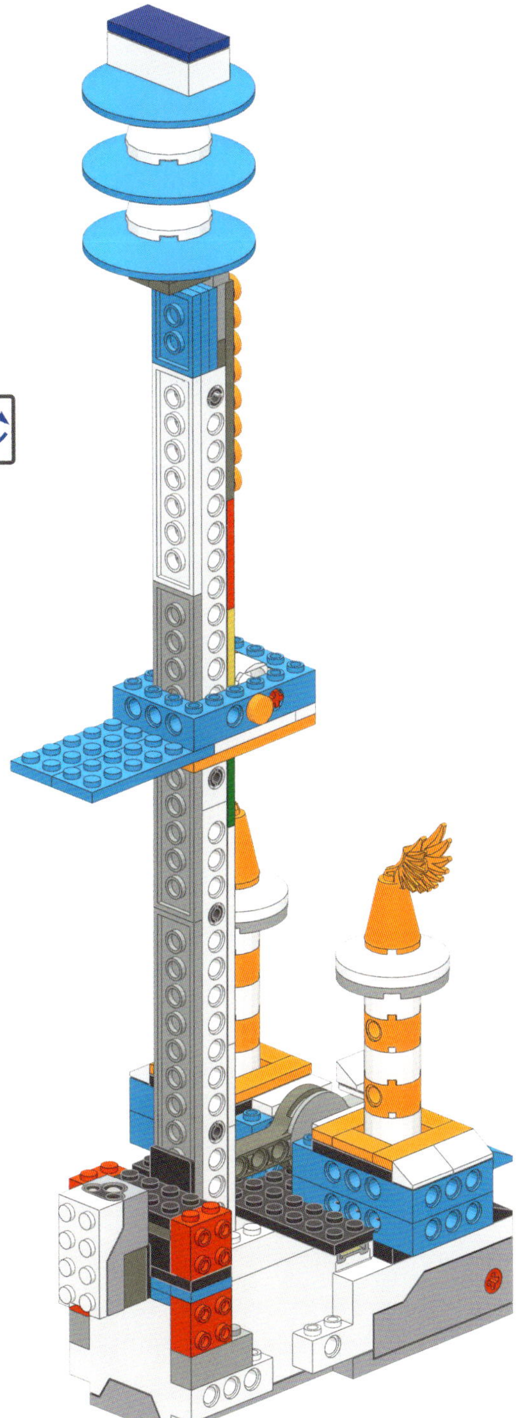

Sensorkabel an Move-Hub anschließen

47

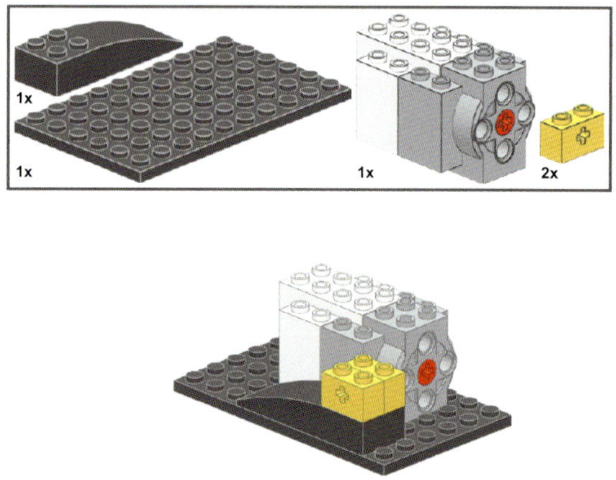

48

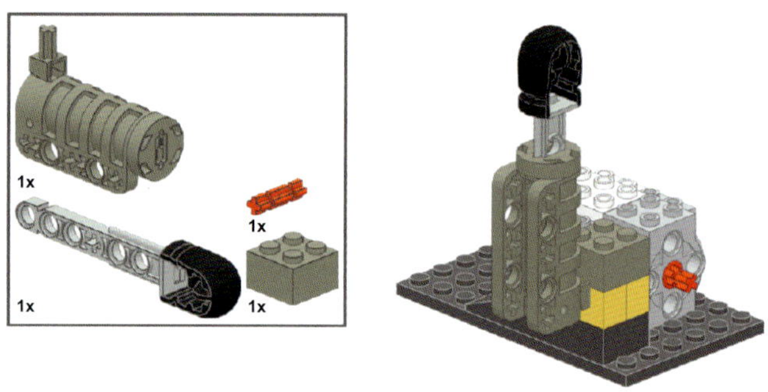

49

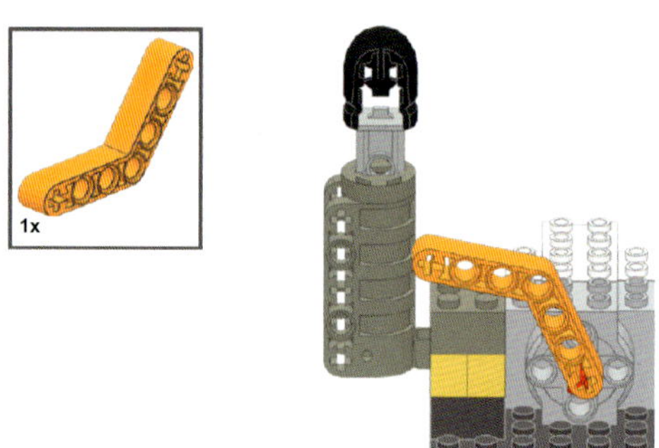

Motorkabel an Move-Hub anschließen

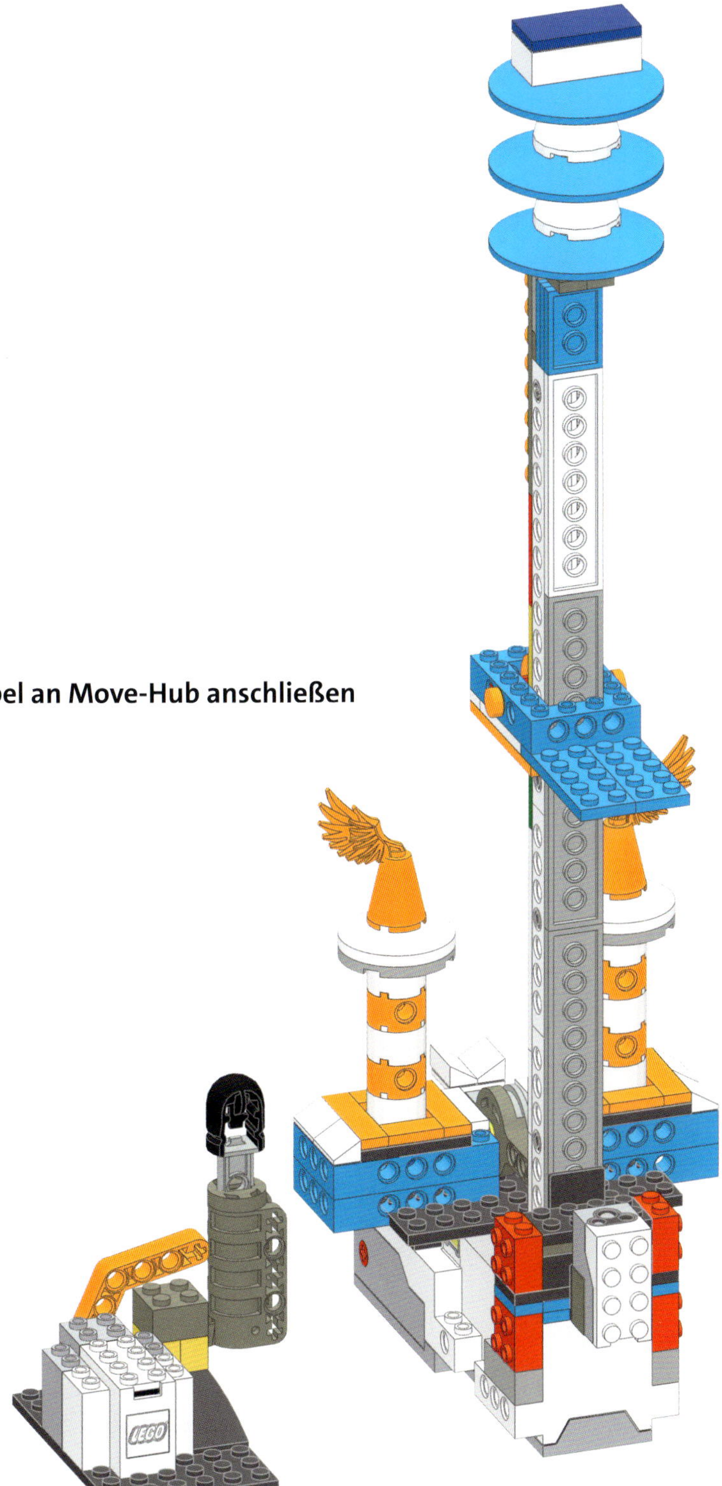

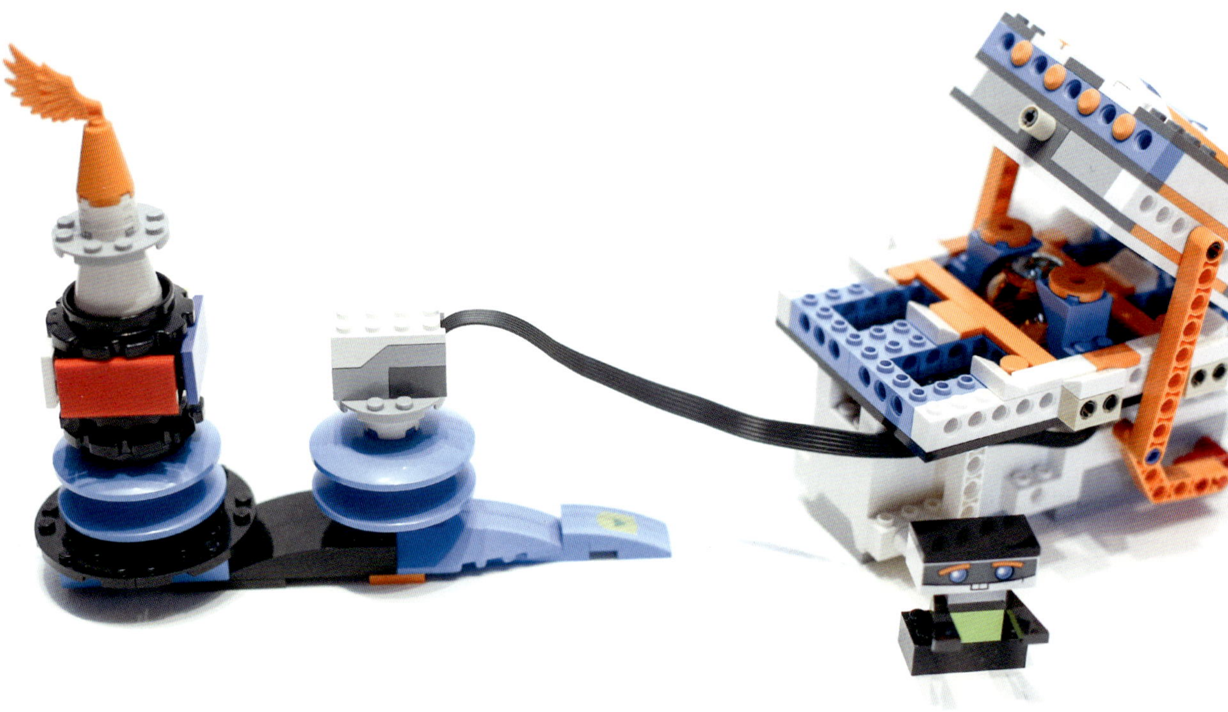

Bauvorschlag: Auf der Suche nach dem verlorenen Schatz

10

Dieses Modell erinnert an Abenteuergeschichten, bei denen der Held in Höhlen und Pyramiden nach Schätzen sucht. Diejenigen, die die Schätze dort versteckt haben, haben meist Fallen gelegt, damit es der Held etwas schwerer hat. Zentrales Element dieses Modells ist daher die Truhe, in der ein Schatz verführerisch funkelt. Blöd nur, dass darüber ein Deckel so bedrohlich aussieht, als wenn er jederzeit herunterfallen könnte … Daher muss der Held die kleine Kiste bekommen, die vor dem Sensor steht. Denn darin enthalten ist eine grüne Lego-Platte, die als Schlüssel zum Schatz dient. Immer wenn das rote Licht ausgeht, hat der Spieler ein kurzes Zeitfenster, in dem er die kleine Kiste gegen etwas anderes (hier eine kleine Figur) austauschen kann. Gelingt ihm das, dann muss er nur noch die kleine Kiste öffnen, die grüne Platte entnehmen und diese vor den Sensor halten. Maschine ist aus. Der Schatz ist dein!

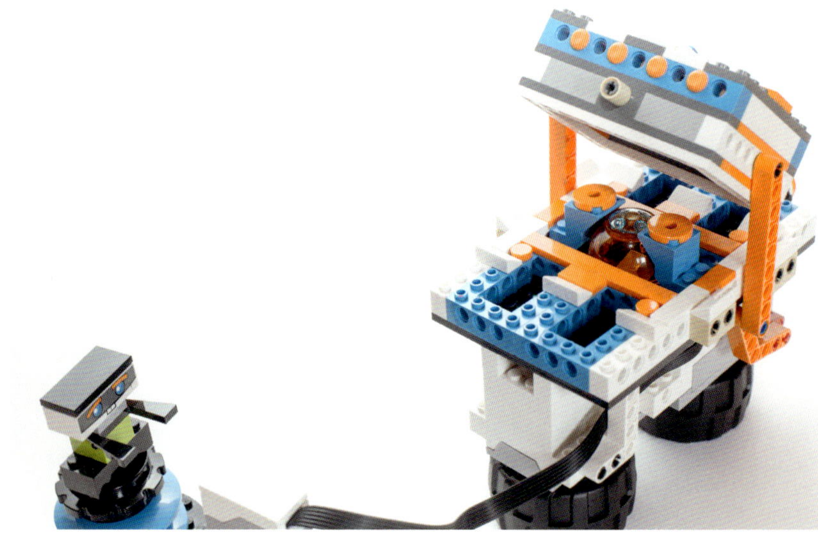

Die Schatztruhe ist auf dem Move-Hub aufgebaut. Das hat den Vorteil, dass nicht nur das Schließen der Truhe mit den beiden vorderen Motoren erfolgen kann, sondern auch das Funkeln des Schatzes wird durch die Lampe über dem Einschaltknopf des Move-Hub realisiert. Dadurch kommst du jedoch nur noch schwer an den Einschaltknopf. Deshalb haben wir eine Verlängerung mit einem Hebel gebaut. Wenn du diesen Hebel am Ende des Modells nach oben drückst, dann hört man ein leises Klicken und der Move-Hub ist eingeschaltet.

Die Kiste ist offen, darin funkelt der Schatz.

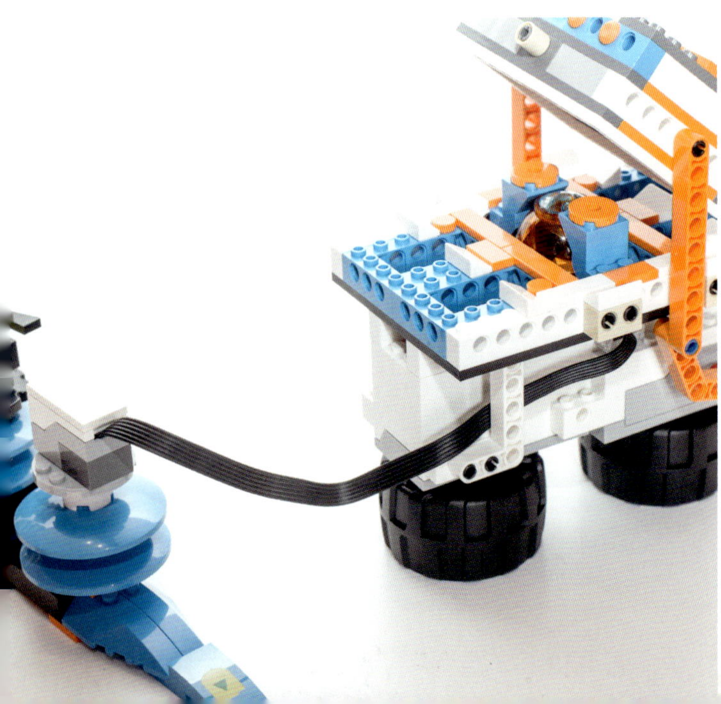

Wenn noch nicht geschehen, musst du nun den Deckel nach oben ziehen und die Schatzsuche kann beginnen.

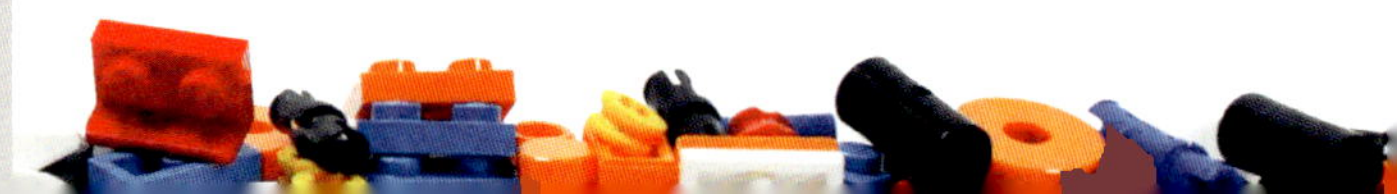

Wir starten das Ausprobieren des Modells zunächst mit etwas ganz Einfachem. Dafür wird der Lichtsensor an das Modell angeschlossen (dabei musst du aufpassen, dass das Kabel nicht mit dem Mechanismus für das Schließen des Deckels ins Gehege kommt – es wird daher hinter den weißen Abstandshalter geführt).

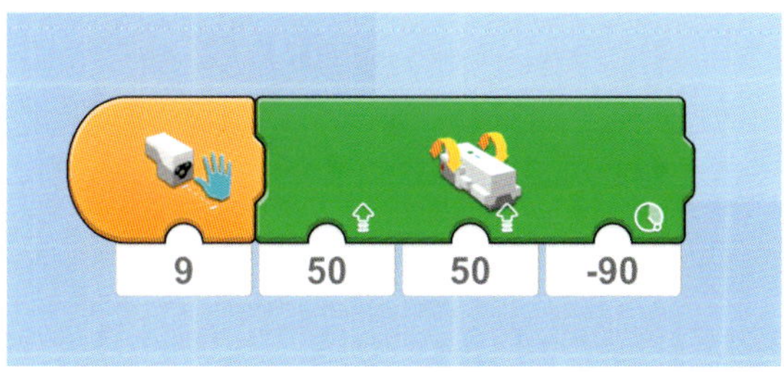

Das Grundprogramm zum Schließen der Kiste, wenn etwas vor den Sensor kommt.

Das hier gezeigte Programm macht dann nichts anderes, als darauf zu warten, dass etwas in den Strahl des Lichtsensors gelangt, und schließt in dem Fall mit einem Knall den Deckel. Als Startelement nehmen wir den Lichtsensor-Befehl und nehmen als Bedingung den Wert 9. Das bedeutet, dass der Befehl ausgeführt wird, sobald sich etwas mindestens auf Abstand »9« genähert hat. Die 10 können wir nicht nehmen, da das der Wert ist, den der Sensor immer zurückmeldet, wenn er nichts vor sich entdeckt. Das Schließen des Deckels wird durch den grünen Befehl erreicht, der beide Motoren um – 90 Grad bewegt.

Wenn wir wollen, können wir noch einbauen, dass der Deckel auch dann zugeht, wenn an dem Modell geruckelt wird.

Die Kiste schließt sich, wenn der Move-Hub in Bewegung kommt.

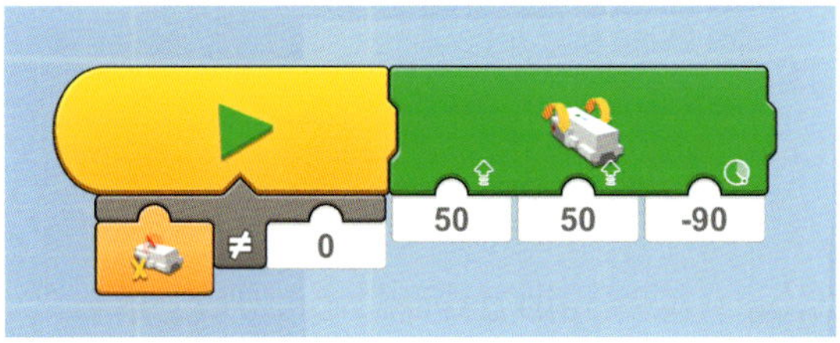

Dazu nehmen wir das Motoren-Start-Element und bauen als Bedingung ein, dass sich der Move-Hub etwas in der Ebene bewegt (das ist die X-Ebene). Wenn das Modell ganz eben steht, müsste man nur feststellen, dass dieser X-Wert nicht mehr (also ungleich) null ist. Um aber zu erreichen, dass das Modell schneller mal wackelt, kann man es auf etwas Wackliges (wie etwa auf die Kettenelemente des Roboters) stellen.

Move-Hub und Kiste auf wackeligem Untergrund.

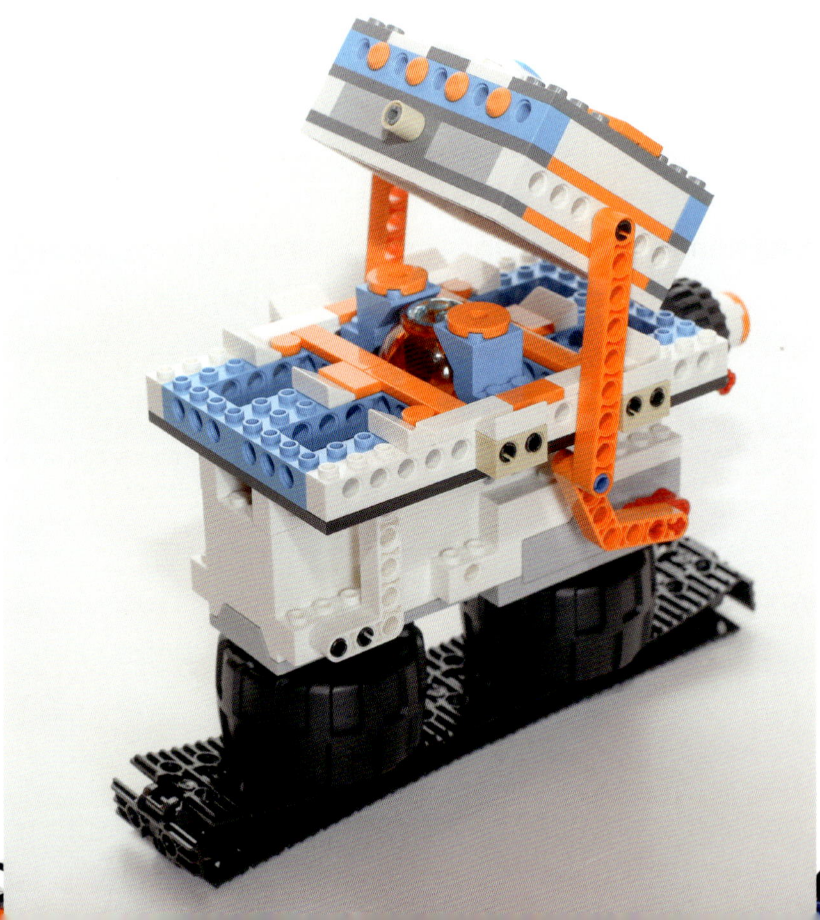

Dann kann es aber sein, dass der X-Wert nicht mehr genau 0 ist, sondern 1 oder –1. Das sieht man zum Glück aber, wenn man das X-Wert-Element zunächst nicht mit dem Programm verbindet, sondern etwas außerhalb davon frei auf dem Bildschirm ablegt. Nun kannst du entweder so lange an dem Modell rumfummeln, bis es sicher wieder »0« als Wert meldet, oder du ersetzt die 0 in der Bedingung durch den Wert, den das Element anzeigt. Alternativ kannst du auch sagen, dass der Deckel erst zugehen soll, wenn der Wert der X-Ebene größer (>) oder kleiner (<) als ein bestimmter Wert ist.

Nun kommen wir aber zur eigentlichen Schatzsuche. Dazu wird die Kiste mit der grünen Platte auf dem Podest positioniert. Darauf zeigt der Sensor. Die Idee ist, dass der Abenteurer nichts anfassen darf, solange der Schatz (und der Sensor) rot leuchtet. Sobald das Licht ausgeht, hat er ein wenig Zeit, um die Kiste gegen etwas anderes vor dem Sensor auszutauschen (hier eine gebaute Figur). Wenn das nicht gelingt, dann geht danach der Deckel wieder krachend zu.

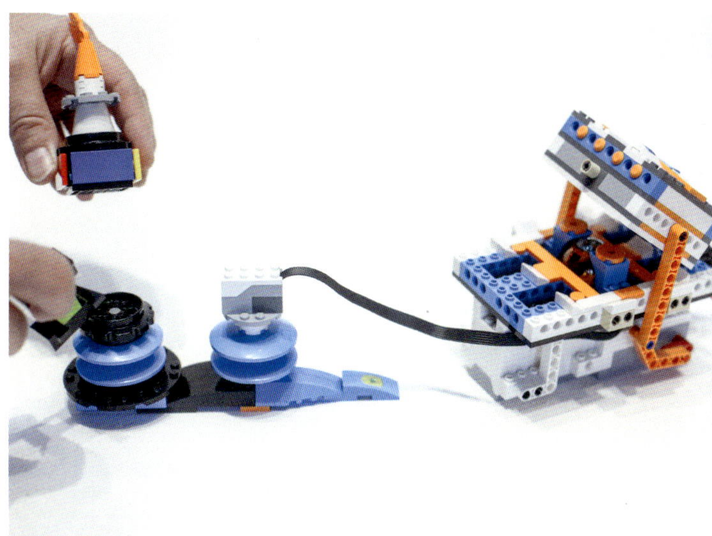

Wenn das Licht ausgeht, heißt es schnell die Kiste gegen die Figur auszutauschen.

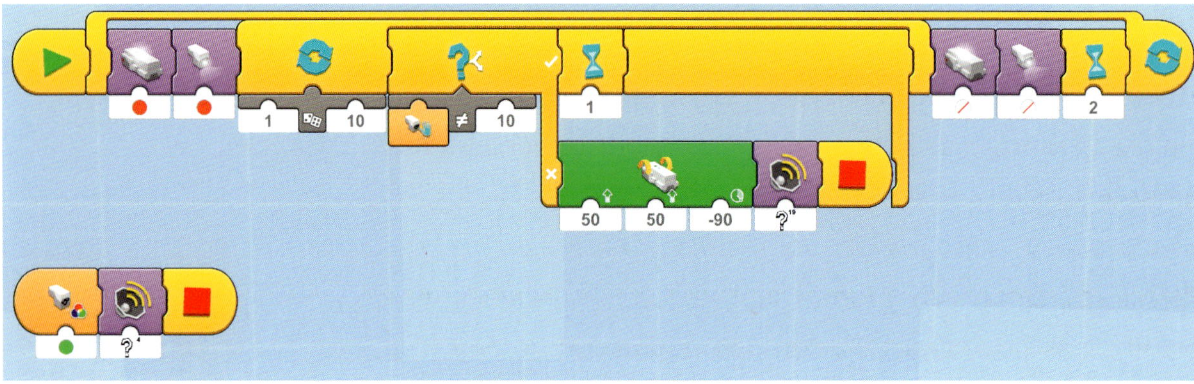

Das ganze Programm für die Schatzsuche.

Das Programm dazu ist schon etwas komplizierter. Aber keine Angst, alles ist ganz logisch. Du siehst dort zwei Schleifen (zu erkennen an den gedrehten Pfeilsymbolen, die andere Befehle umschließen. Die große Schleife ist dafür da, dass das Programm immer wieder von vorne beginnt, sofern nicht der Abenteurer die Fahne zur falschen Zeit ausgetauscht hat. Die kleine Schleife im Inneren kümmert sich darum zu prüfen, ob etwas von dem Sensor ausgetauscht wurde, während das rote Licht noch leuchtet. Das wäre der Fall, wenn der Wert des Sensors »10« erreicht, was der größten möglichen Entfernung von einem Gegenstand vor ihm entspricht und auch der Fall ist, wenn da gar nichts mehr wäre. Ist das so, dann wird der Deckel zugemacht und das Programm beendet (rotes Quadrat). Wenn noch alles in Ordnung ist, dann wartet das Programm kurz (Sanduhr mit Wert 1) und macht dann weiter. Wie oft zunächst nur das rote Licht leuchtet und beim Entfernen der kleinen Kiste der Deckel zugeht, hängt vom Zufall ab. Deshalb ist unter dem Beginn der Schleife das Element mit dem Würfel eingebunden. Diese Schleife wird in unserem Fall ein bis zehn Mal durchlaufen. Danach erlischt das Licht und der Spieler hat zwei Zeiteinheiten (Sanduhr mit Wert 2) Zeit, die kleine Kiste auszutauschen. Dann beginnt die große Schleife erneut mit dem Anschalten des roten Lichts und Kontrollieren des Vorhandenseins der kleinen Kiste (oder eines anderen Hindernisses).

Parallel zu diesem Programm gibt es noch ein kurzes Programm, das nur darauf wartet, dass etwas Grünes vor den Sensor gehalten wird. Ist das der Fall, so gibt es einen kurzen Jubelschrei und alle Programme werden beendet. Das »Grüne« findest du in der kleinen Kiste als Lego-Platte. Es dient somit als Schlüssel, um den Schutzmechanismus zum Erreichen des großen Schatzes abzuschalten.

Wenn du möchtest, kannst du noch ein weiteres Programm parallel hinzufügen, das abfragt, ob jemand an dem Schatz rüttelt. Dann sollte natürlich die Truhe auch zugehen. Schließlich soll niemand die Sicherheitsvorrichtung umgehen können.

Dann mal viel Spaß bei der Schatzsuche.

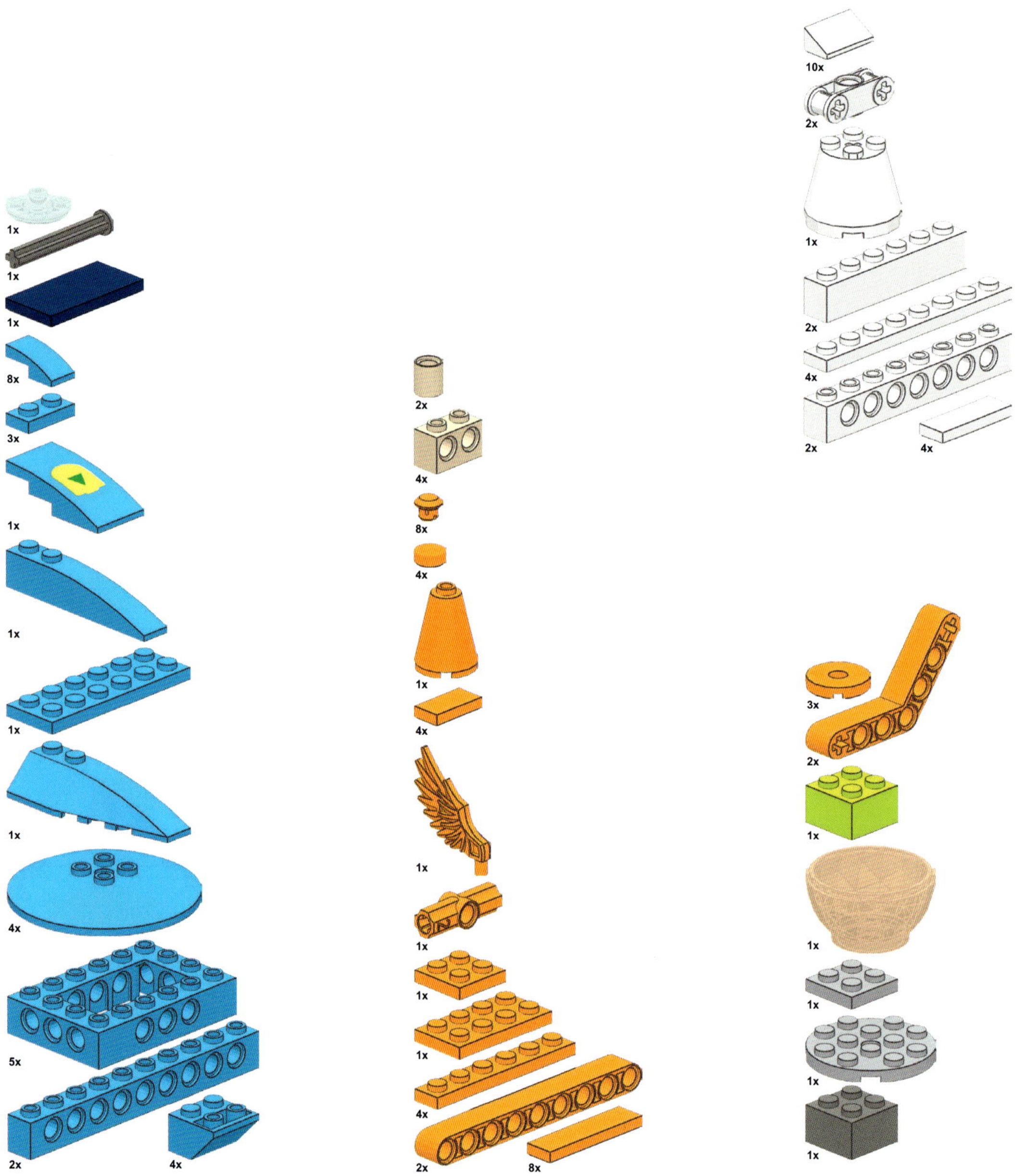
1x
1x
1x
8x
3x
1x
1x
1x
1x
4x
5x
2x
4x
2x
4x
8x
4x
1x
4x
1x
1x
1x
1x
4x
2x
8x
10x
2x
1x
2x
4x
2x
4x
3x
2x
1x
1x
1x
1x
1x

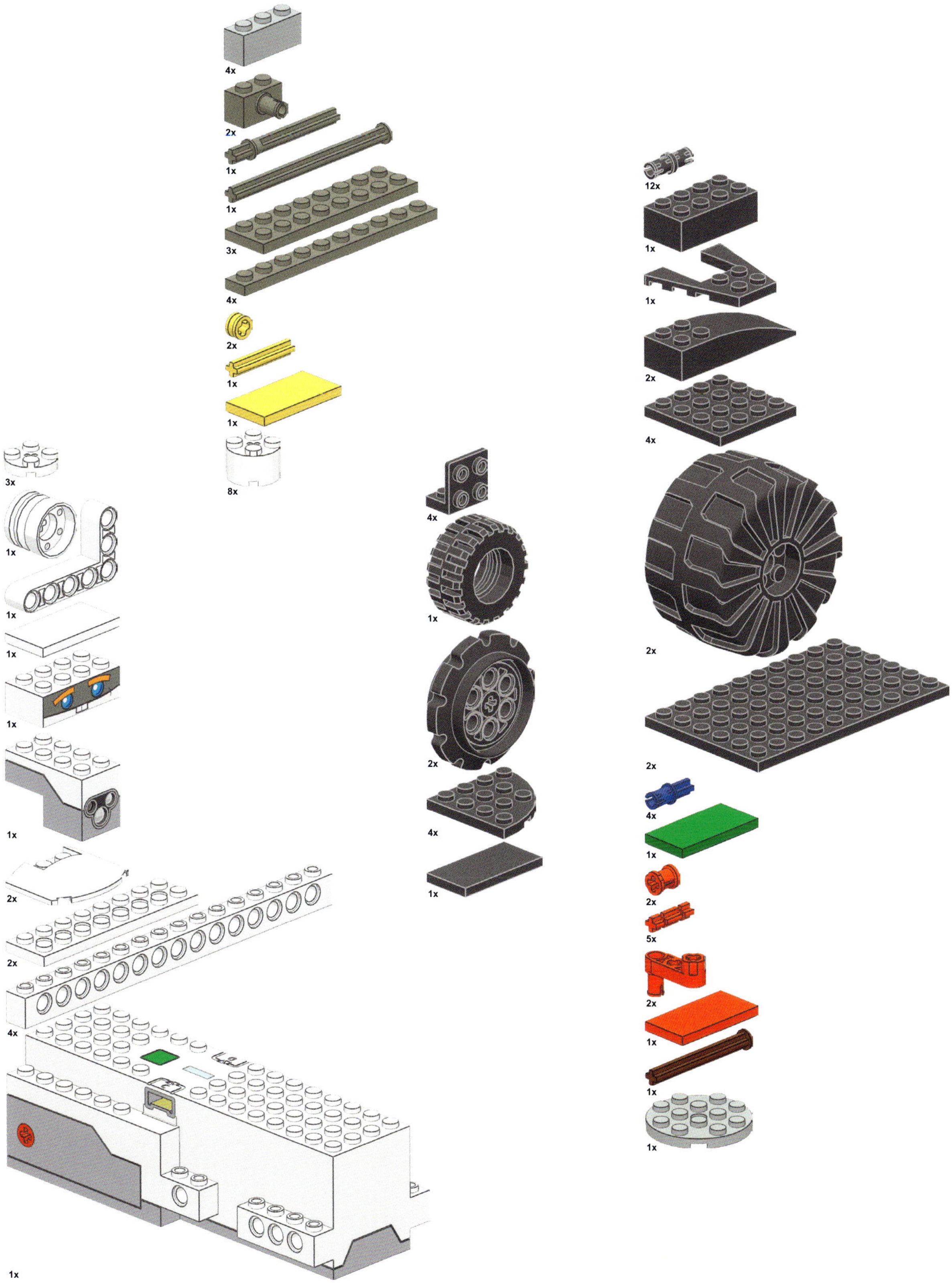
4x
2x
1x
1x
3x
4x
2x
1x
1x
8x
3x
1x
1x
1x
1x
1x
2x
2x
4x
1x
4x
1x
2x
4x
1x
12x
1x
1x
2x
4x
2x
2x
4x
1x
2x
5x
2x
1x
1x
1x

1

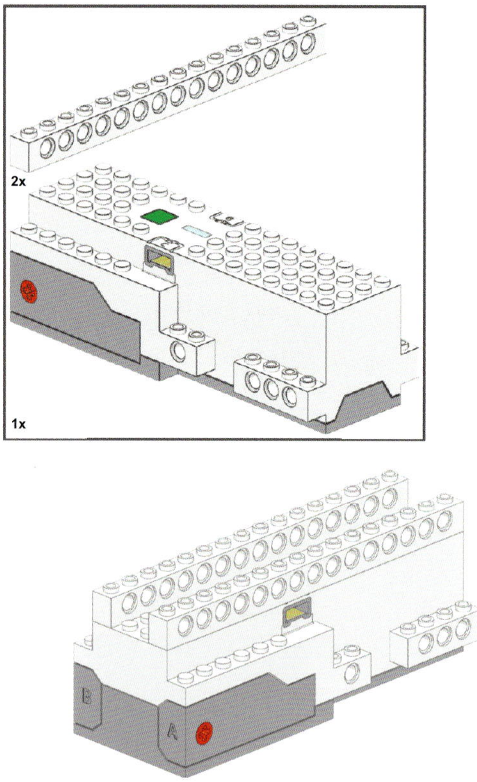

2

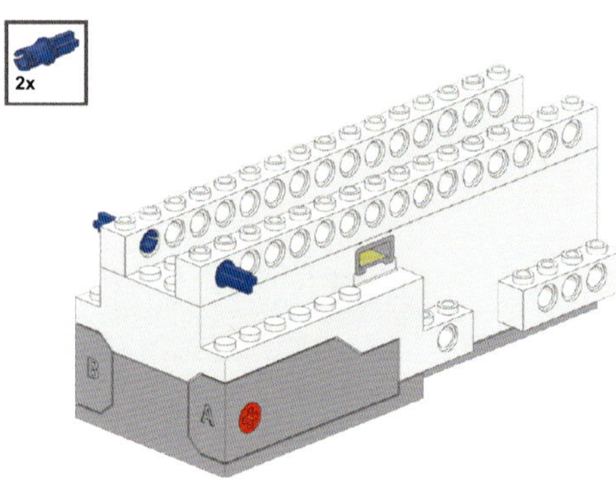

3

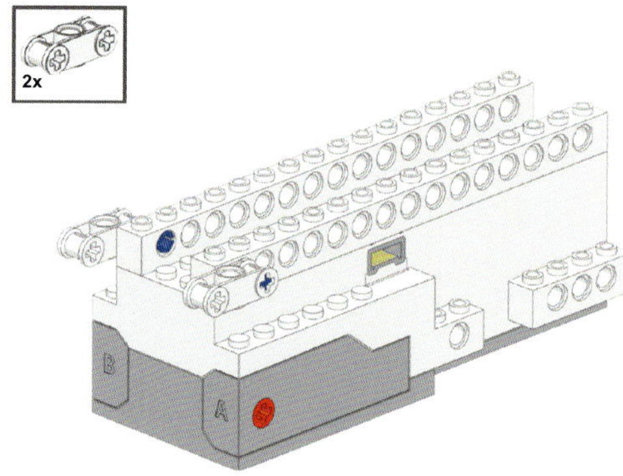

4

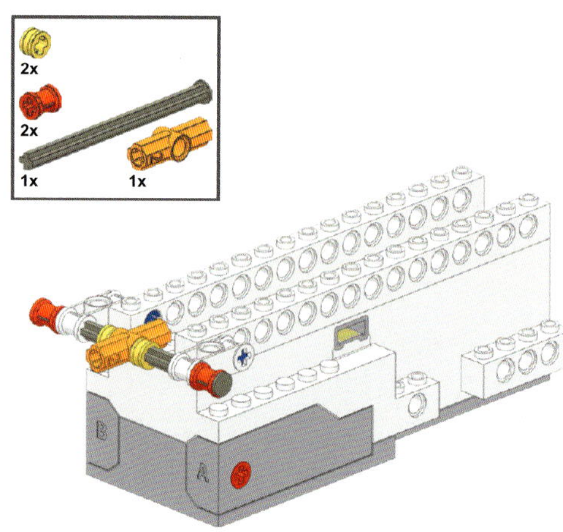

5

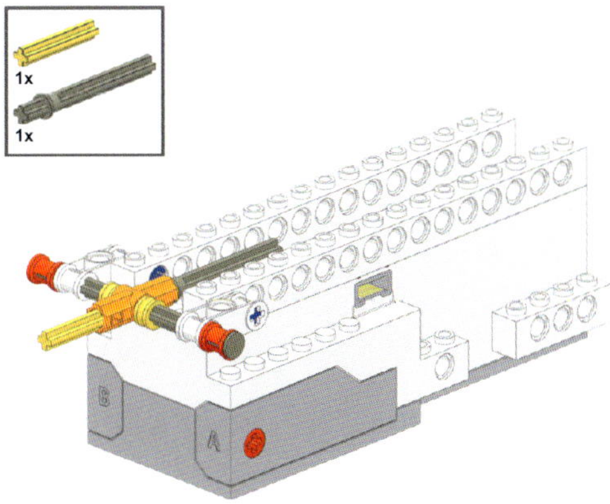

6

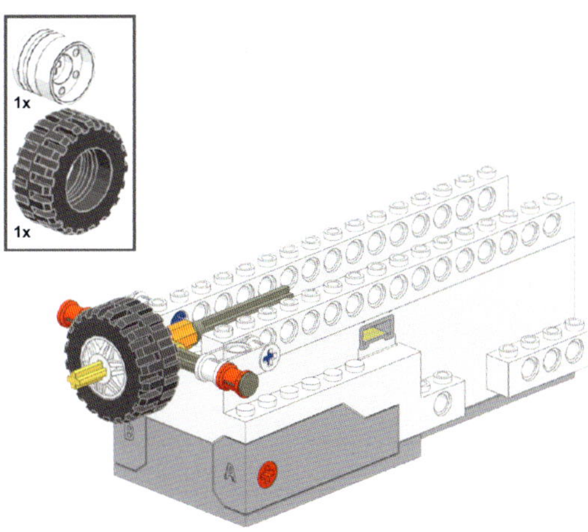

7

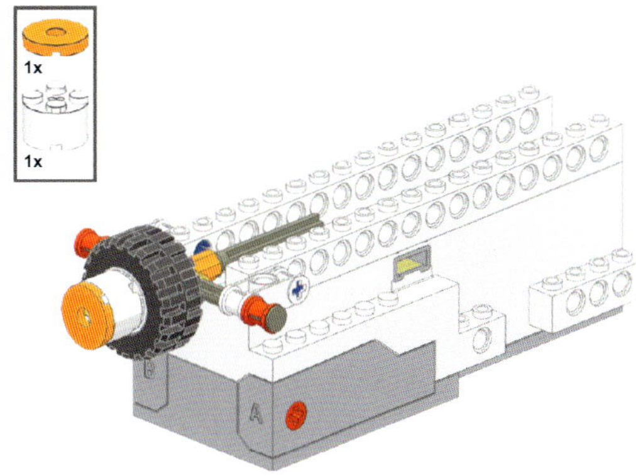

8

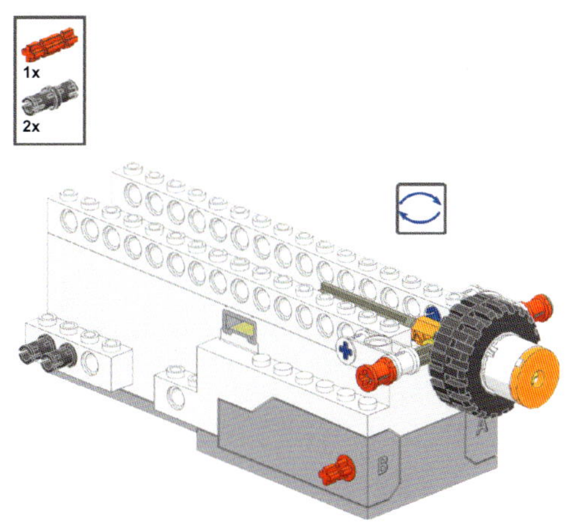

9

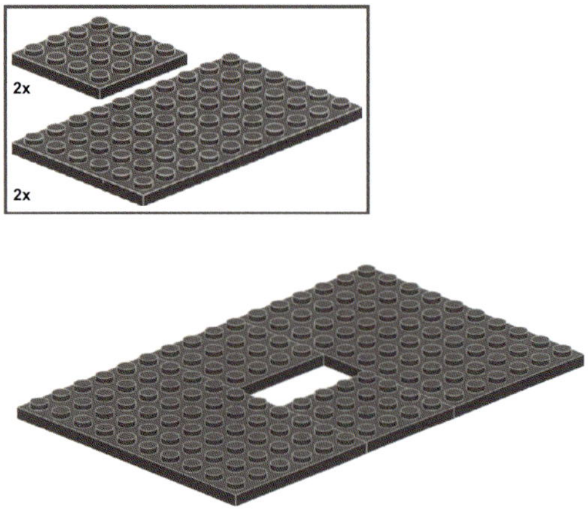

10

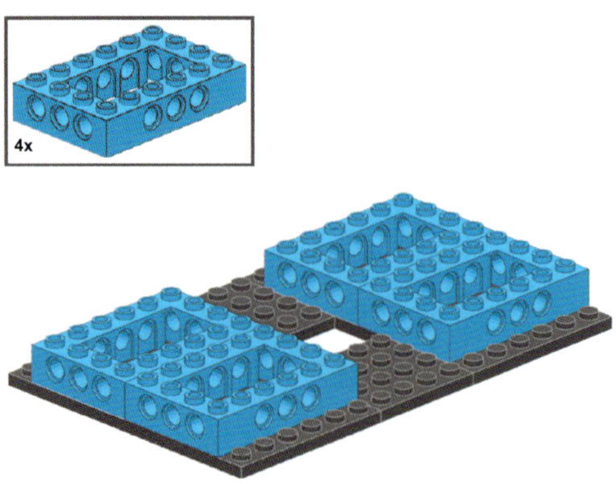

11

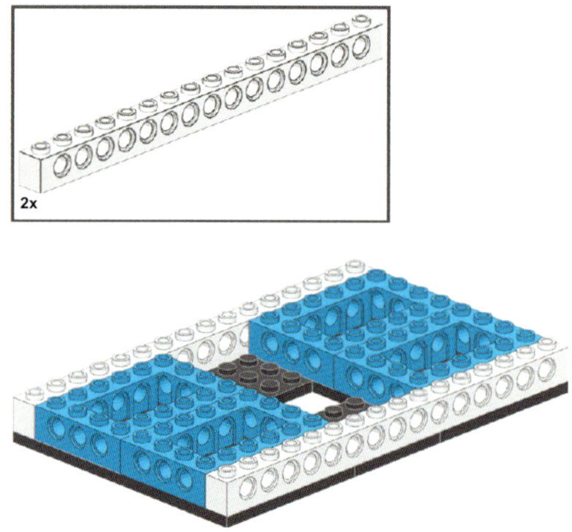

12

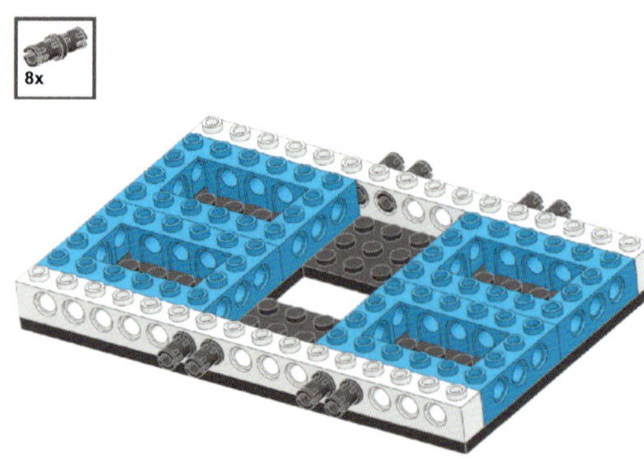

13

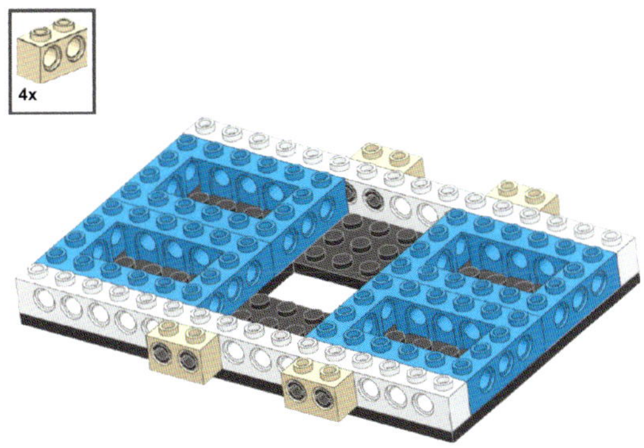

14

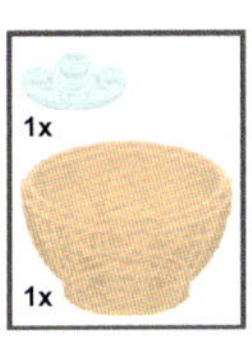

Nur drauflegen!

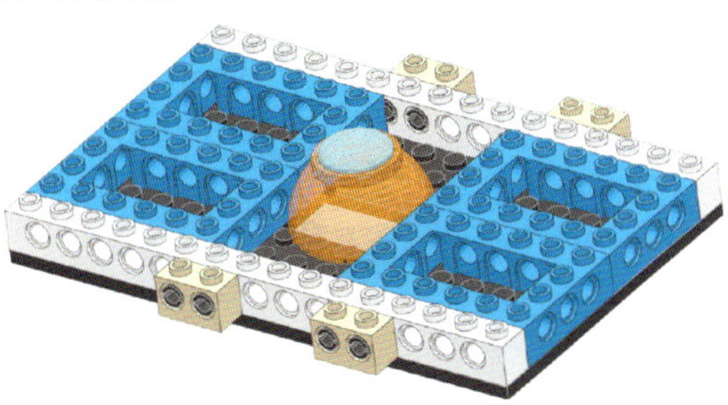

15

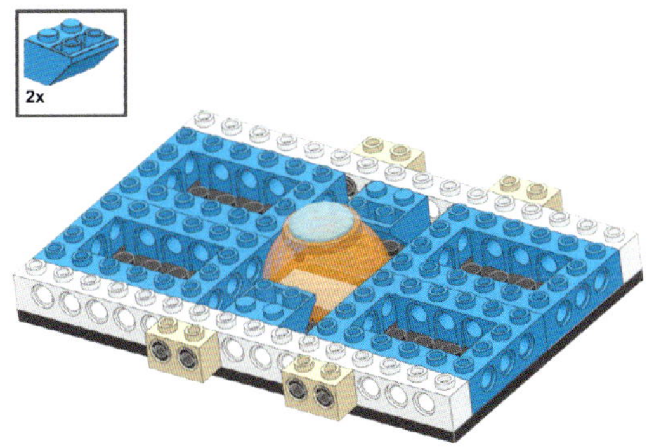

16

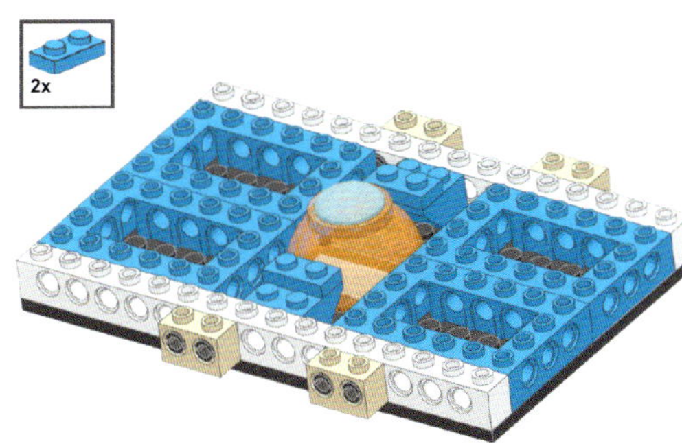

17

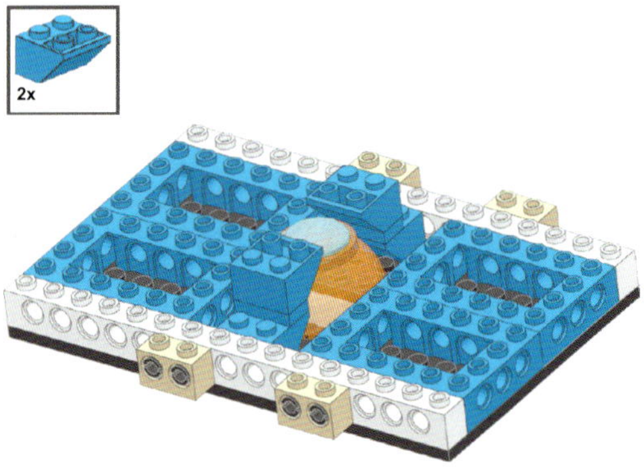

18

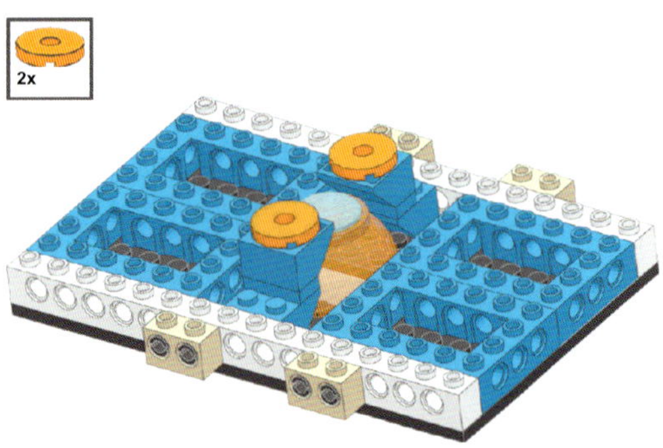

19

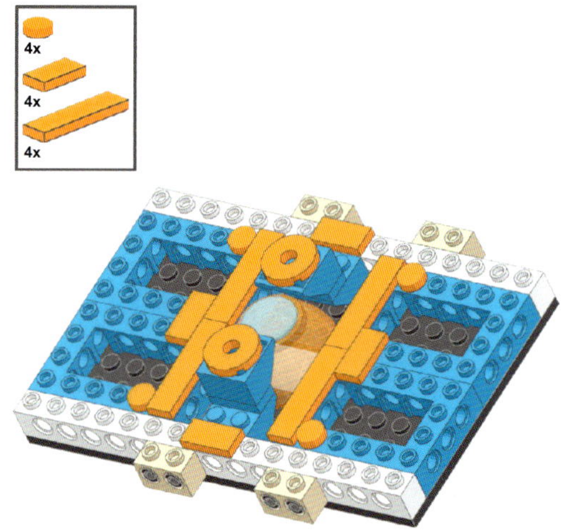

20

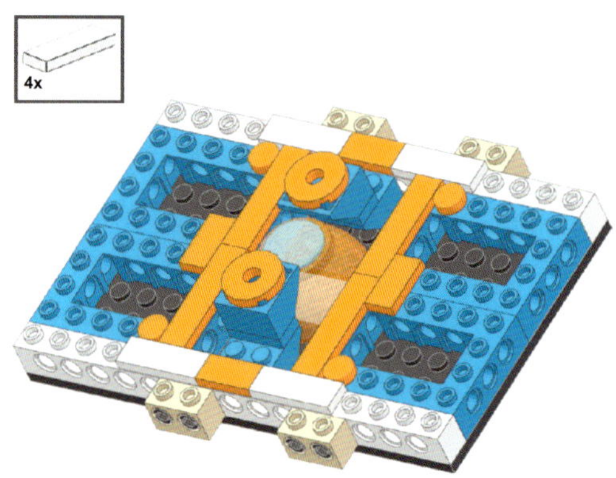

21

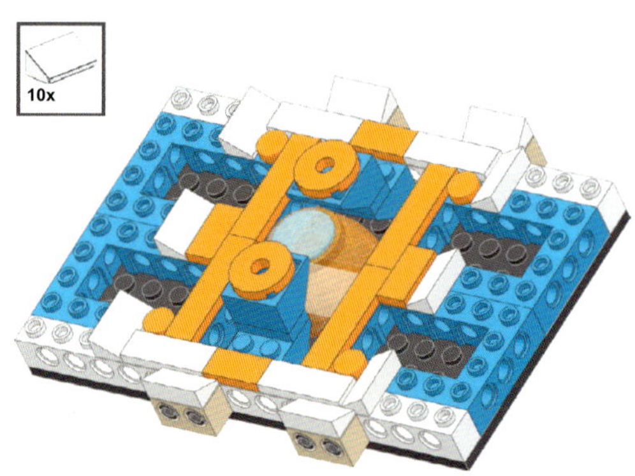

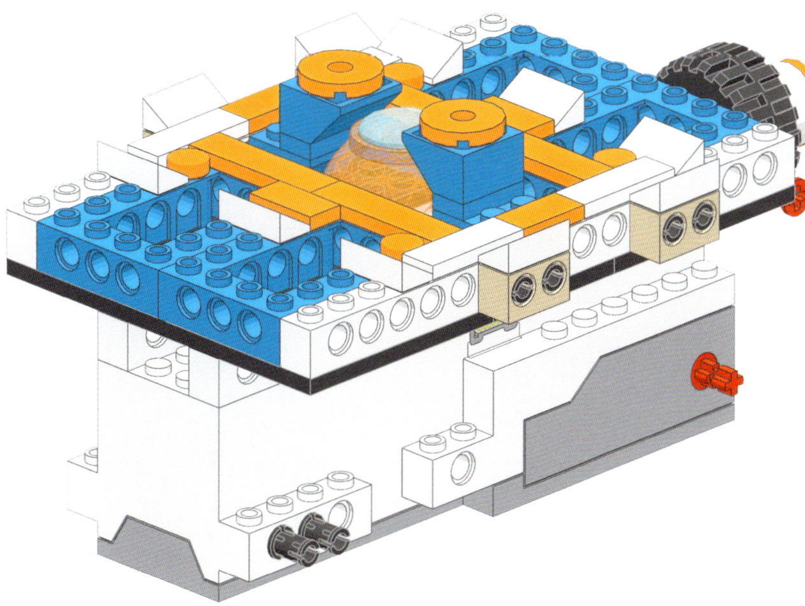

22

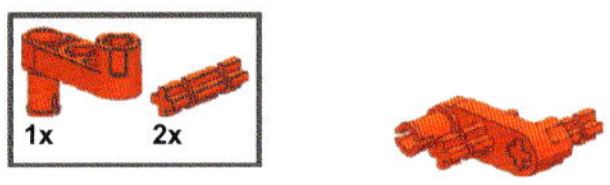

23

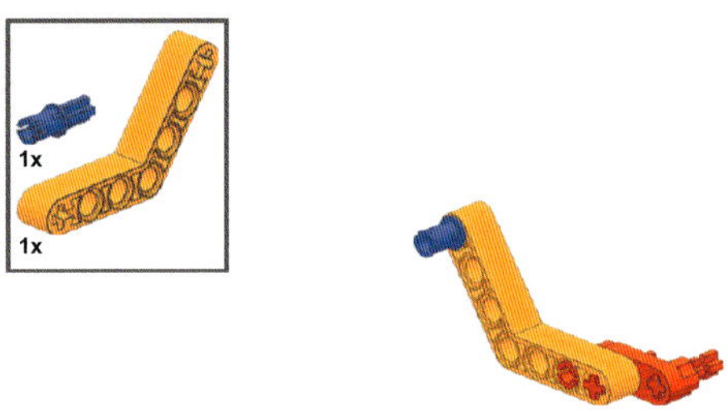

24

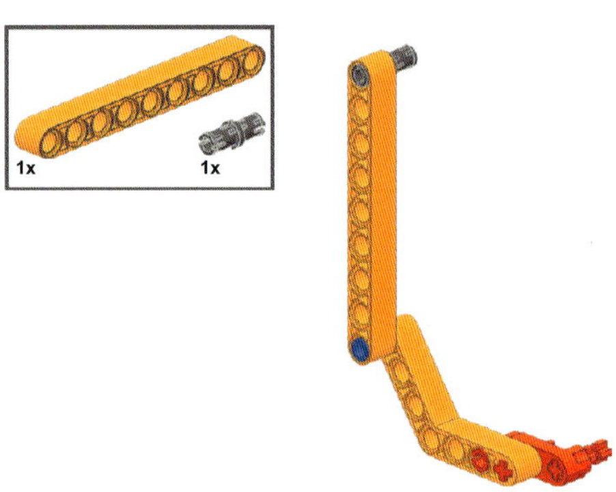

25

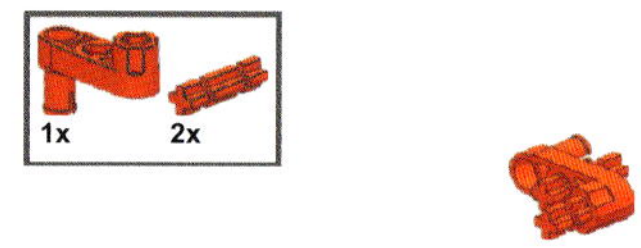

26

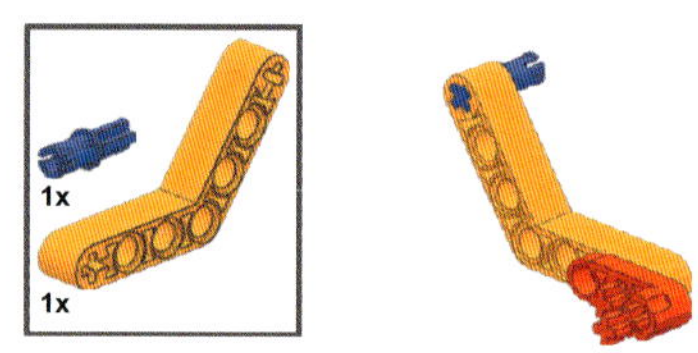

27

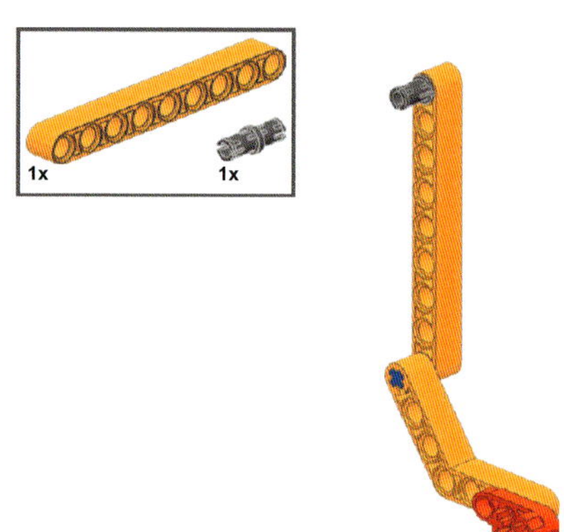

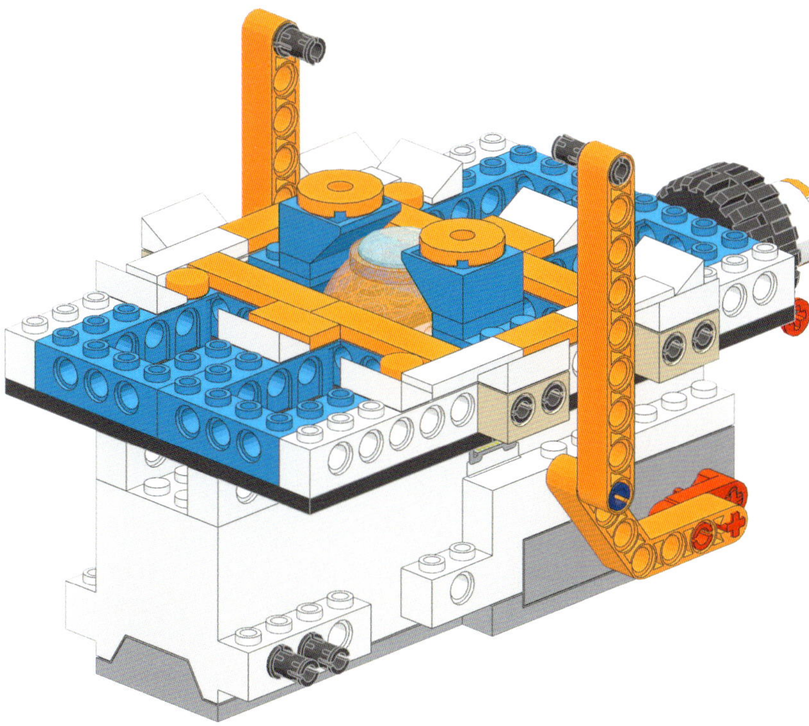

28

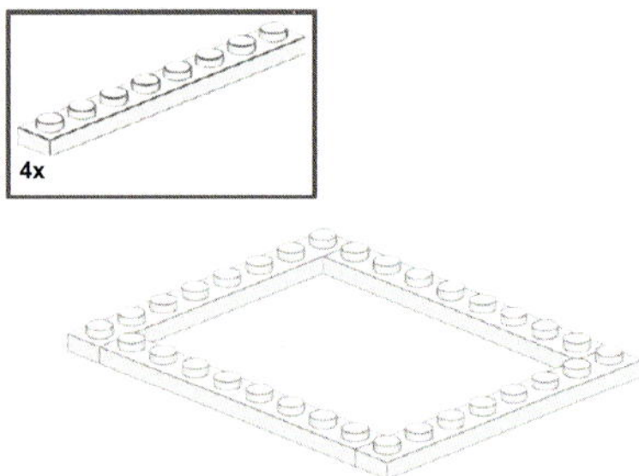

29

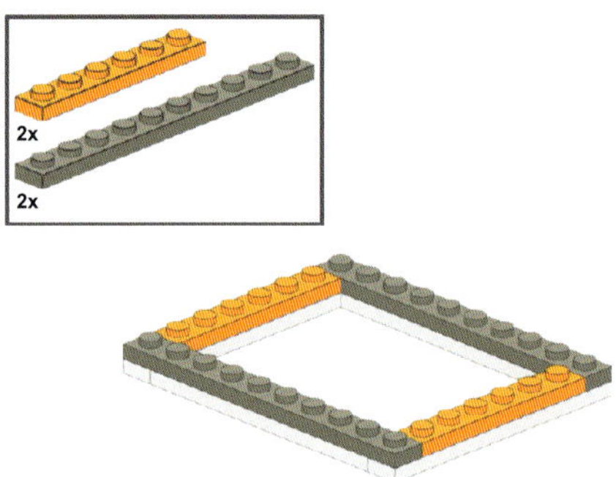

30

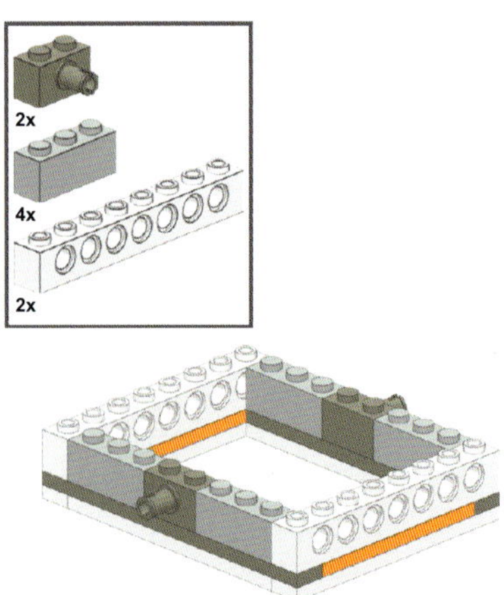

31

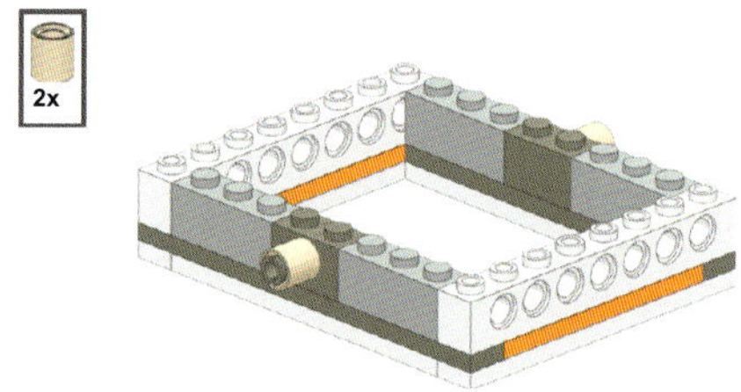

32

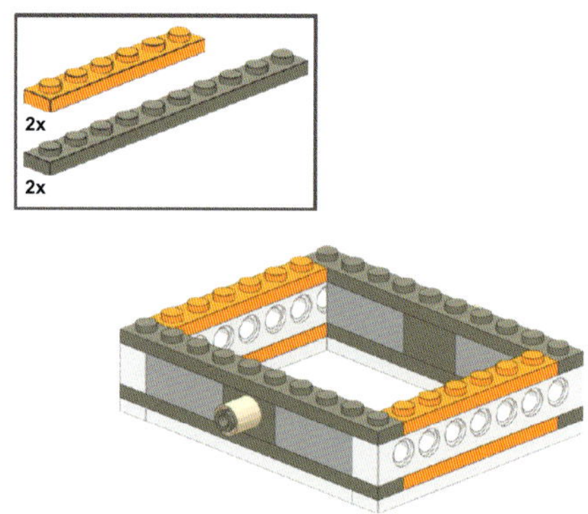

33

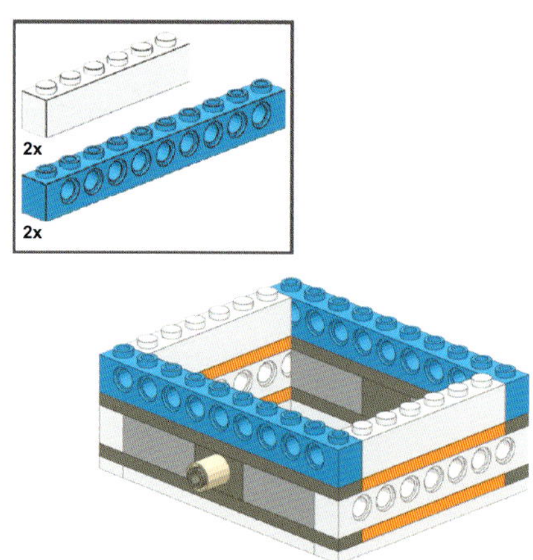

34

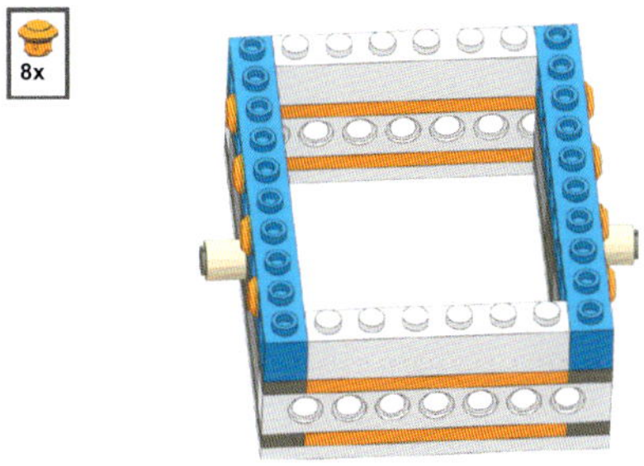

35

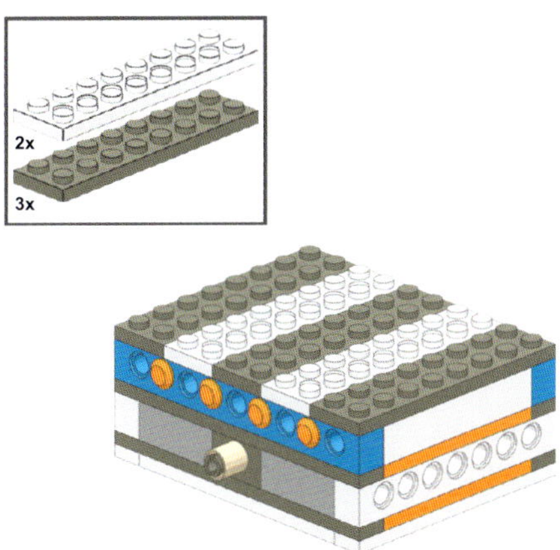

36

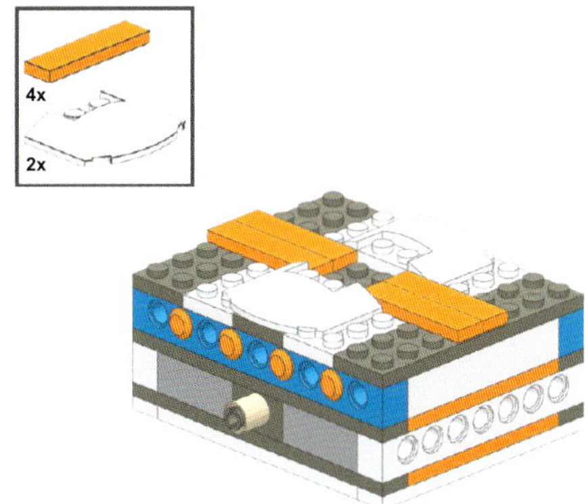

37

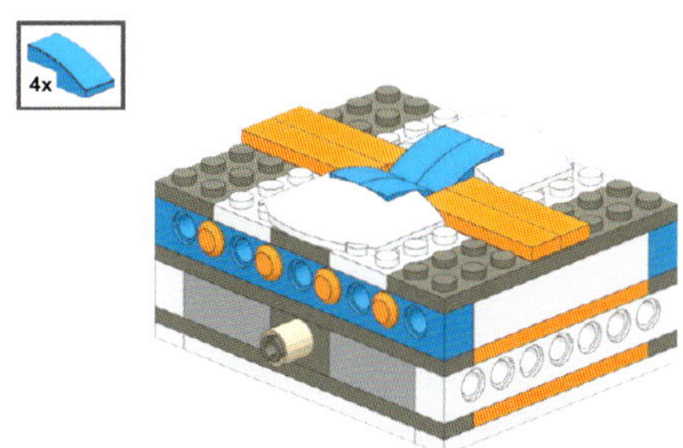

38

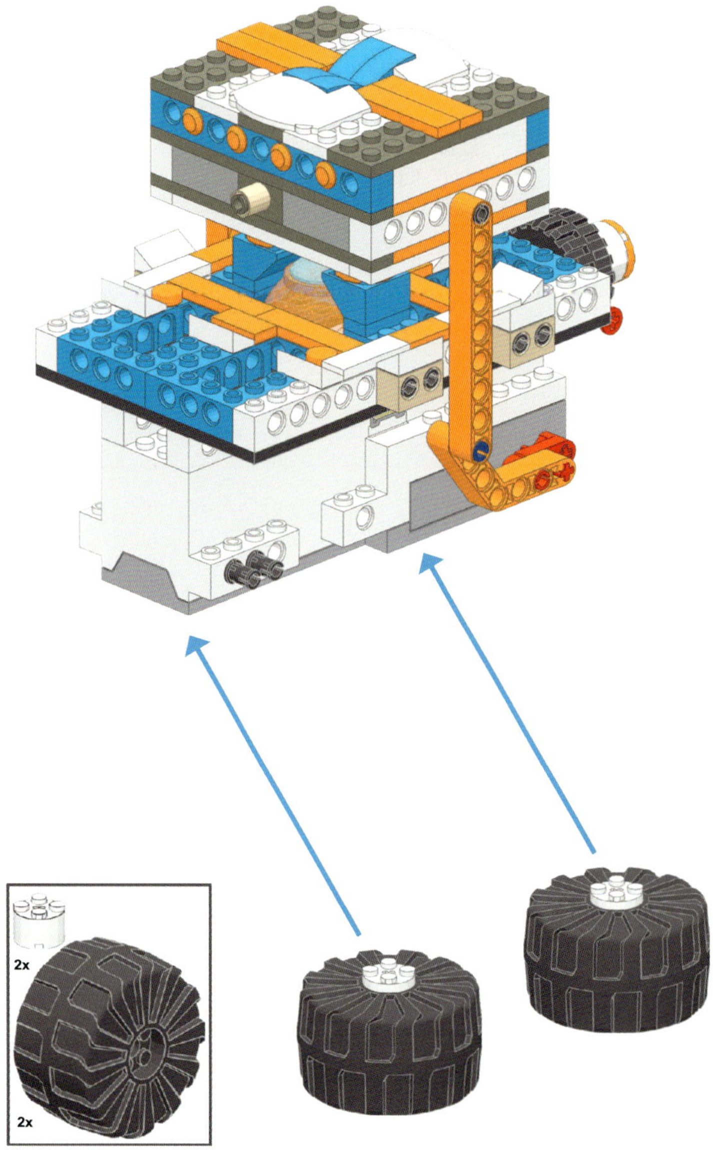

39

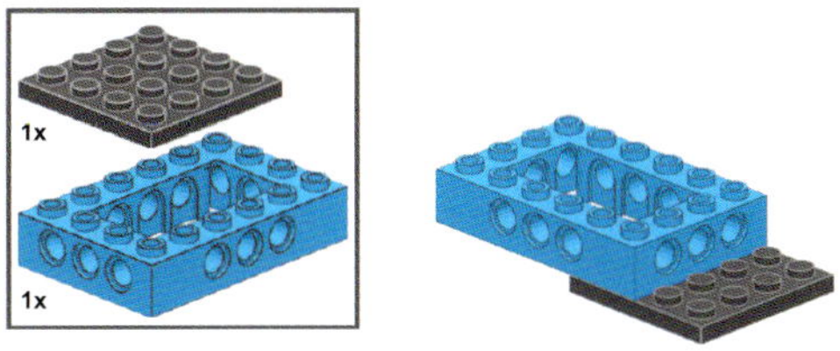

40

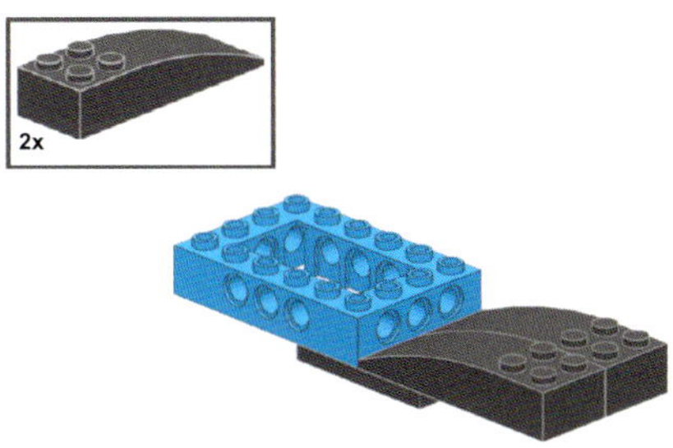

41

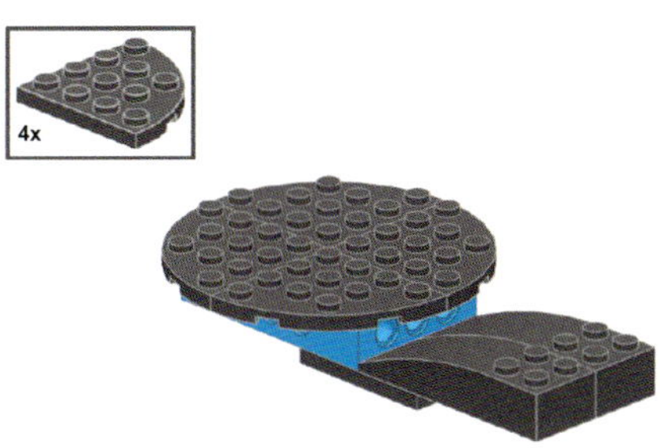

42

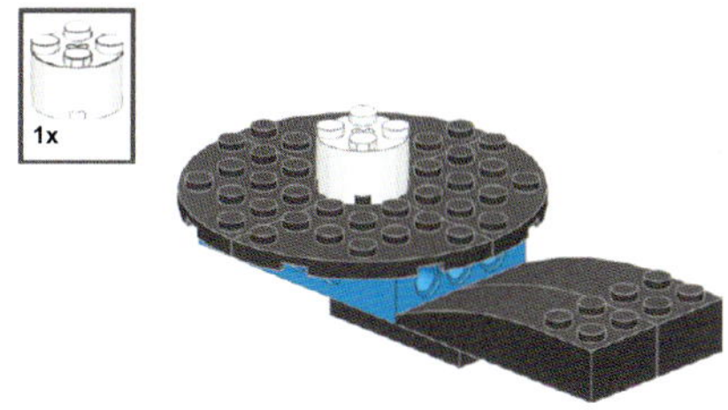

43

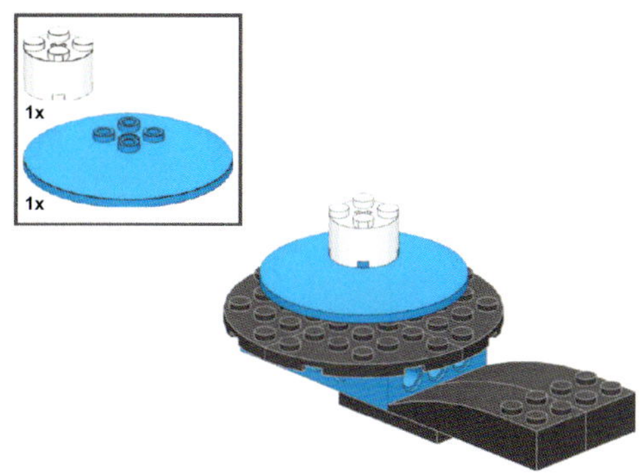

44

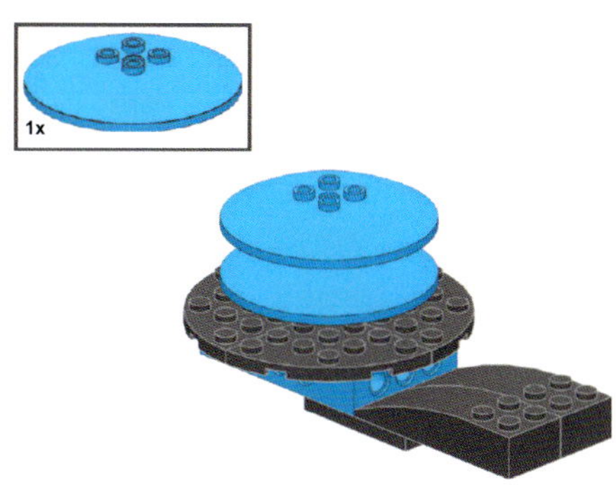

45

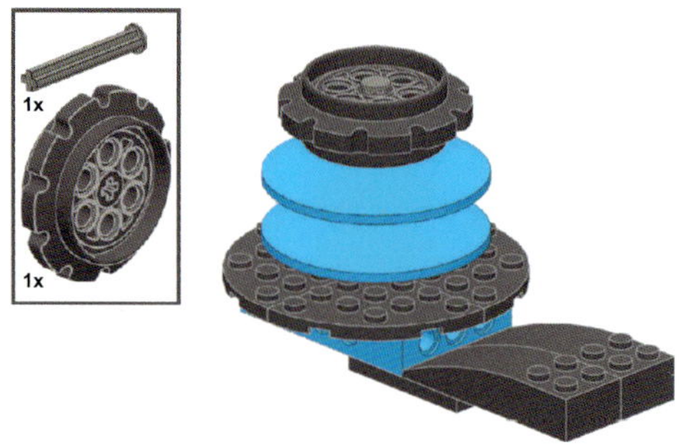

46

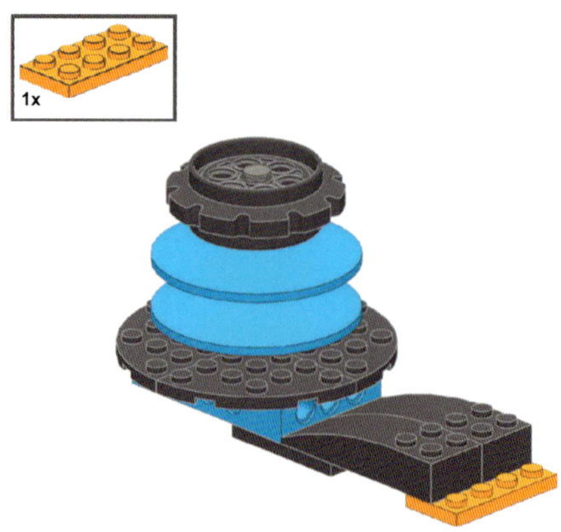

47

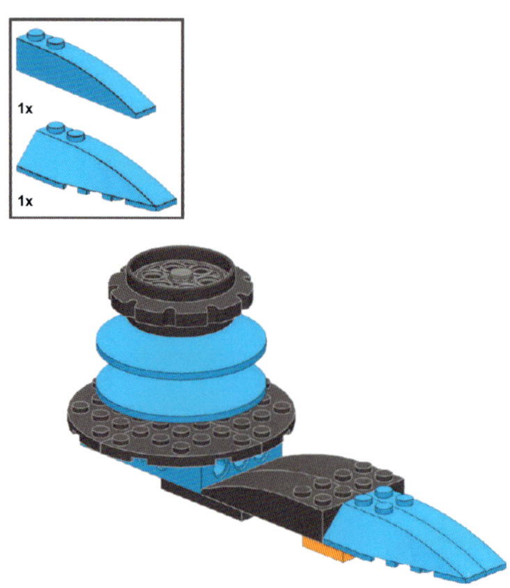

48

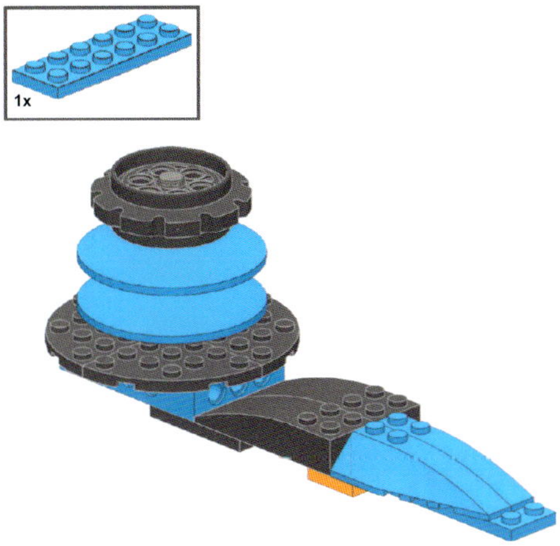

49

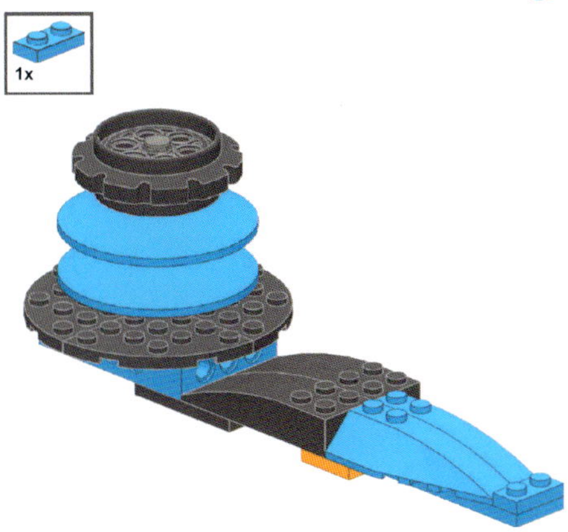

50

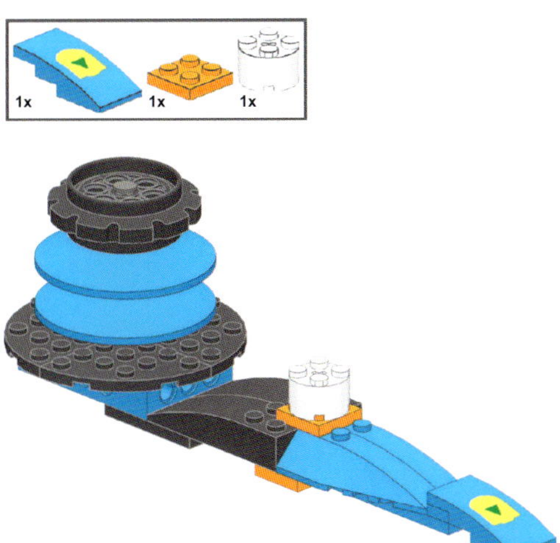

51

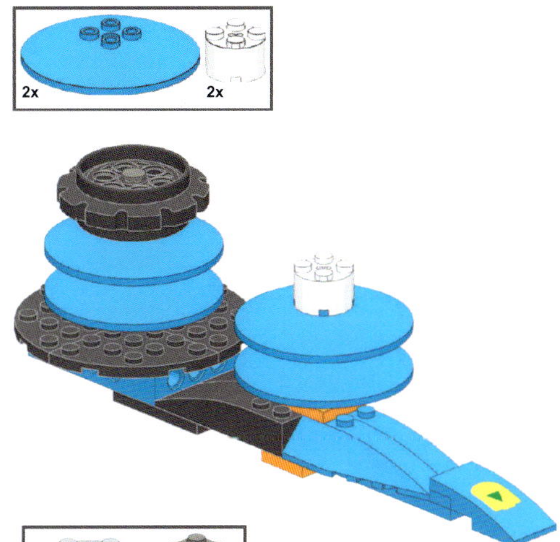

52

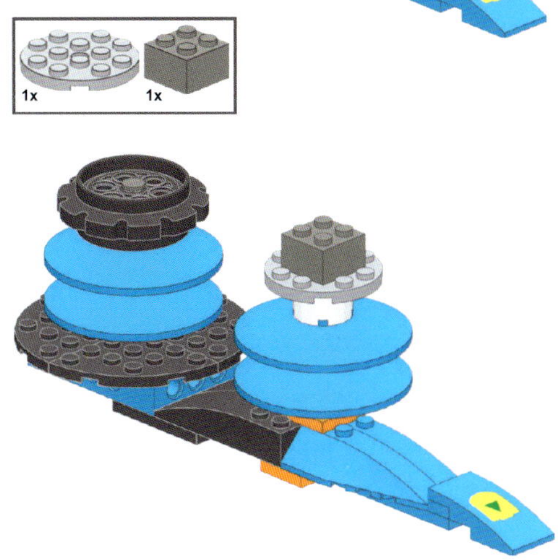

53

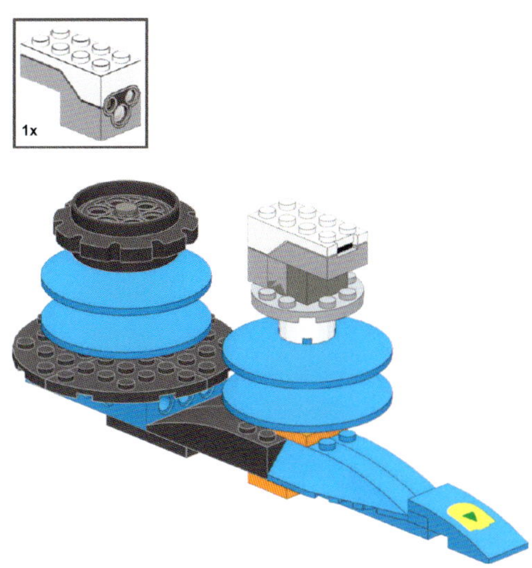

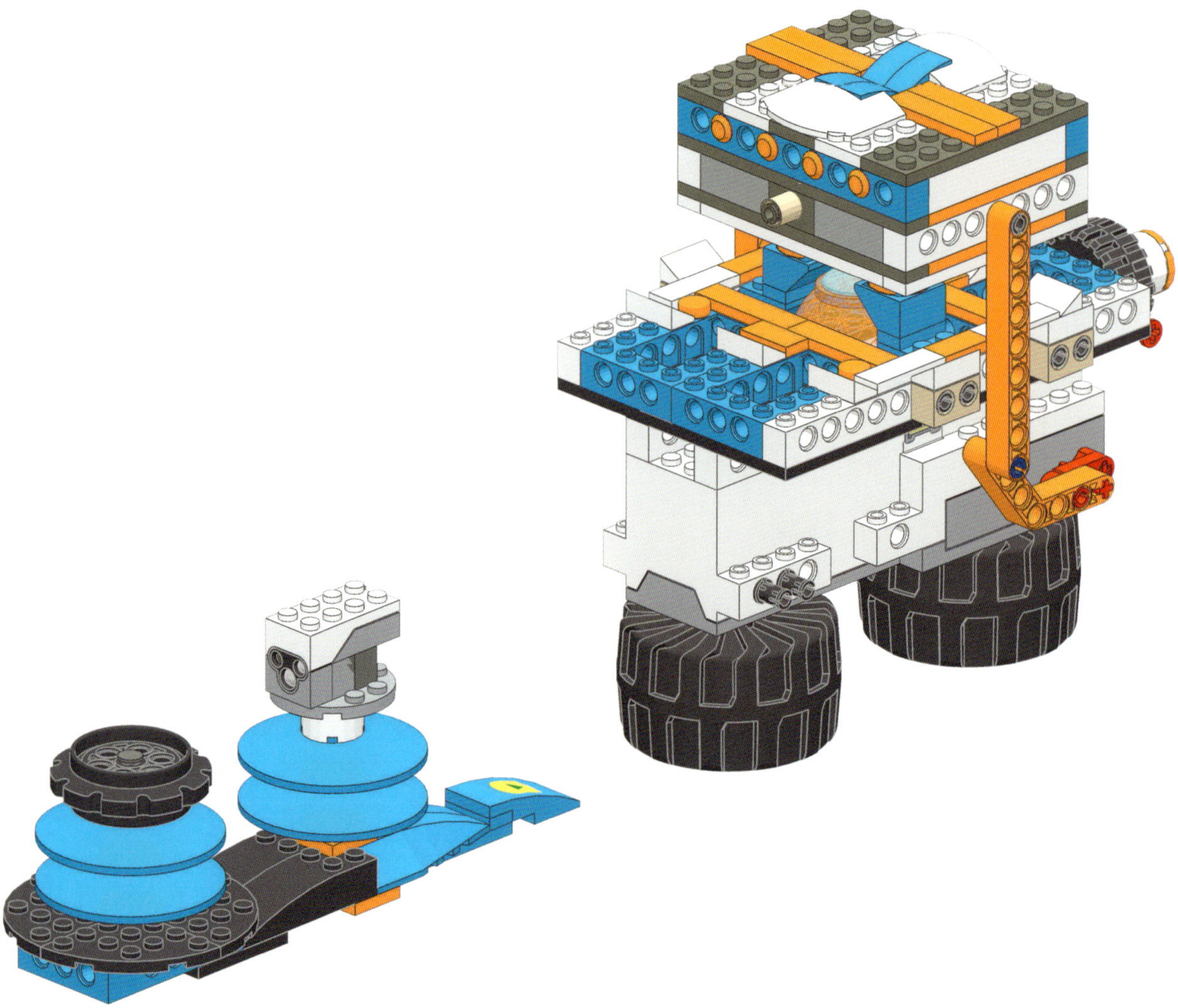

54

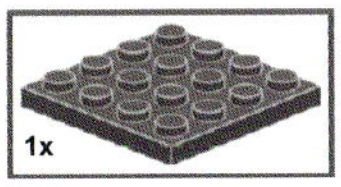

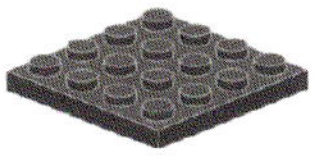

55

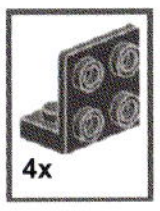

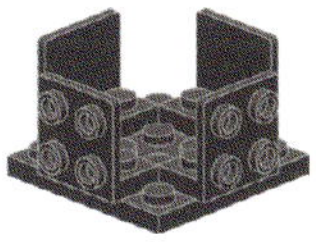

56

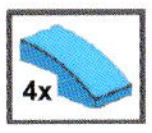

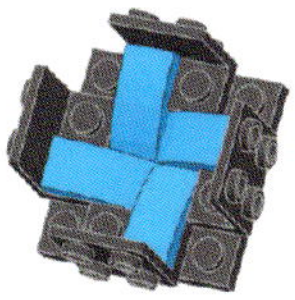

57

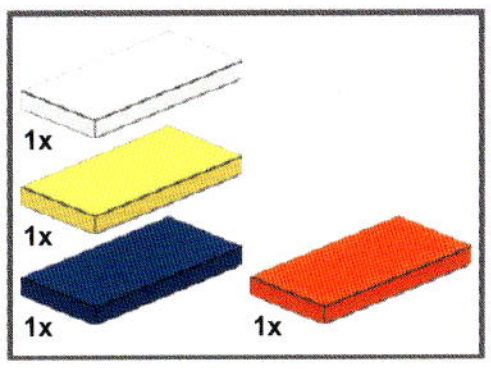

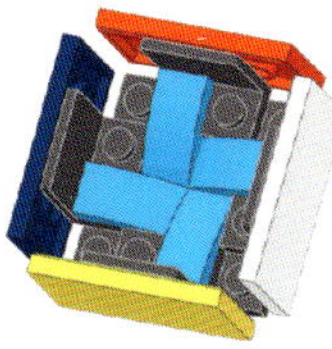

58

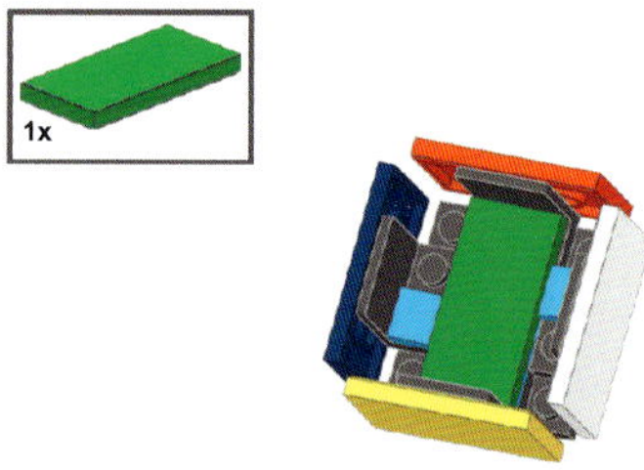

Nur reinlegen!

59

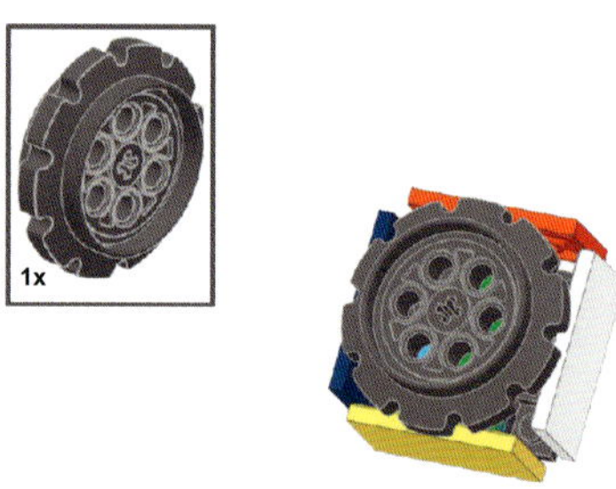

Nur drauflegen!

60

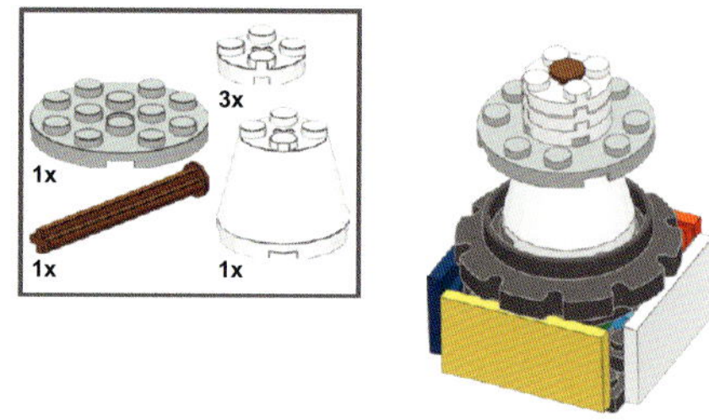

61

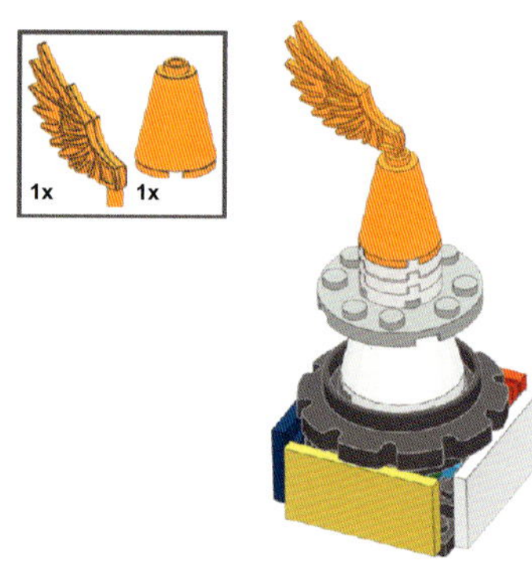

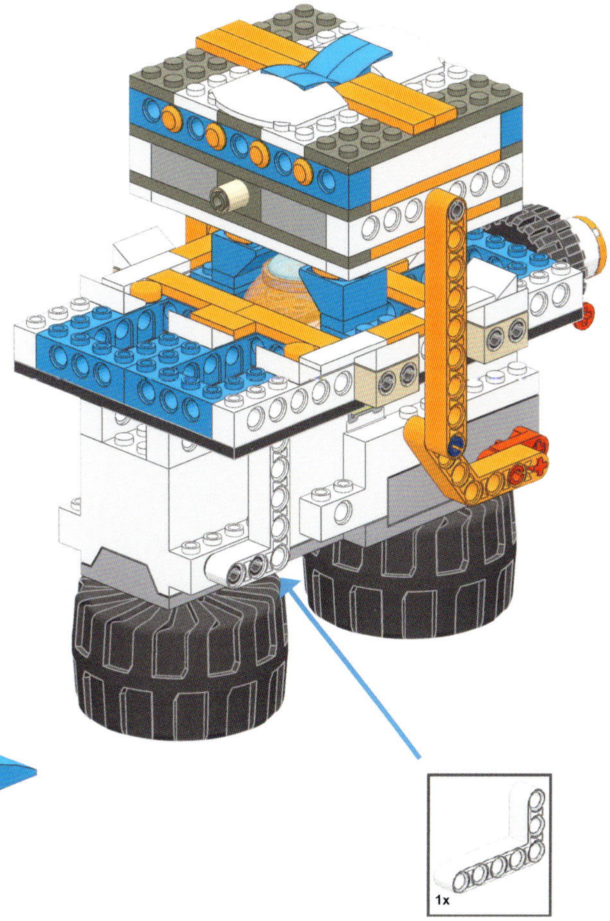

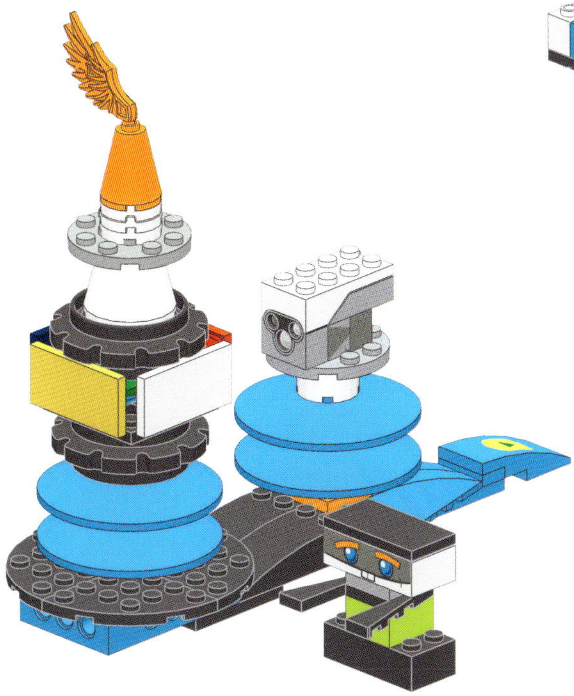

Sensorkabel hinter den Lochwinkel verlegen und an den Move-Hub anschließen

62

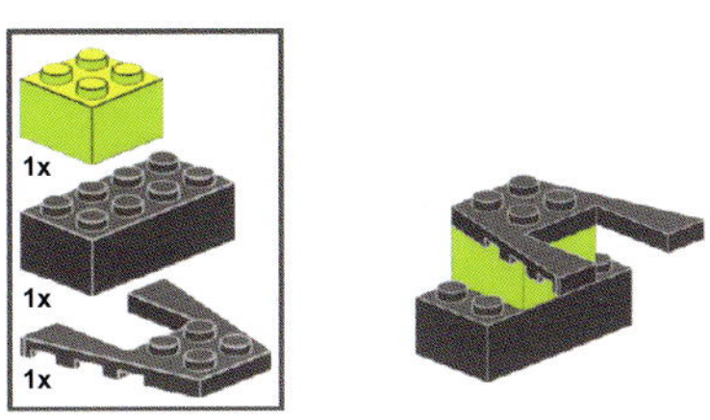

63

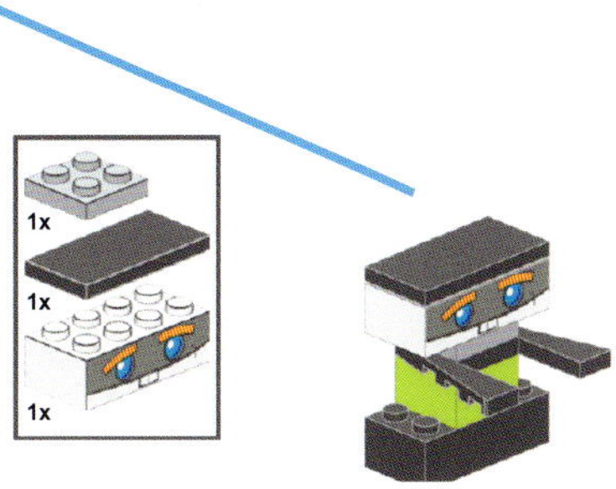

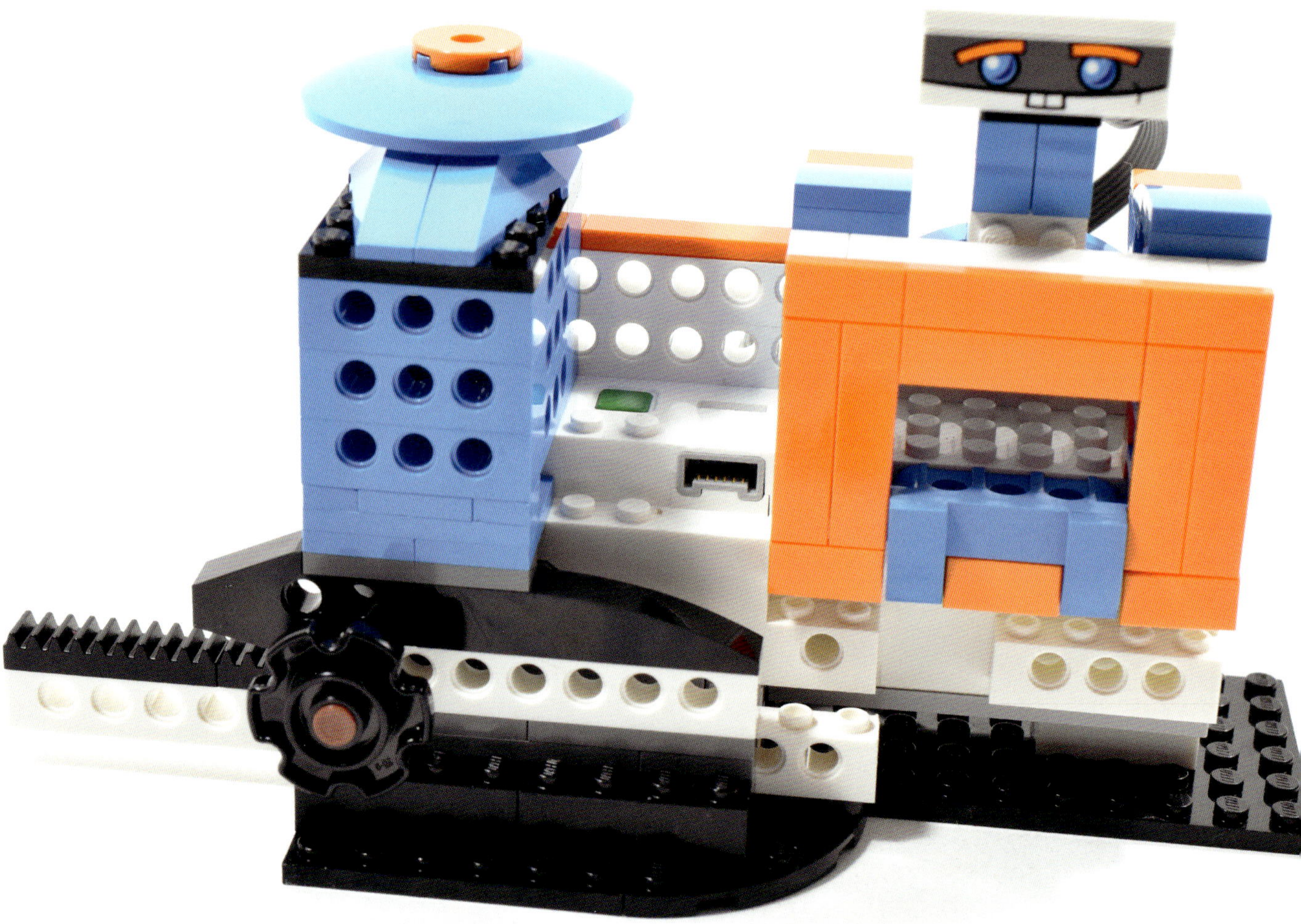

11 Bauvorschlag: Zutrittsterminal

Wer darf in dein Zimmer und wer nicht? Mit dieser Frage beschäftigt sich unser nächstes LEGO-Boost-Modell. Die Antwort liegt auf der Hand: Zutritt hat nur derjenige oder diejenige mit der richtigen Zugangskarte. Alle anderen Besucher müssen leider draußen bleiben.

Insgesamt drei verschiedene Schlüsselkarten (rot, grün und schwarz) stehen dir zur Verfügung. Die grüne Keycard zieht den Riegel ein und der Zutritt wird gestattet. Die rote Karte lässt den Riegel wieder ausfahren. Der Zutritt ist jetzt nicht mehr möglich. Spannend wird es bei der schwarzen Schlüsselkarte. Wird diese in das Zutrittsterminal eingeführt, ertönt eine laute Alarmsirene.

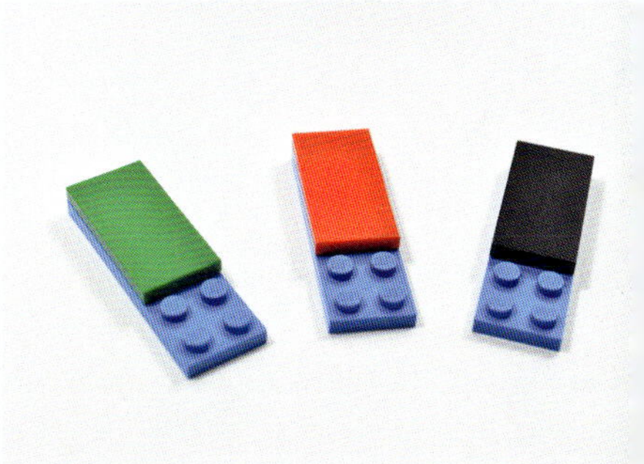

Die drei Schlüssel für dein Modell

Unser Zutrittsterminal setzt neben dem Sensor für die Farberkennung der Keycards auch den Motor des Move-Hub ein, um die Verriegelung der Tür zu öffnen und wieder zu schließen. Unser Modell ist natürlich beliebig erweiterbar, denkbar wären hier deine eigenen Sprachbefehle oder eine Schuss-

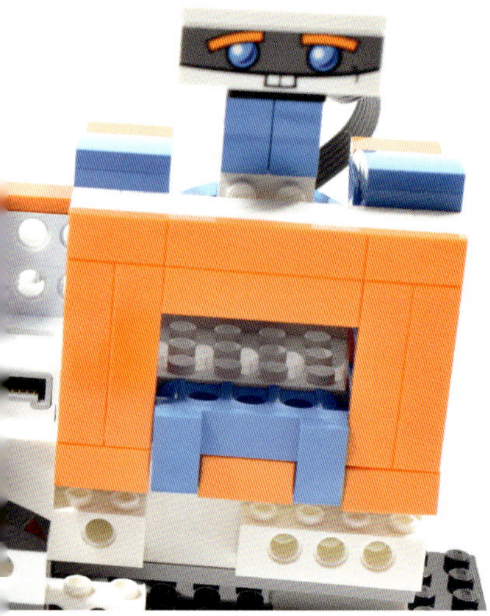

funktion beim Auslösen des Alarms. Wie das funktionieren könnte, hast du ja vielleicht bei Vernie und dem »Hau den Lukas« bereits gesehen und auch schon gebaut.

Das Programm ist ein wenig komplizierter als bei unserem Einstiegsmodell, dem Mülleimer mit Sound. Aber wir sind uns sicher, dass das für dich als angehender LEGO-Boost-Experte keine große Hürde mehr sein dürfte. Auch hier gilt wieder: Unser Programmvorschlag für das Zutrittsterminal ist nur eine von vielen Möglichkeiten der Umsetzung. Probiere deine eigenen Variationen aus, spiele mit den Parameter-Einstellungen der einzelnen Programmelemente und beobachte, wie sich die Änderungen auf den Ablauf auswirken. Du kannst dir sicher sein, das haben wir auch gemacht, um LEGO Boost so richtig kennenzulernen.

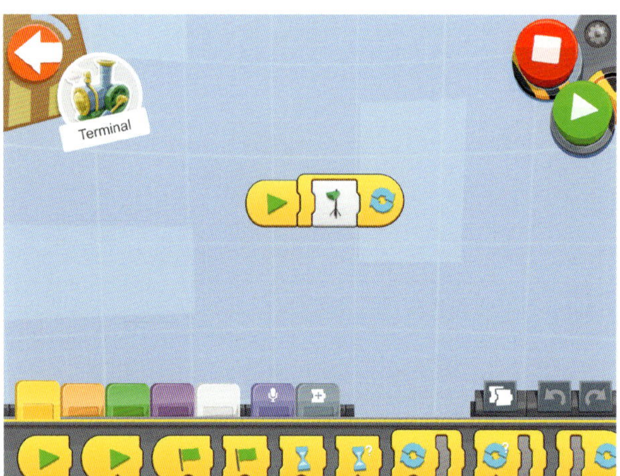

Teil 1 des Programms sorgt für die Dauerschleife.

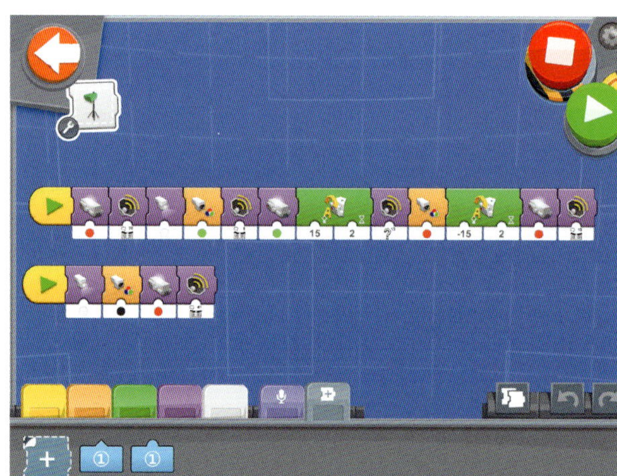

Das Programm zum Zutrittsterminal. Eigene Variationen sind auch hier möglich.

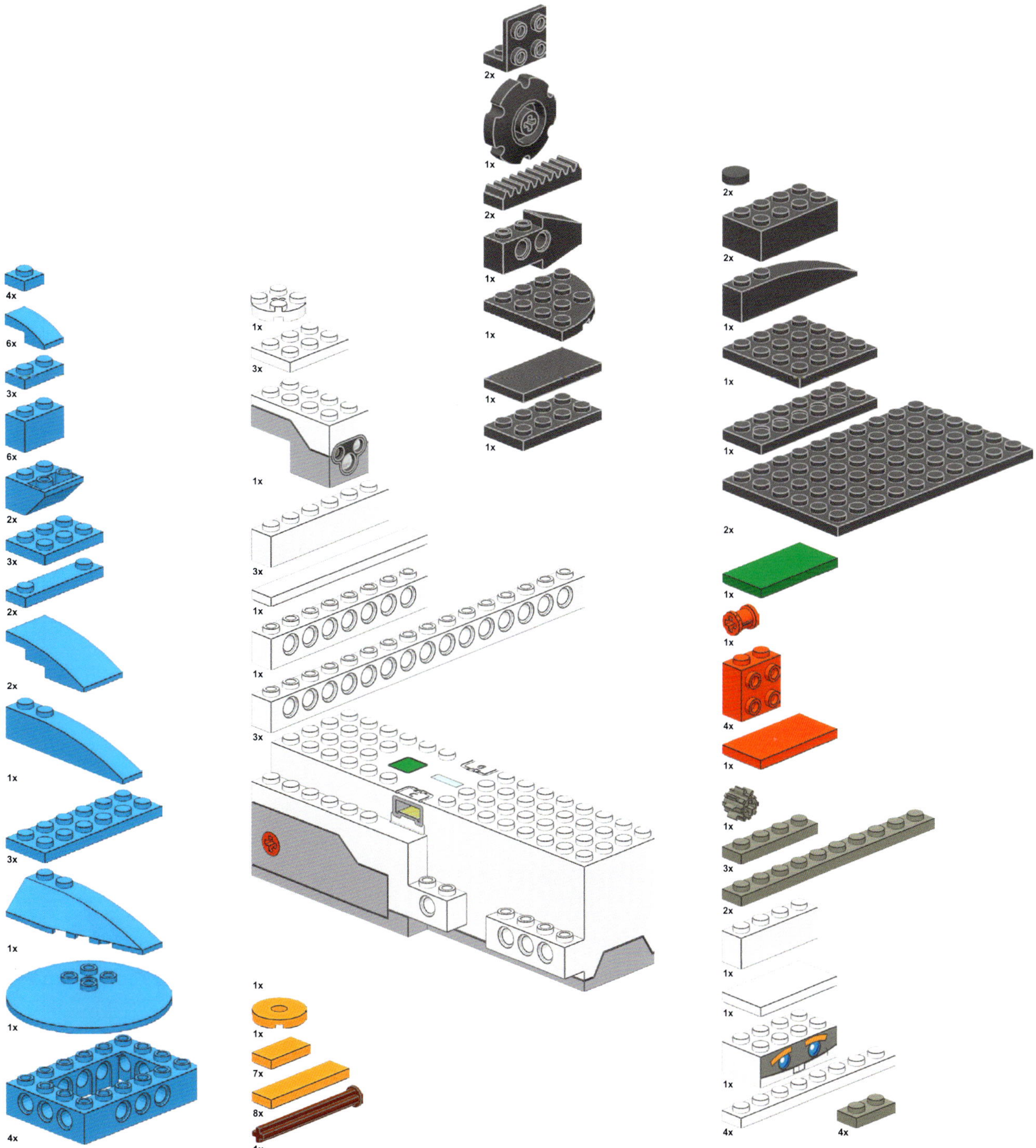
4x
6x
3x
6x
2x
3x
2x
2x
1x
3x
1x
1x
4x
1x
3x
1x
3x
1x
1x
3x
1x
1x
7x
8x
1x
2x
1x
2x
1x
1x
1x
1x
2x
2x
1x
1x
1x
2x
1x
1x
4x
1x
1x
3x
2x
1x
1x
1x
4x
4x

1

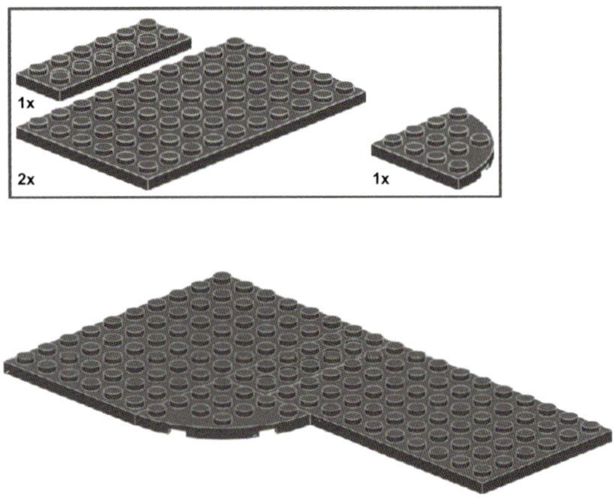

2

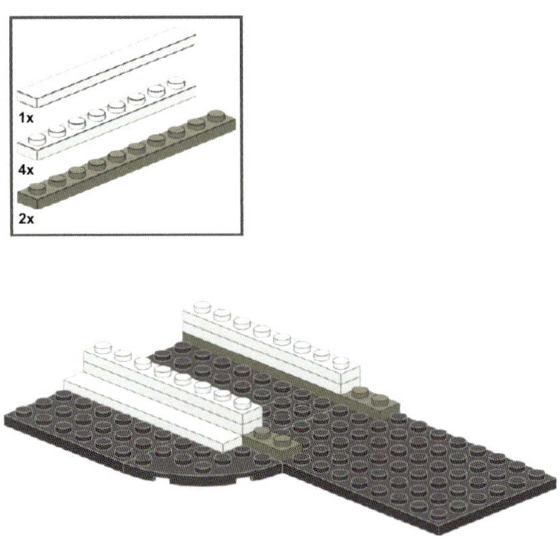

3

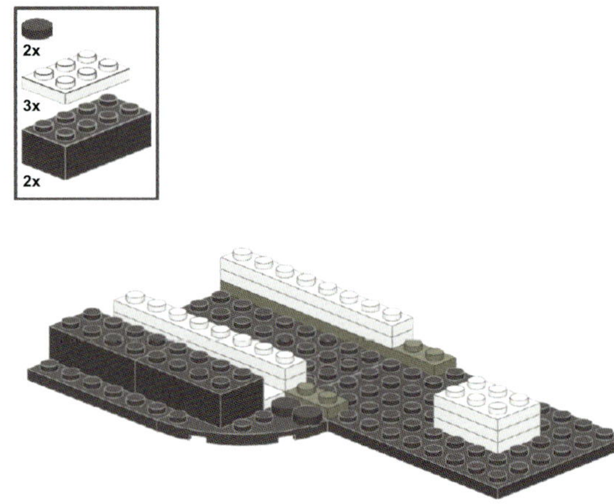

4

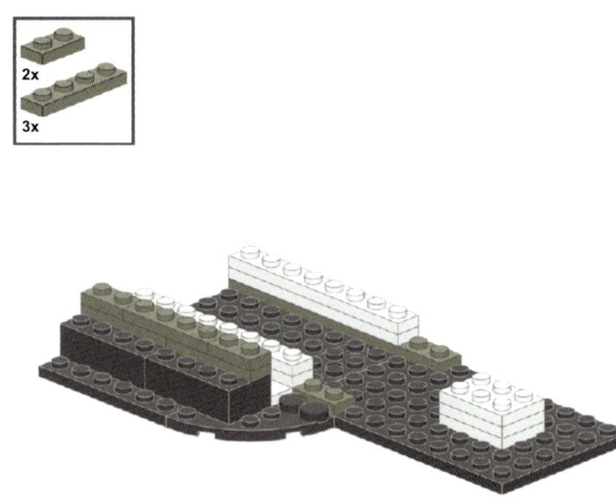

5

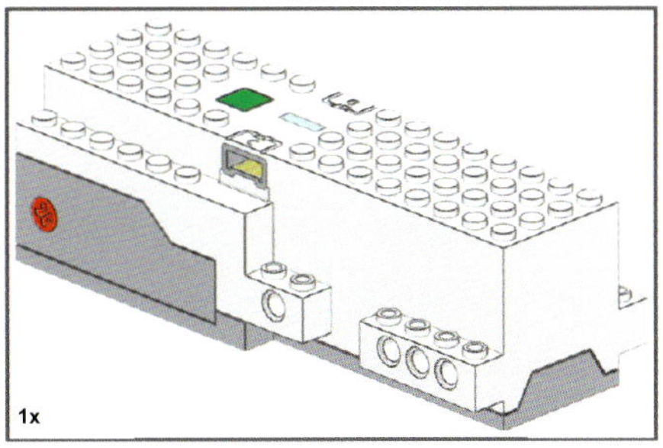

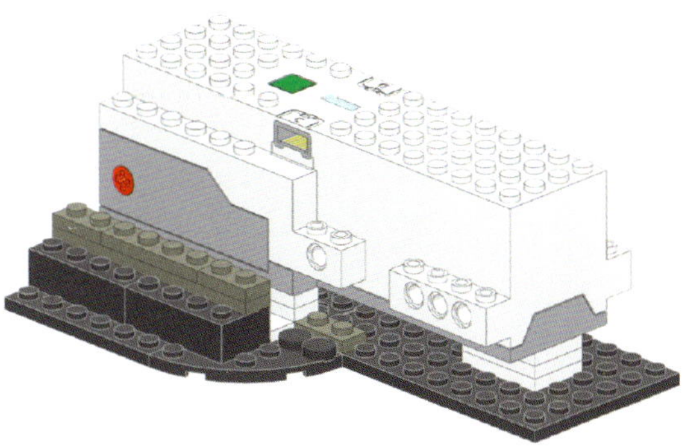

6

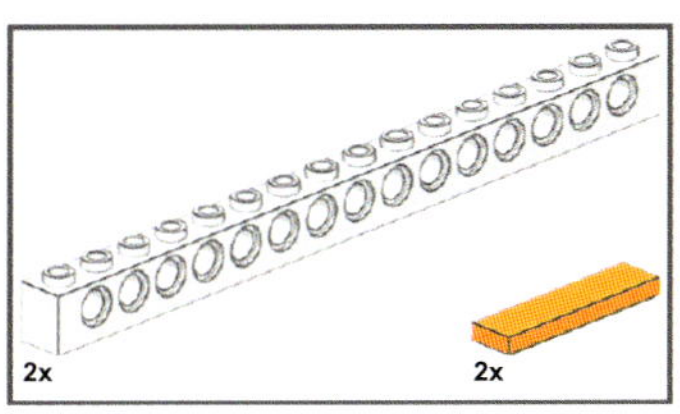

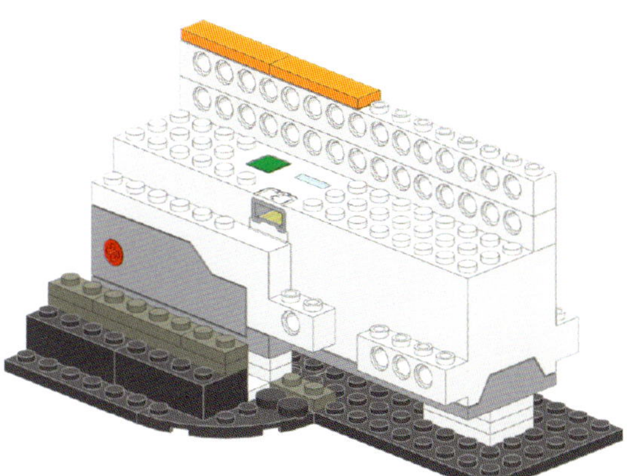

7

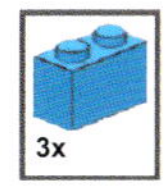

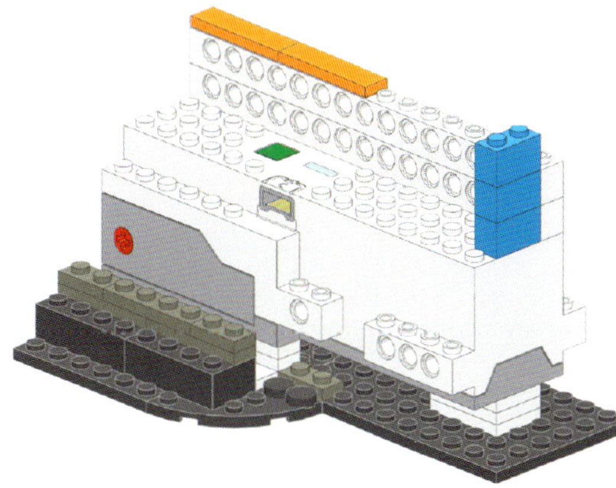

8

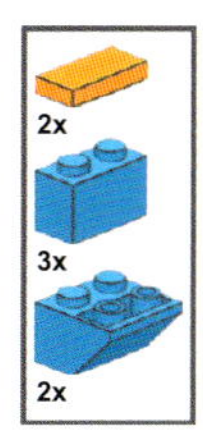

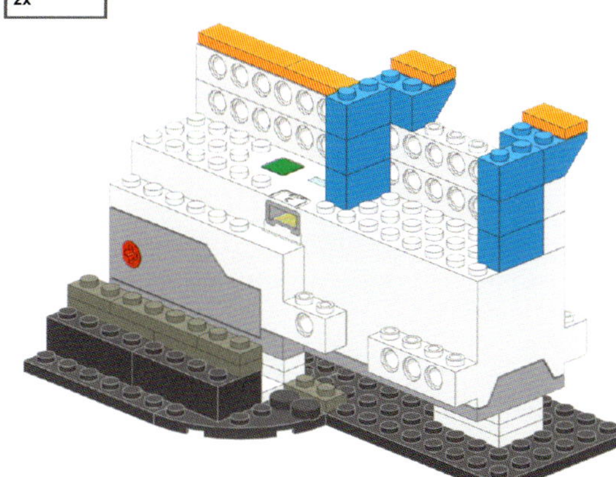

9

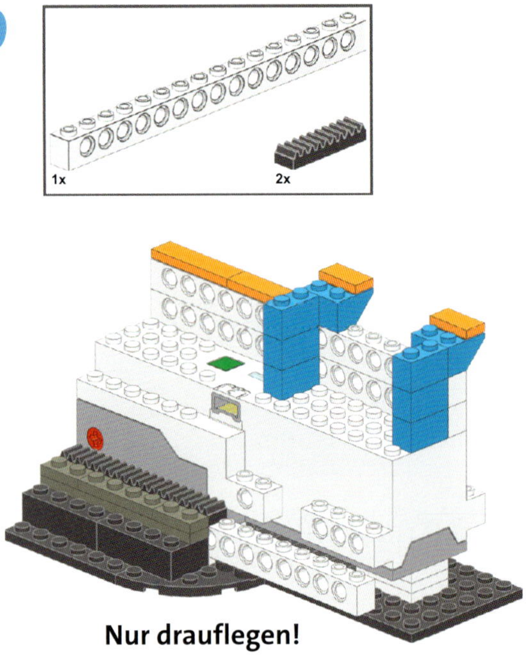

11

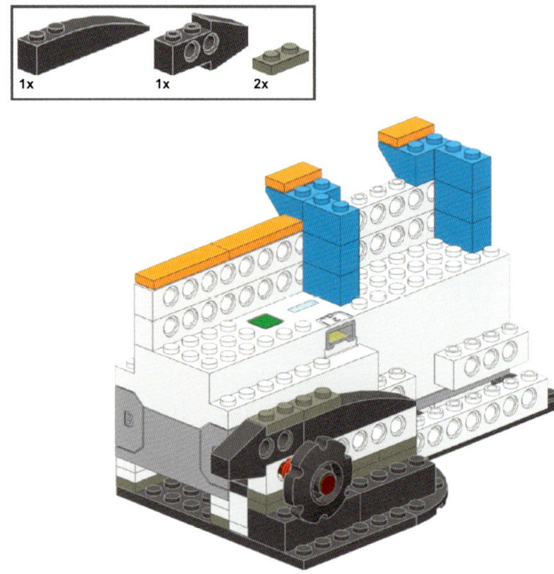

10

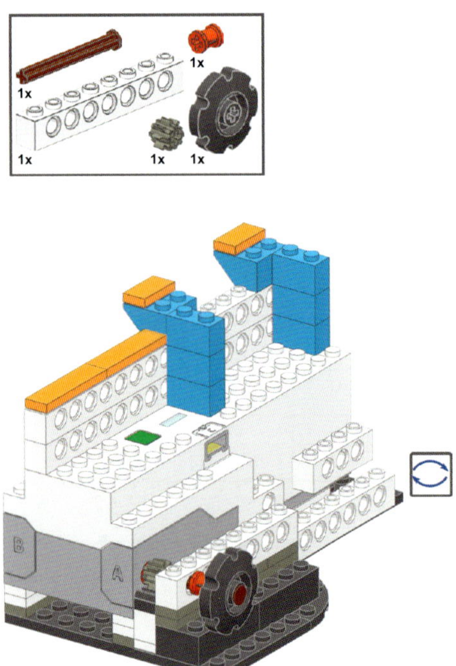

12

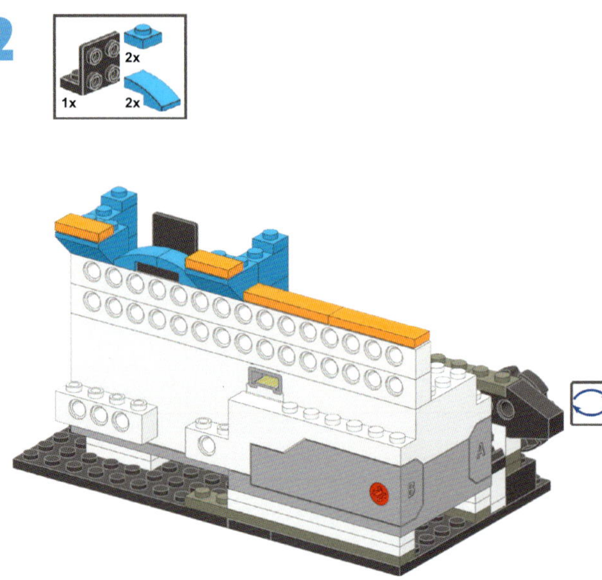

13

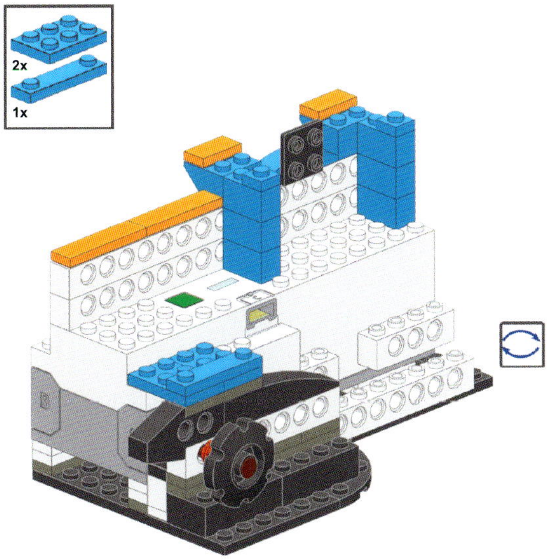

15

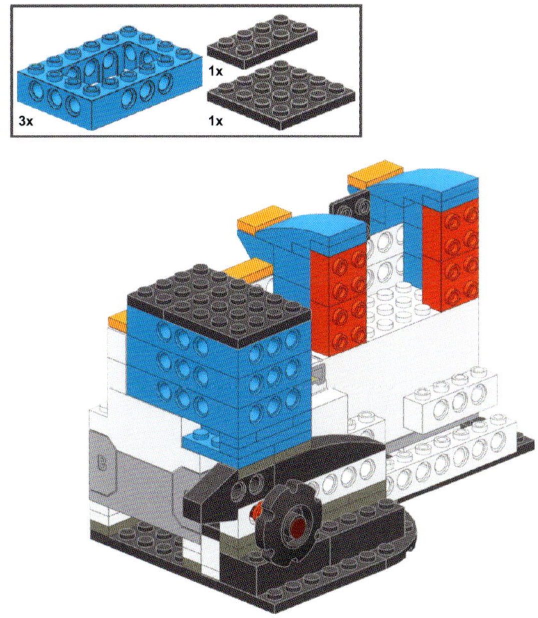

14

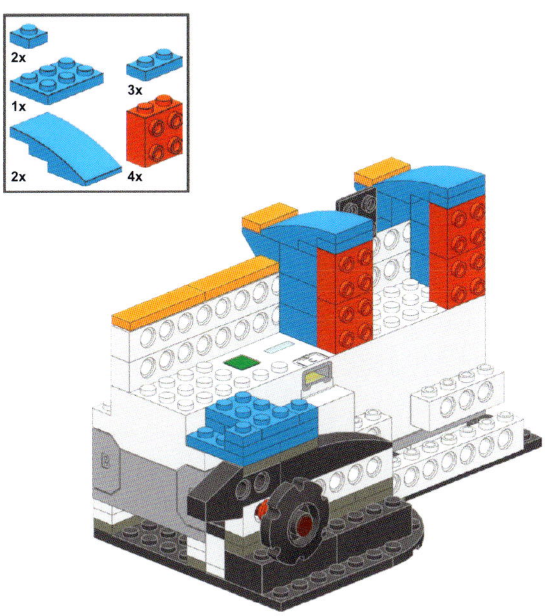

16

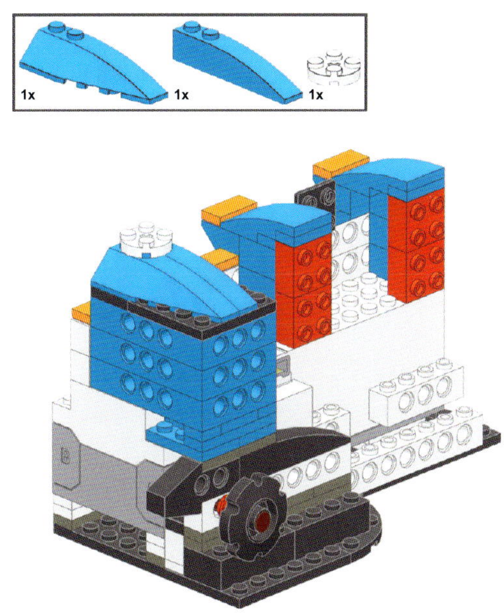

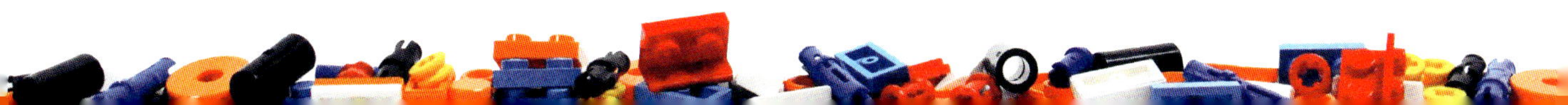

17

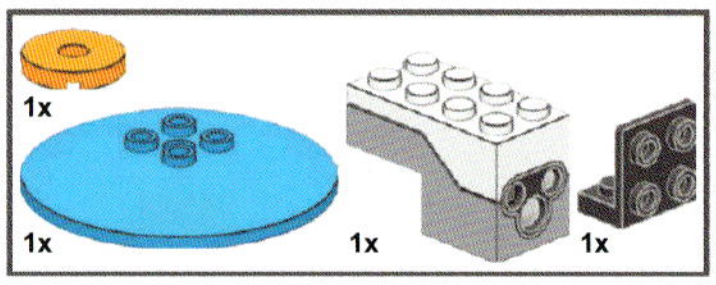

Sensor-Kabel mit dem Move-Hub verbinden

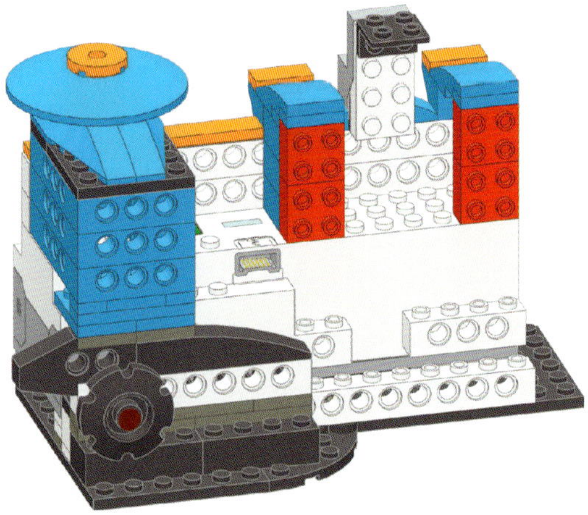

18

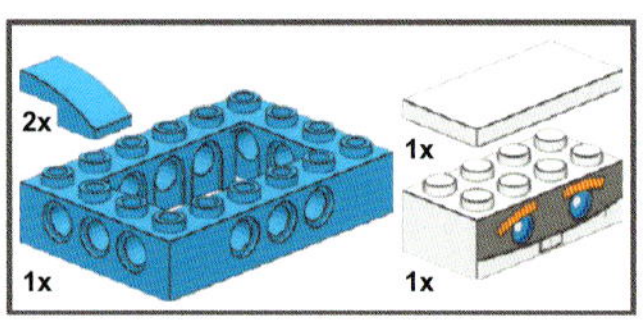

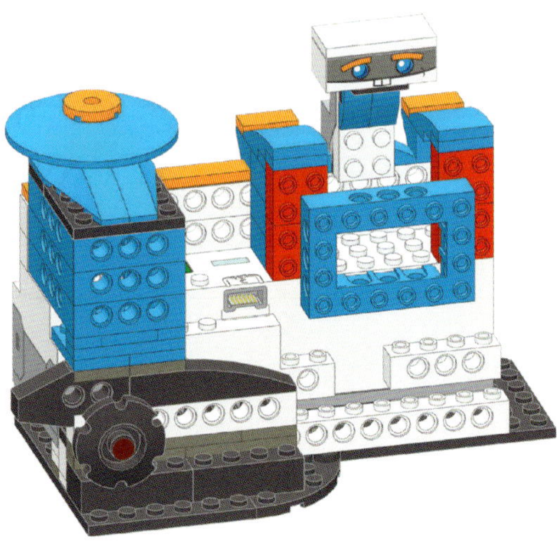

19

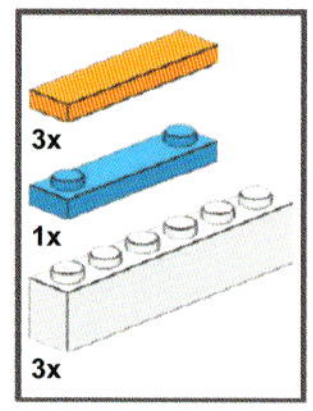

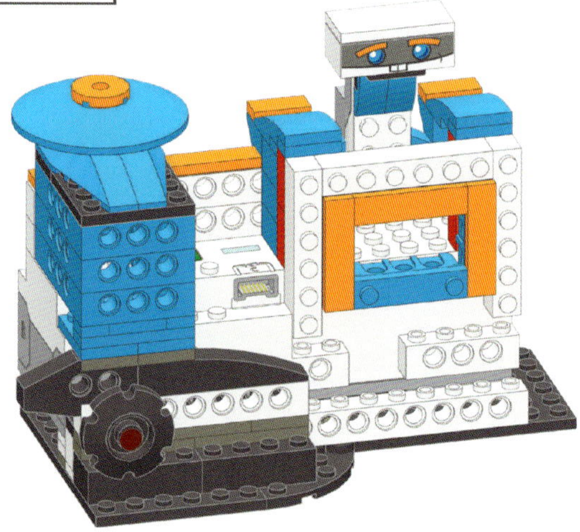

20

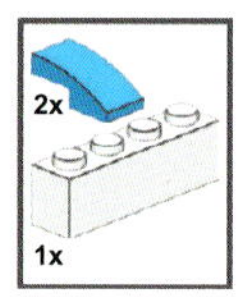

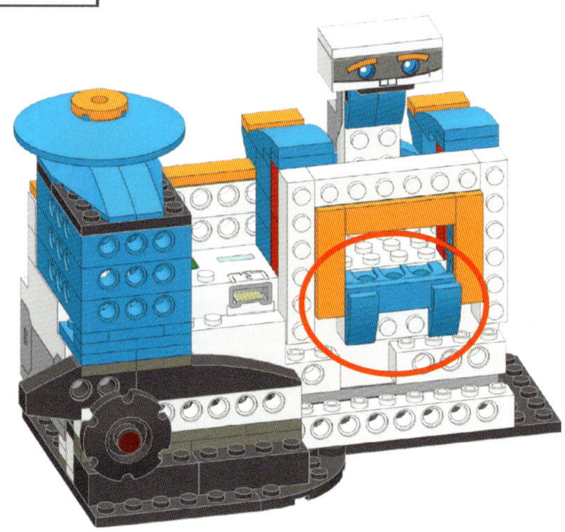

21

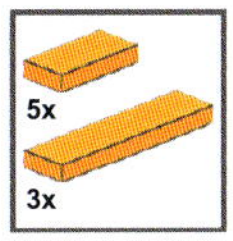

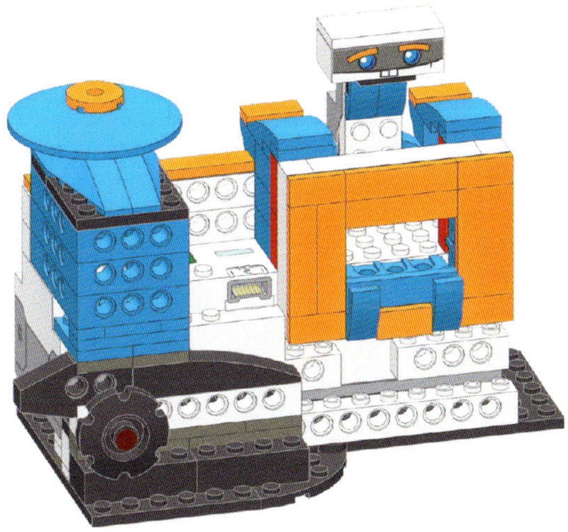

22

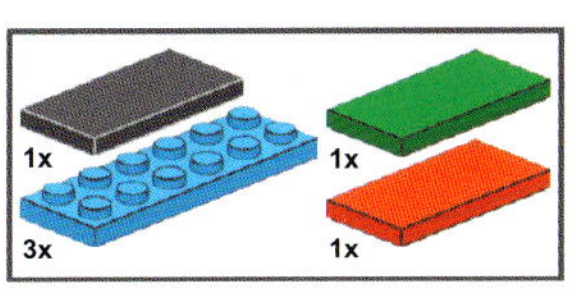

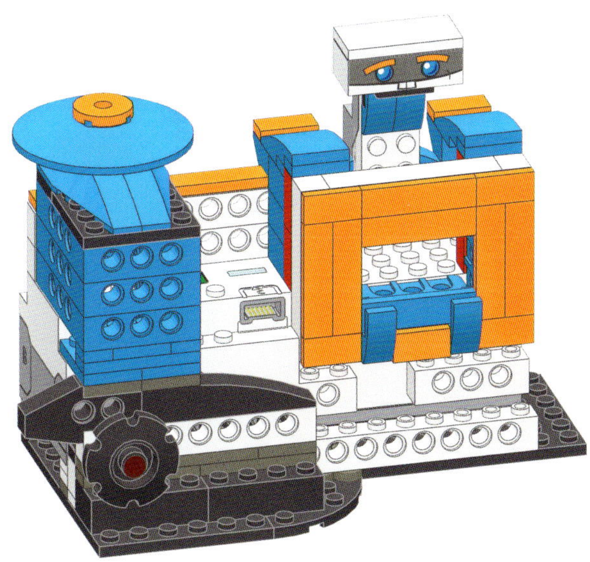

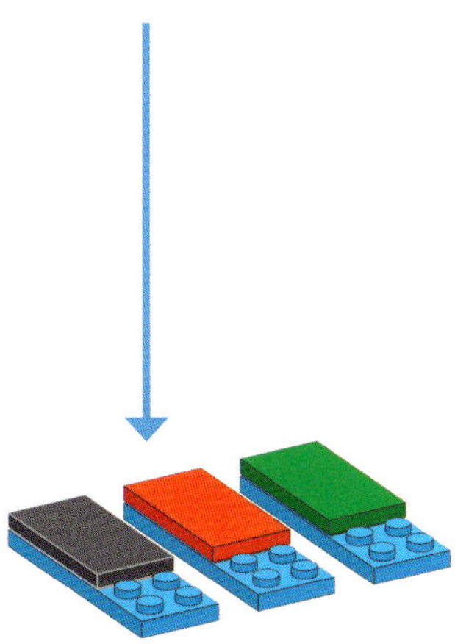

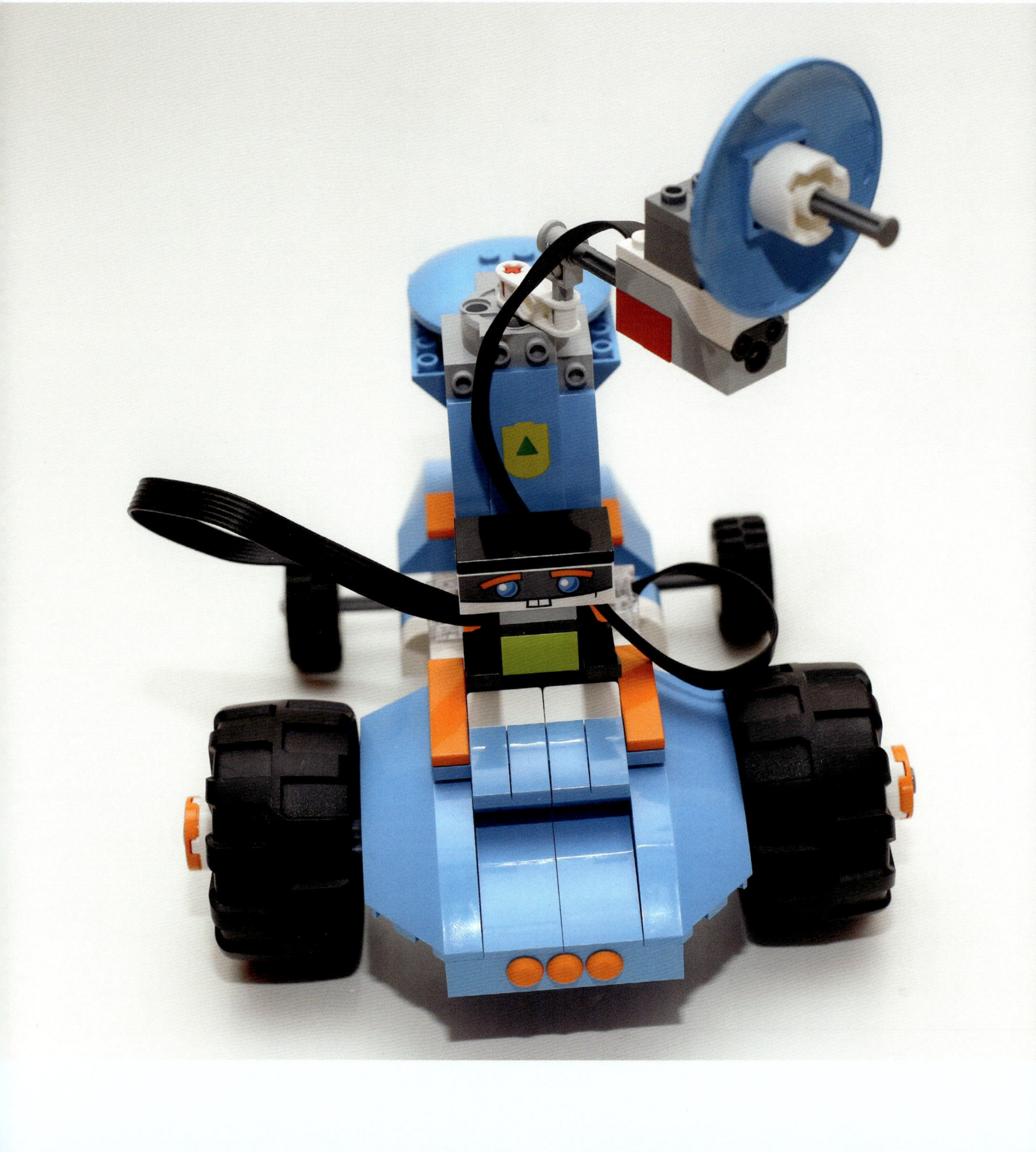

Bauvorschlag: Radarwagen

12

Bei diesem Modell haben wir einen Wagen gebaut, über dem sich eine Radarantenne ständig dreht. Sobald etwas in ihr Sichtfeld gelangt, ändert der Wagen seine Richtung, bis er wieder auf ein Hindernis stößt.

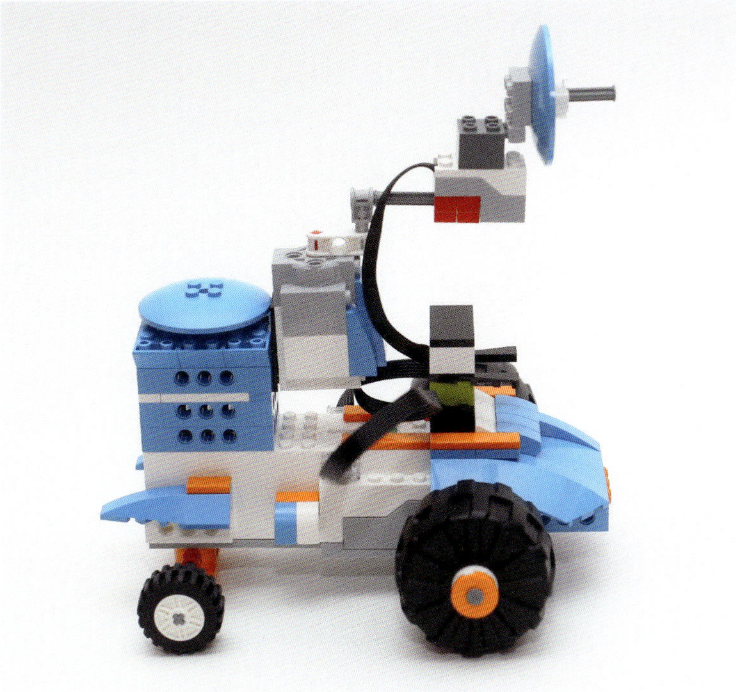

Probiere aus, wie lange der Radarwagen in Bewegung bleibt, ohne dass du eingreifen musst.

Du ahnst es sicherlich schon, dass die Antenne vor allem aus dem Entfernungssensor von LEGO Boost besteht. Damit sich das Kabel des Sensors nicht verwickelt, dreht er sich immer nur einmal um die eigene Achse und dann wieder zurück. Deshalb musst du aber auch darauf achten, dass du ihn beim Start des Programms immer so ausrichtest, dass der Sensor gerade nach vorne schaut. Das Kabel muss direkt zum Eingang vom Move-Hub gehen und sollte nicht um irgendetwas gewickelt sein.

Programmteil, der den Sensor dreht.

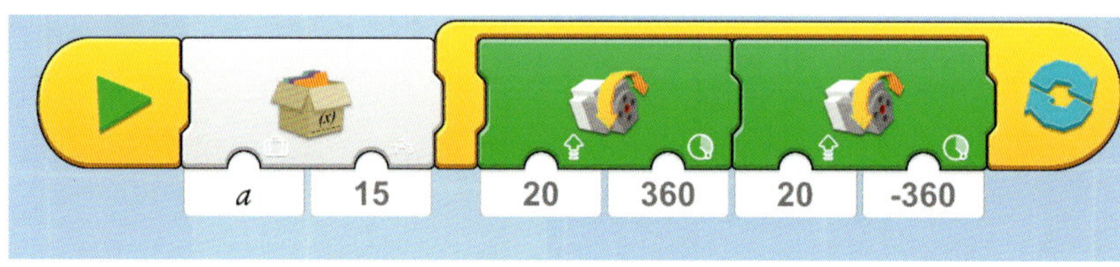

Das Programm besteht aus drei verschiedenen Abläufen. Der obere Programmteil ist nur dafür da, den Sensor immer hin und her zu bewegen. Außerdem haben wir hier zur Demonstration eine Variable eingebaut. Ganz am Anfang wird diese auf den Wert »15« gesetzt (also eine »15« in den Kasten »a« gelegt). Das wird bei den nächsten beiden Programmen noch wichtig.

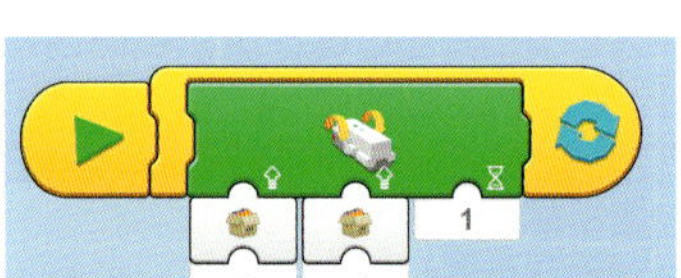

Programmteil zum Fahren des Wagens.

Denn in der nächsten Zeile befindet sich das Programm, das den Wagen fahren lässt. Dazu verwenden wir eine Schleife. In der ist ein Befehl programmiert, sodass die Motoren für den Antrieb immer wieder eine Sekunde lang bewegt werden. Interessant ist hier, dass wir nicht direkt einen Wert für die Geschwindigkeit eingegeben haben, sondern die Variable »a« verwenden. Der Wert für die Geschwindigkeit entspricht also dem, was in Kiste »a« drin ist, und das ist zunächst die Zahl »15«. Das bedeutet also, dass der Wagen zunächst einfach mit geringer Geschwindigkeit vorwärts fährt. Wäre die Zahl hingegen negativ (also »–15«), so würde er rückwärtsfahren.

Das spannendste Programm ist die unterste Zeile. Dieses wartet darauf, dass etwas in die Nähe des Sensors gelangt (er also beim Herumschwenken ein Hindernis erkennt). Mit der Entfernungsangabe kannst du ein wenig rumprobieren. Wir fanden einen Wert von »6« oder »7« ausreichend, um zu verhindern, dass der Wagen gegen ein Hindernis fährt. Wenn du den Wagen schneller fahren lässt, dann kann auch ein größerer Wert notwendig sein.

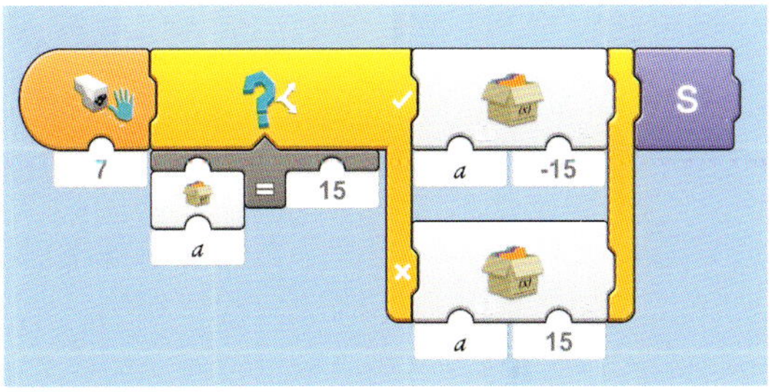

Programmteil zum Auswerten des Sensors und Ändern der Fahrtrichtung.

Erkennt also der Sensor, dass ihm etwas zu nahe kommt, dann soll nun der Wagen dazu veranlasst werden, die Richtung zu ändern. Deshalb haben wir hier eine Bedingung eingebaut, die abgefragt wird, wenn der Sensor etwas bemerkt. Ist dann der Wert der Variablen »a« gleich »15«, so wird der Wert in »–15« geändert. Ist er jedoch nicht »15« (er kann dann nur »–15« sein, mehr Möglichkeiten gibt es nicht), dann wird er wieder auf »15« gesetzt. Dadurch ändert der Wagen die Richtung (fährt also bei der »–15« rückwärts und später bei erneutem Wert »15« wieder vorwärts), denn ob die »15« positiv oder negativ ist, ist hierfür ausschlaggebend. Da wir hier die Variable ändern und der mittlere Programmteil immer aus dieser Variablen »a« den Wert für die nächste Sekunde Fahrt nimmt, ändert der Wagen auch tatsächlich die Richtung.

Wenn du möchtest, kannst du ihn bei der Richtungsänderung am Ende vom unteren Programmteil noch einen Ton oder einen selbst eingesprochenen Satz wie »Kollisionswarnung« oder »Auf Aufprall vorbereiten« sagen lassen.

Das Modell und Programm sollen dazu einladen, selber ein wenig auszuprobieren. So könntest du programmieren, dass sich der Wagen nicht nur hin und her bewegt, sondern beim Erkennen des Hindernisses auch eine kleine Kurve fährt. So erreicht er auch andere Bereiche deines Zimmers. Oder du lässt ihn zusätzlich Farben erkennen, wie zum Beispiel von einer Ampel, die du aus Legosteinen baust. Vielleicht hast du auch andere Ideen. Das Schöne ist, dass du eigentlich nichts falsch machen kannst.

Alle drei Programmteile nochmal im Überblick.

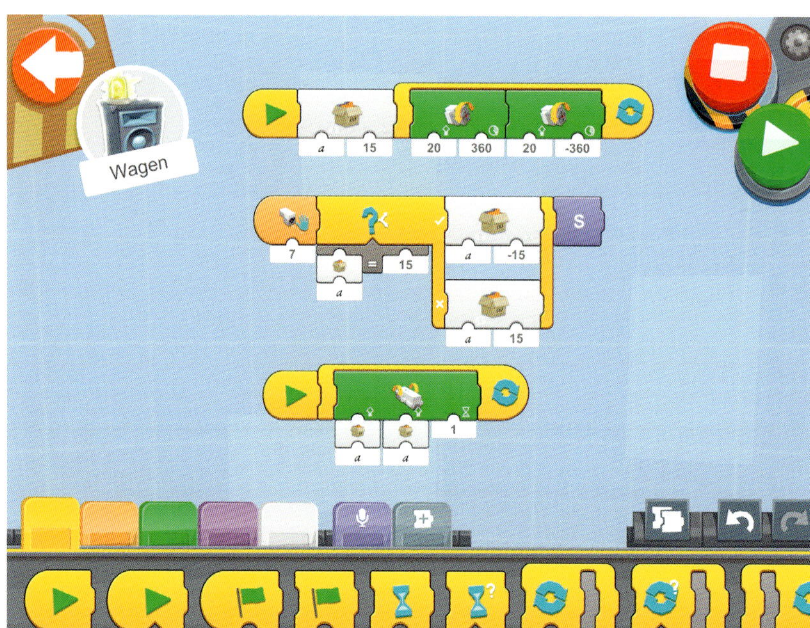

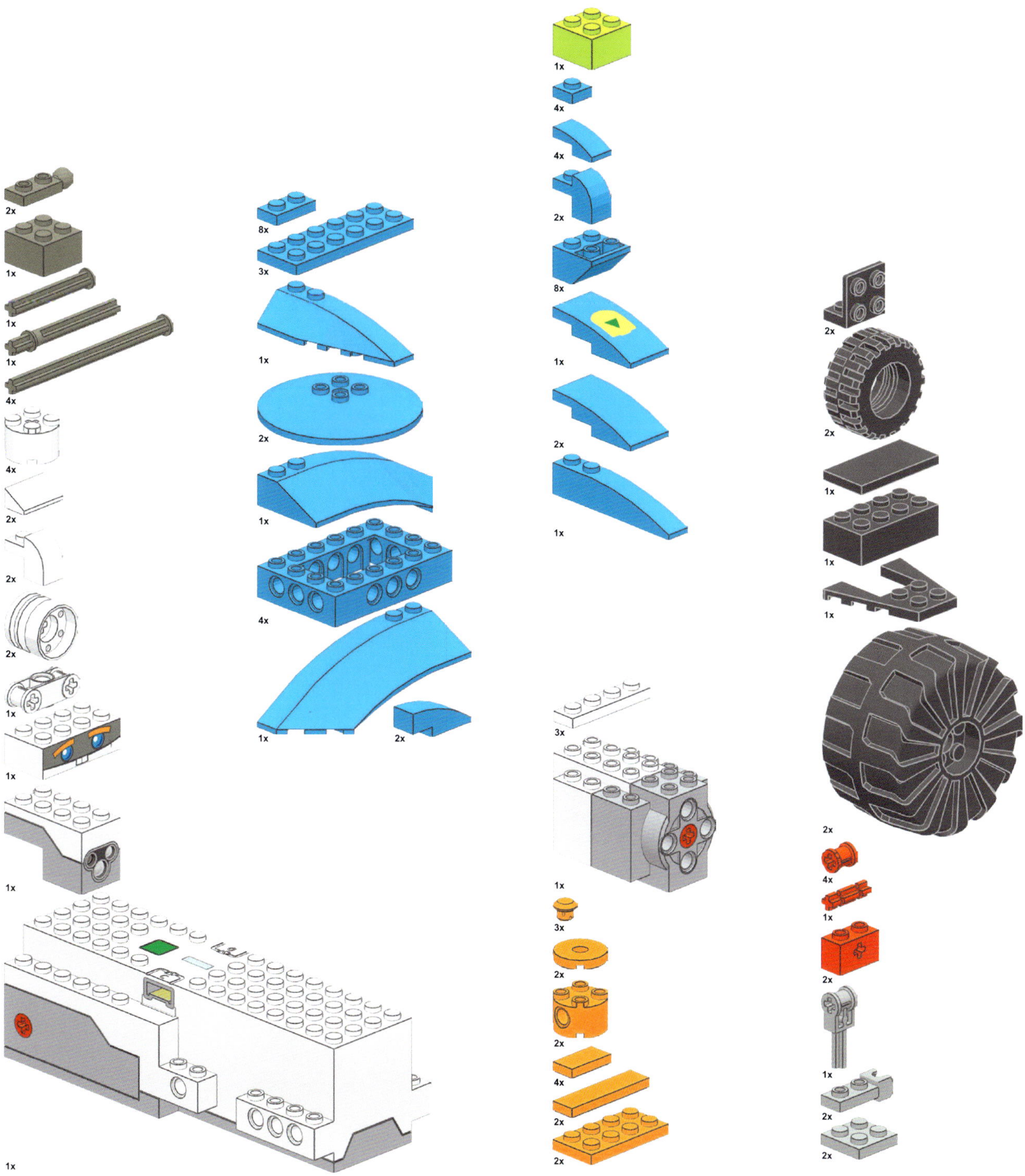
2x
1x
1x
1x
4x
4x
2x
2x
2x
1x
1x
1x
1x
8x
3x
1x
2x
1x
4x
1x
2x
1x
4x
4x
2x
8x
1x
2x
1x
3x
1x
3x
2x
2x
4x
2x
2x
2x
2x
1x
1x
1x
2x
4x
1x
2x
1x
2x
2x

1

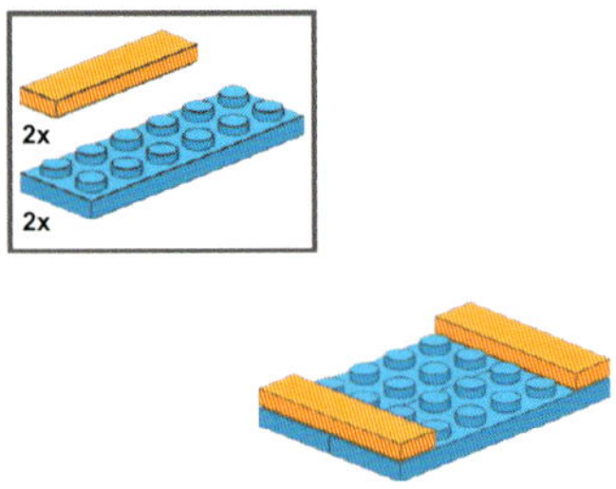

2

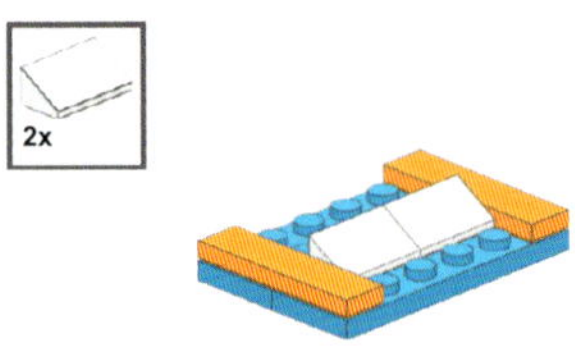

3

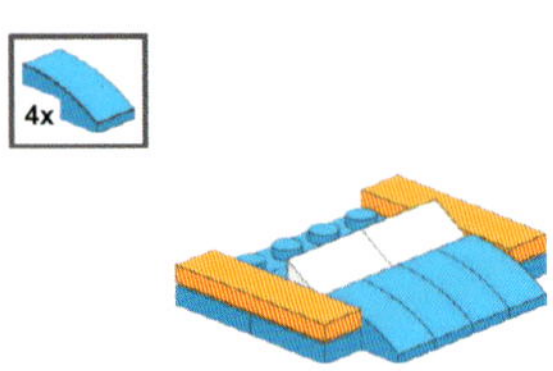

4

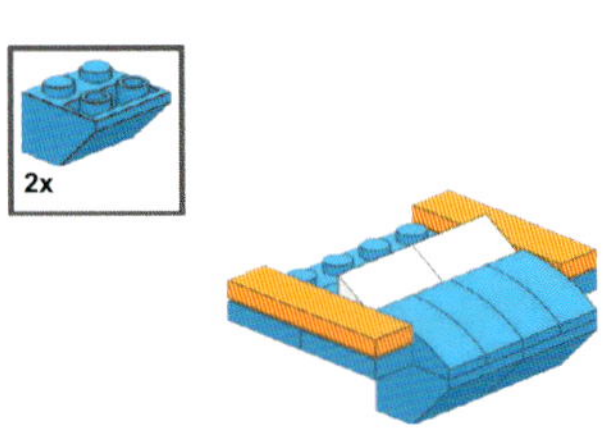

5

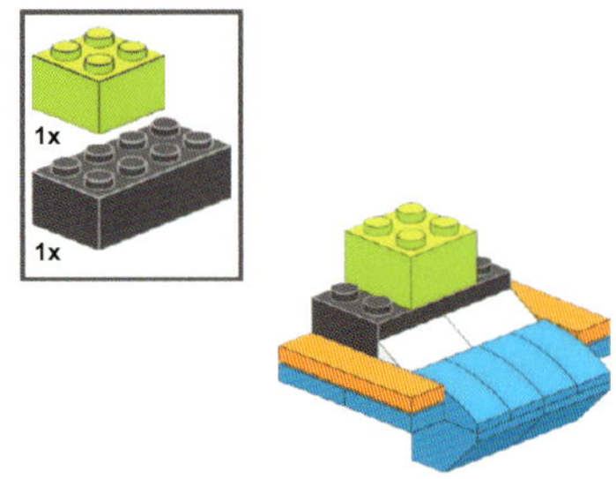

6

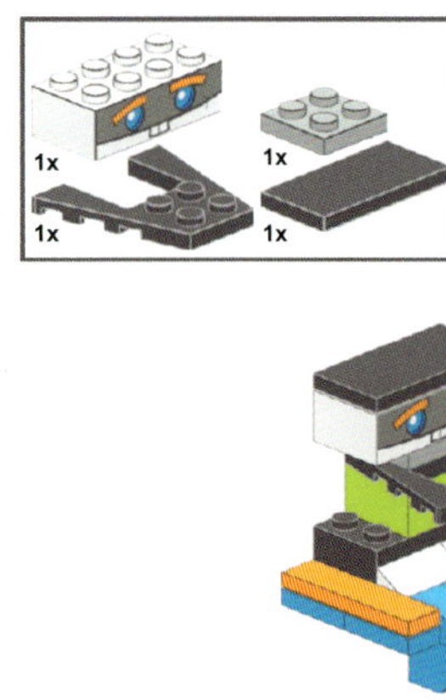

7

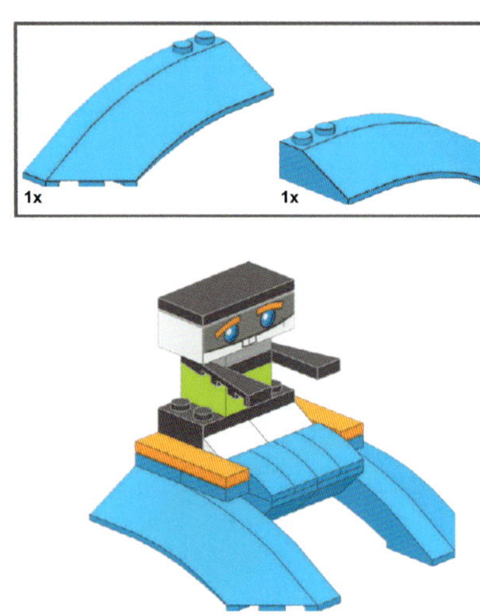

8

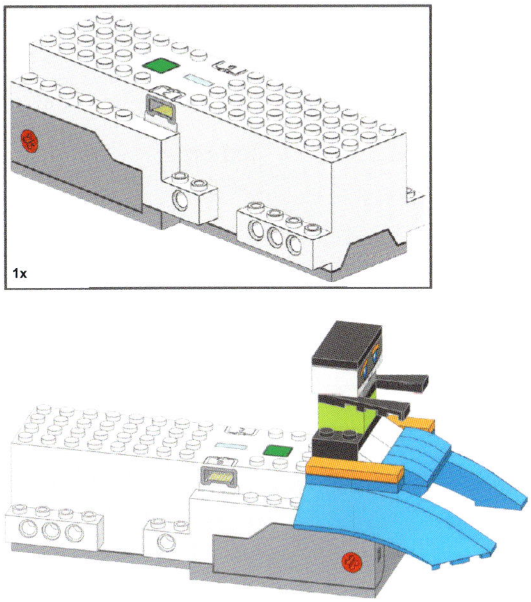

10

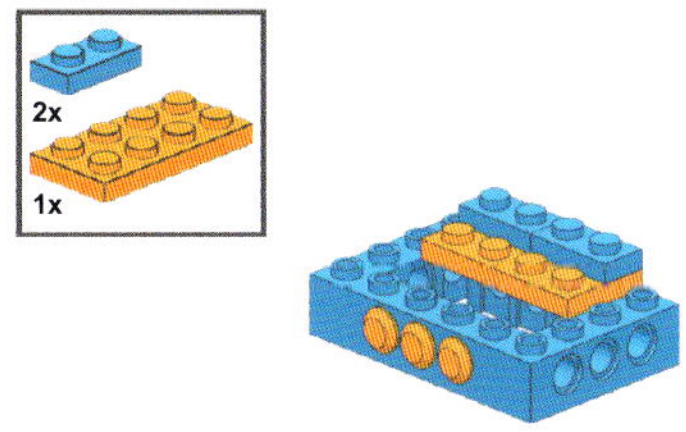

9

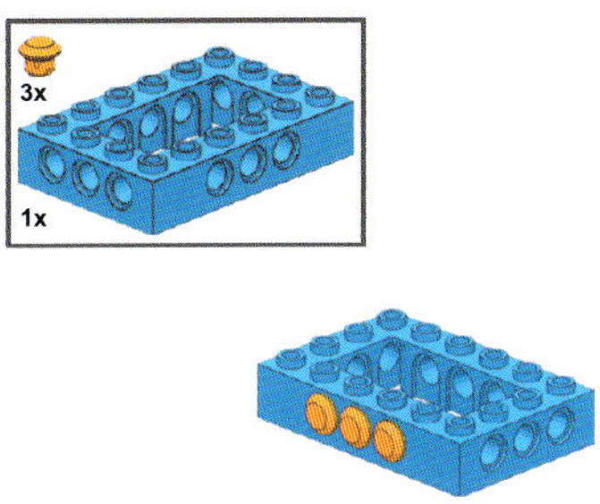

11

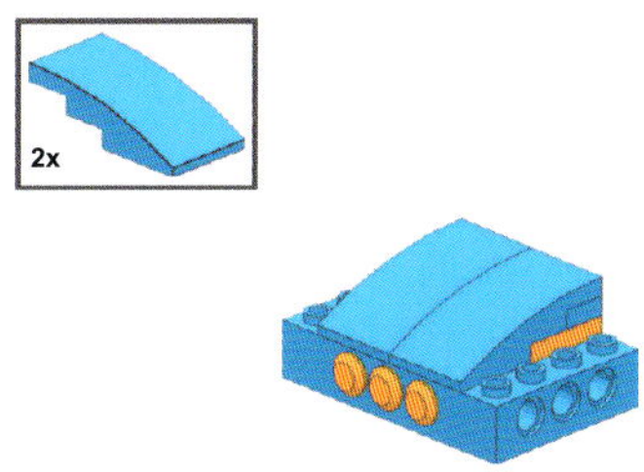

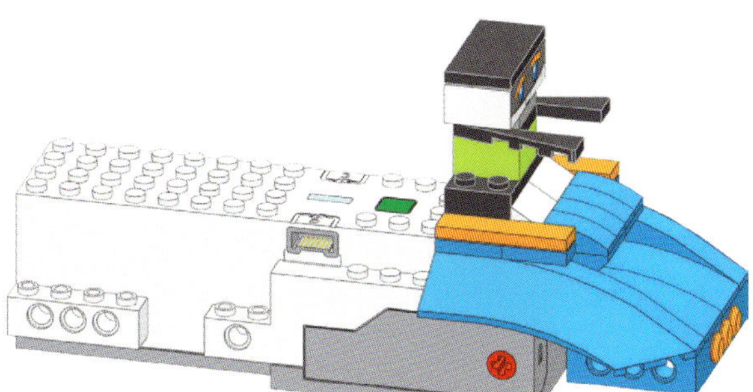

12

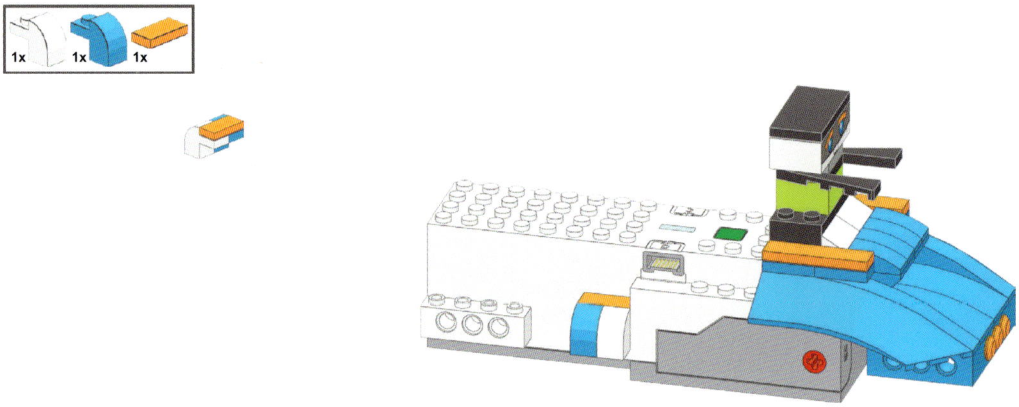

13

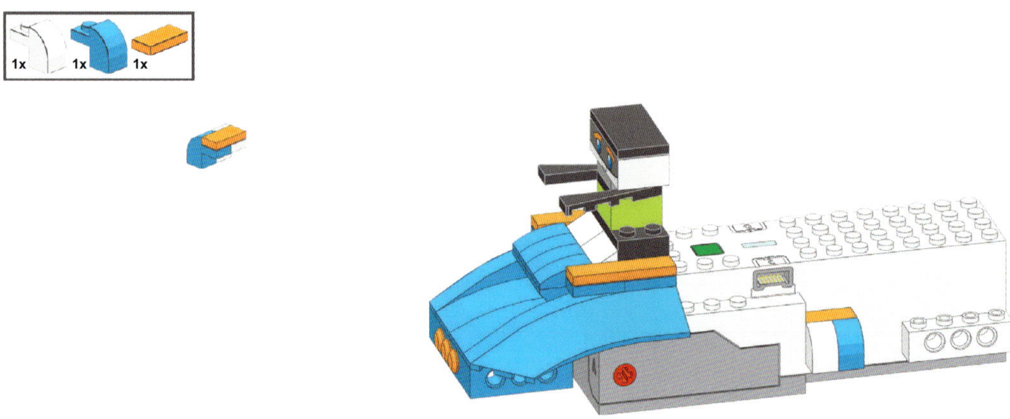

14

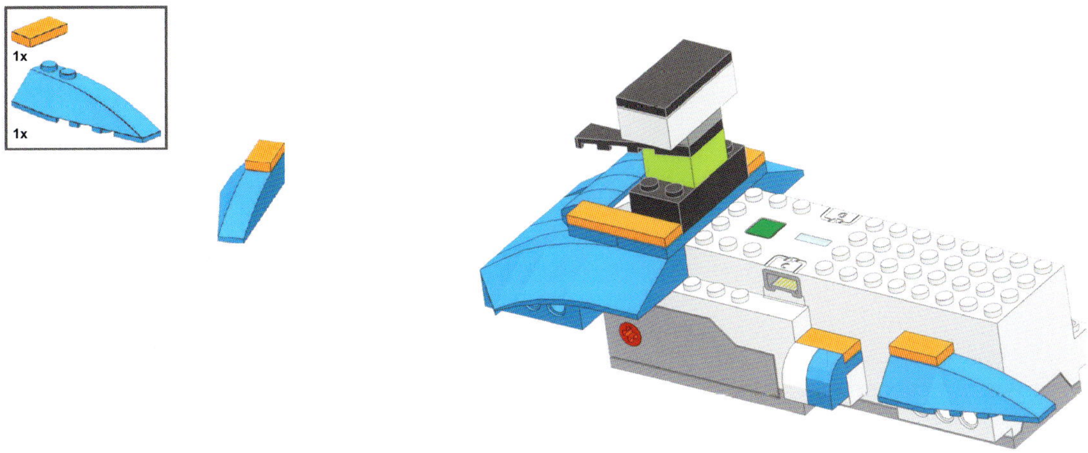

15

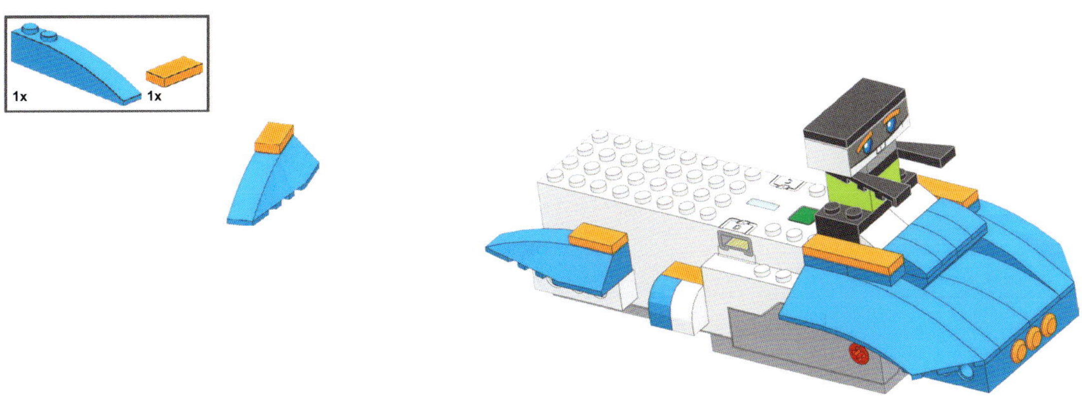

16

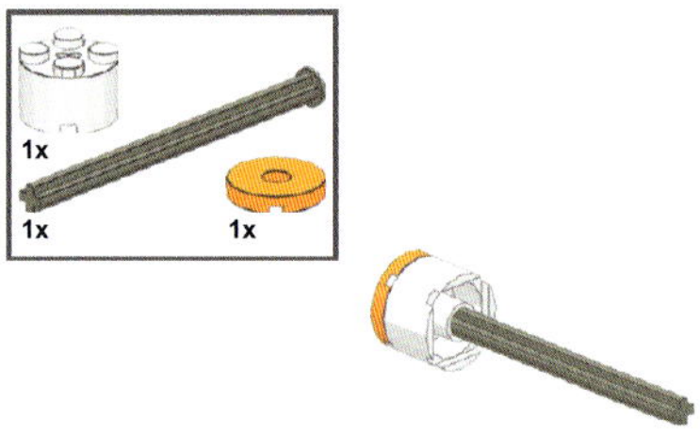

17

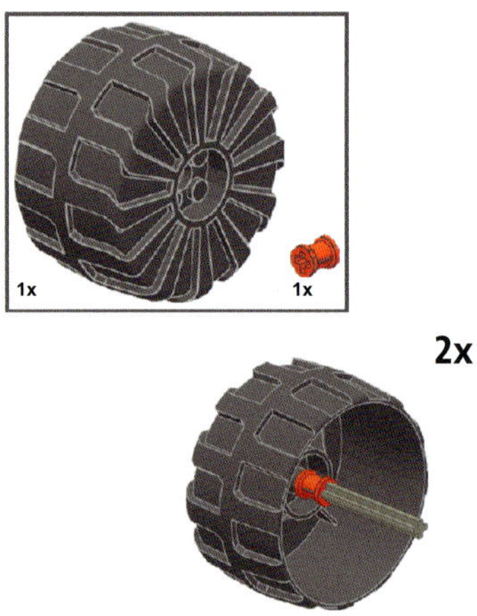

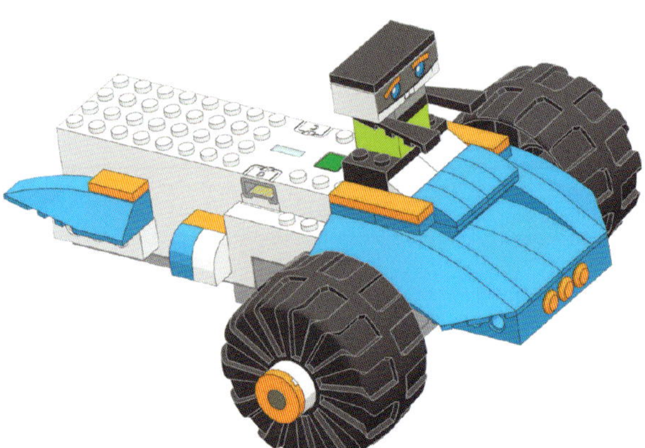

18

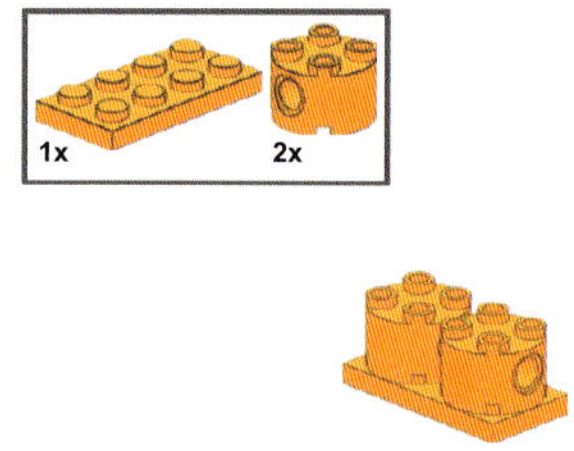

19

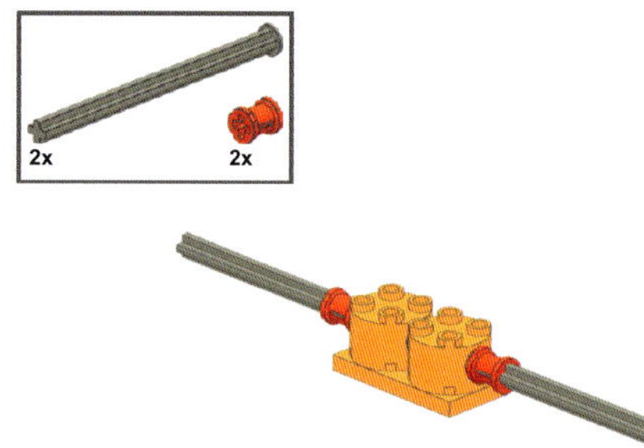

20

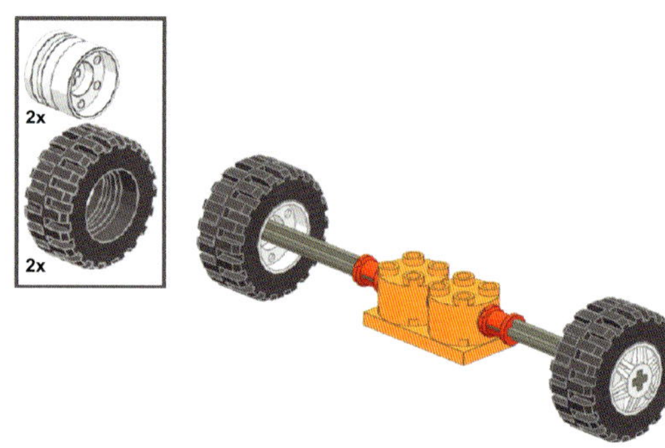

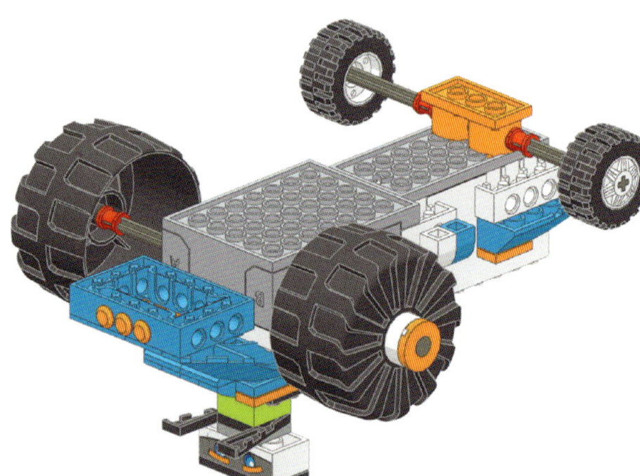

21

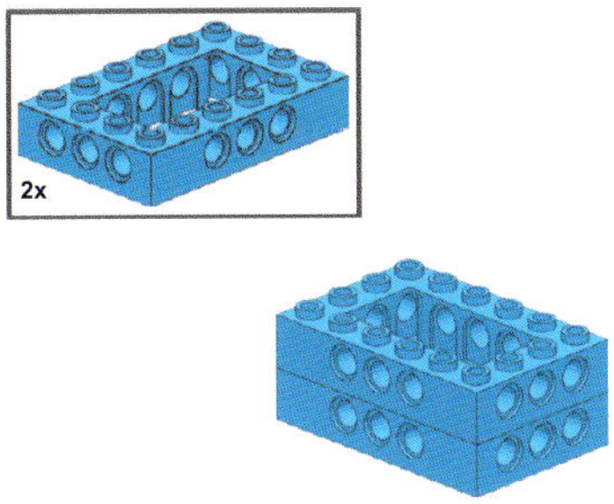

23

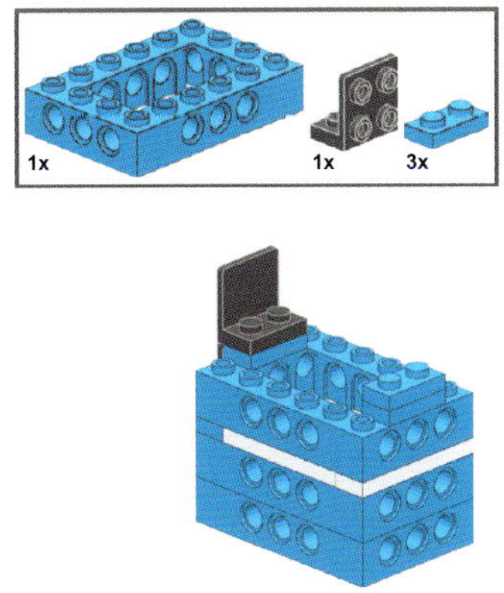

22

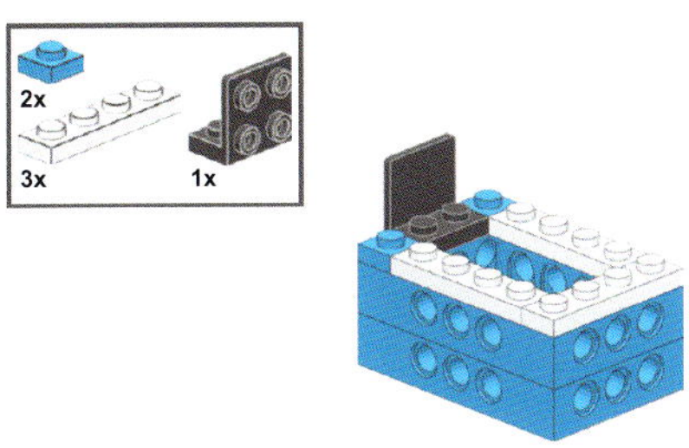

24

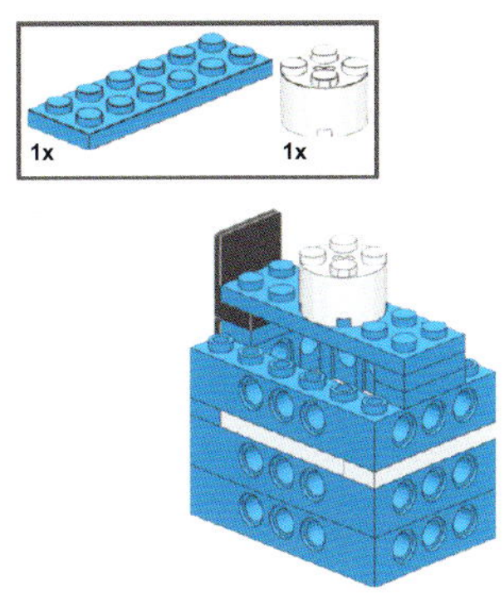

25

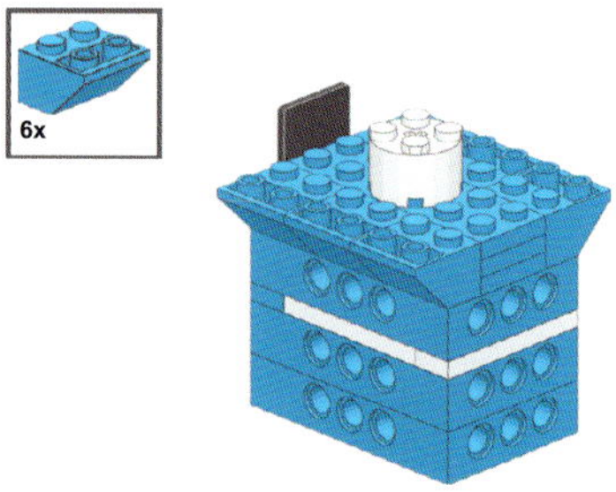

26

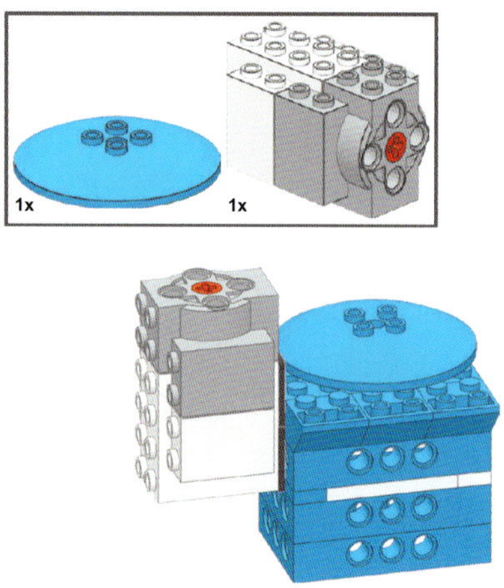

27

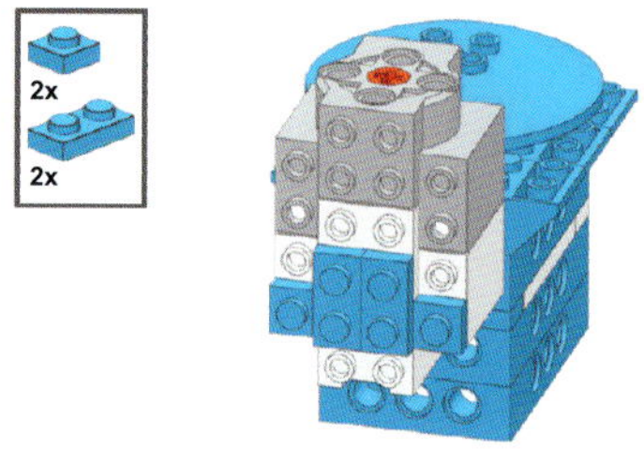

28

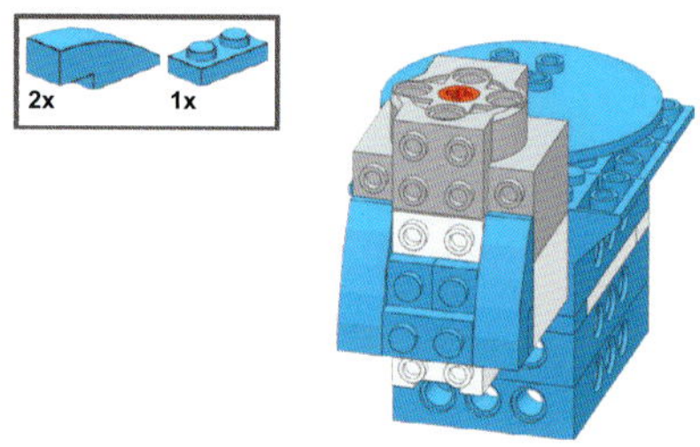

29

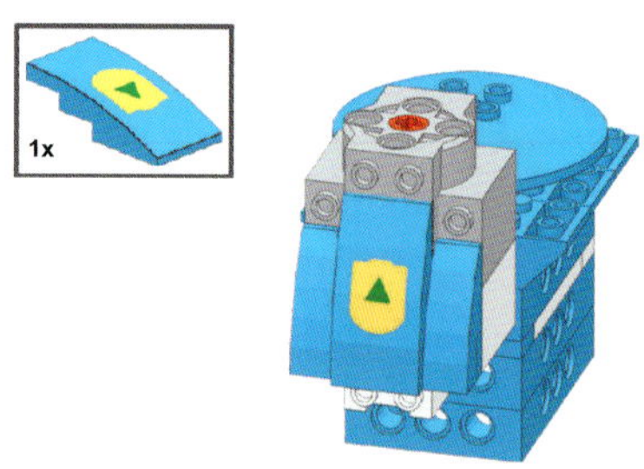

30

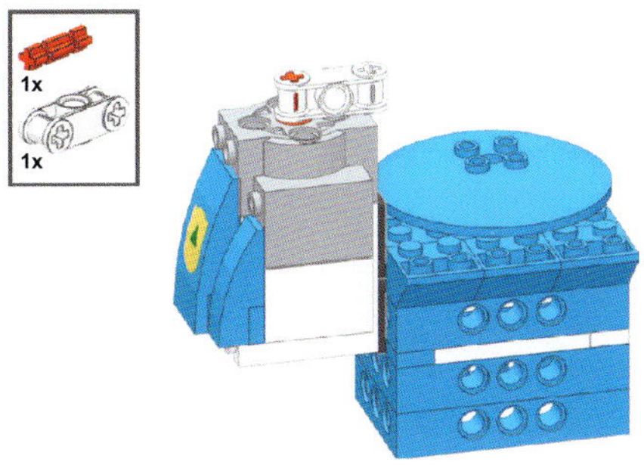

31

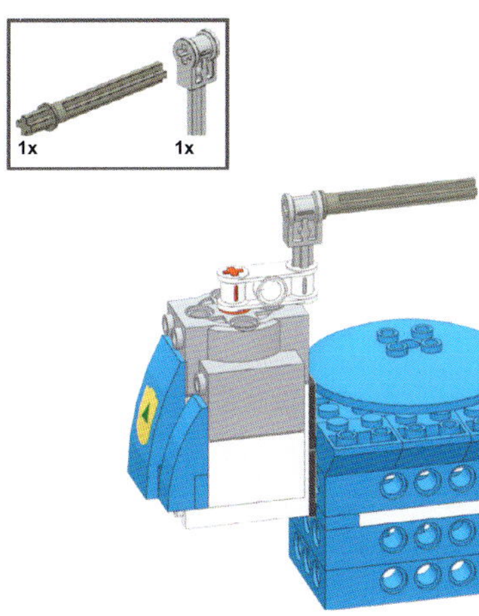

32

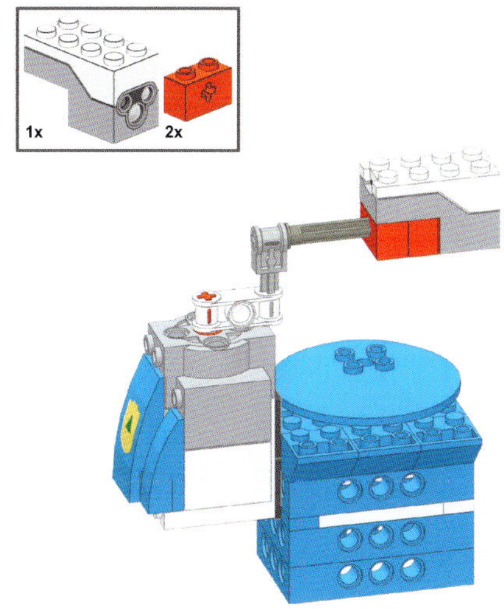

33

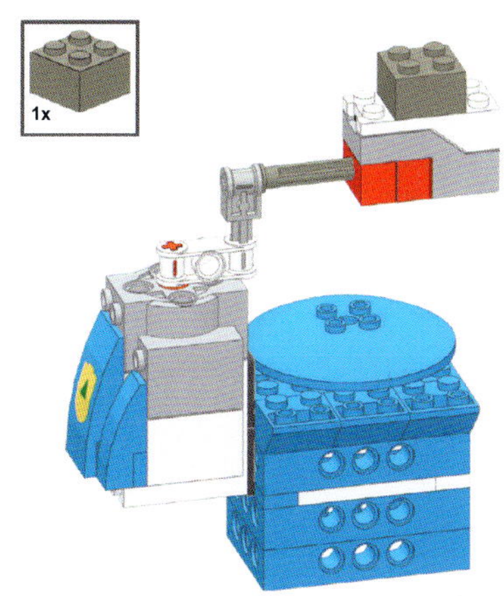

34

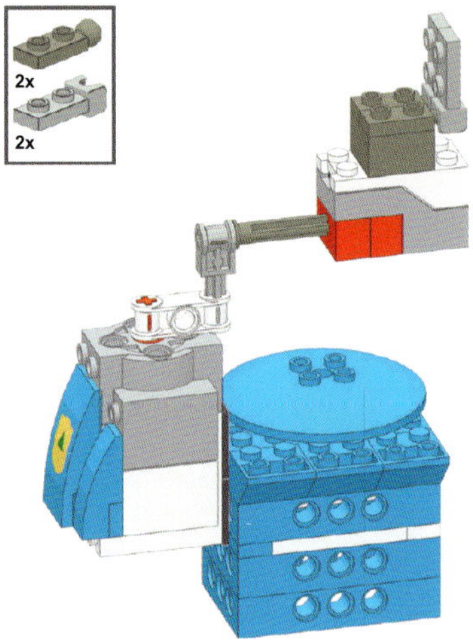

35

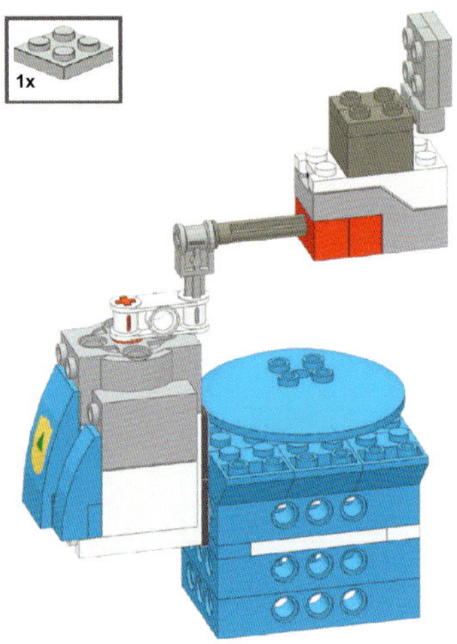

36

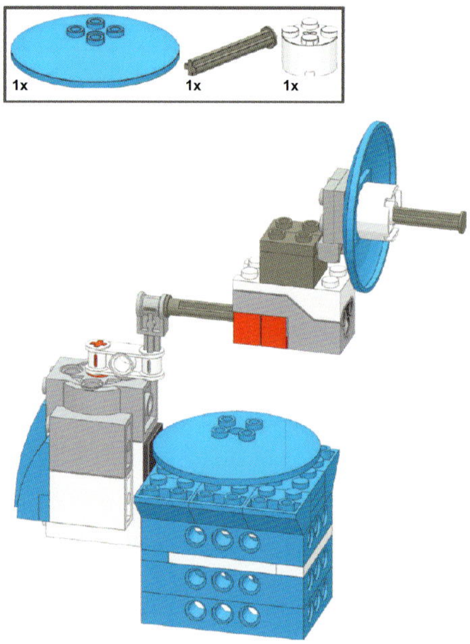

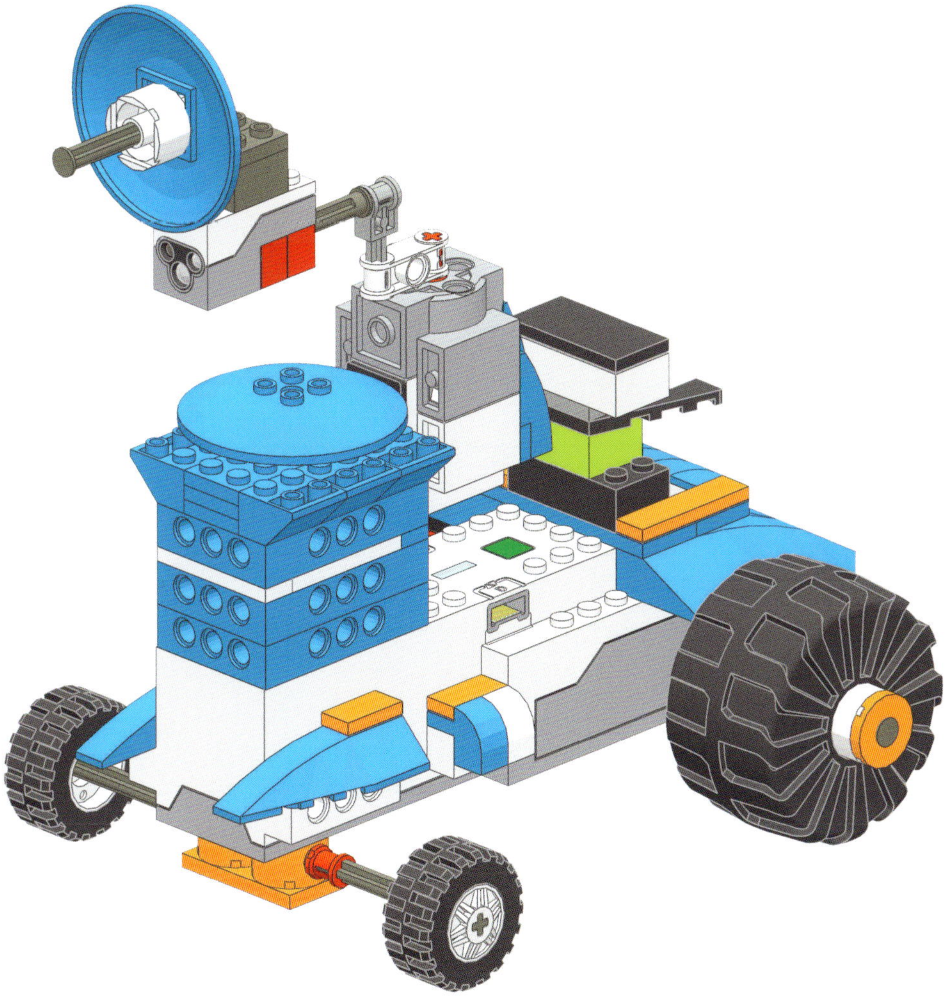

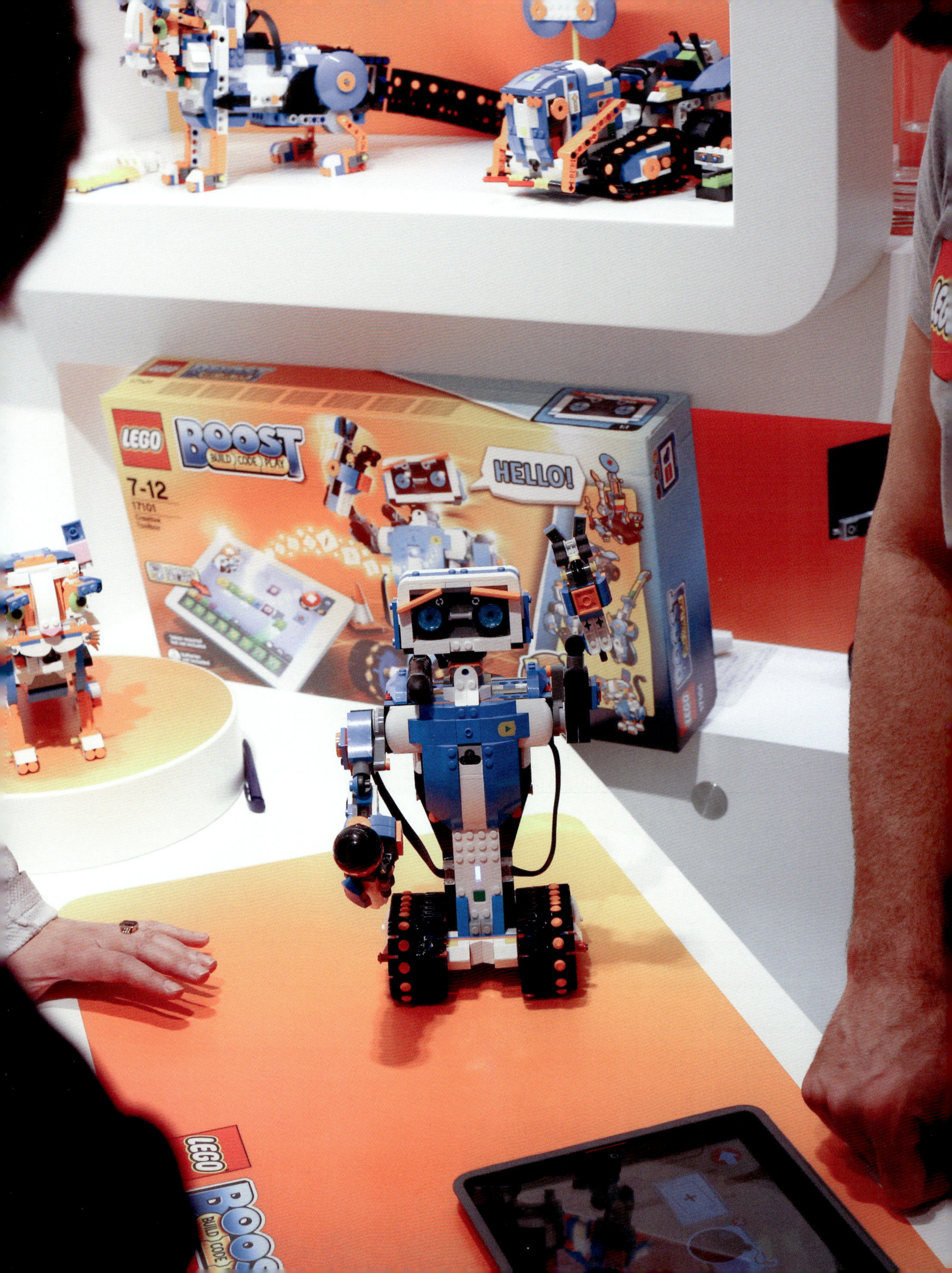
LEGO
BOOST
BUILD | CODE | PLAY
7-12
17101
HELLO!

Ausblick

13

Die Designer und Produktmanager im dänischen Billund, dem Stammsitz der LEGO-Gruppe, sind seit Erscheinen von LEGO Boost nicht untätig geblieben. Lief die App anfangs nur auf wenigen Tablet-Modellen, ist sie inzwischen auch für bestimmte Smartphones sowie für ausgewählte Kindle-Fire-Tablets und Windows-10-Geräte erhältlich. Bei LEGO Ninjago und City bzw. Arktis erschienen Sets, die sich mit LEGO Boost verbinden lassen. Wettkämpfe wurden in die App integriert und mit Powered Up ist ein System bei LEGO erschienen, das sich mit LEGO Boost verbinden lässt.

Bisher kannst du LEGO Boost offiziell nur mit der LEGO-App programmieren. Aber wie bei Mindstorms ist es wahrscheinlich nur eine Frage der Zeit, bis auch andere Möglichkeiten entstehen. Denn die Programmierung mit der App ist zwar kinderleicht, aber wenn du kompliziertere Sachen machen möchtest, dann kannst du dabei auch an Grenzen stoßen.

Gegenüberliegende Seite: Anfang 2017 wurde LEGO-Boost unter anderem auf der Spielwarenmesse in Nürnberg vorgestellt.

Während wir dieses Buch schrieben, gab es auf der Seite http://www.picaxe.com/LEGO-Boost/ schon eine App, die die Programmierung von LEGO Boost mittels Scratch und

Snap! ermöglicht. Dies funktioniert dann über einen PC, der jedoch ein besonderes Bluetooth-Modul haben muss, um mit dem Move-Hub von LEGO Boost sprechen zu können. Dann jedoch kann man deutlich umfangreichere Programme an dein LEGO-Boost-Modell schicken. Scratch ist eine Programmiersprache, die für Kinder und Jugendliche entwickelt wurde (https://de.wikipedia.org/wiki/Scratch_%28Programmiersprache%29). Im Gegensatz zu der Programmiersprache von LEGO Boost werden bei Scratch ausgeschriebene Befehle verwendet, was schon sehr nah am Programmieren ist, wie es die Profis machen. Allerdings kann man bei Scratch diese Befehle auch wie bei Boost aus einer Liste in das Programm ziehen. Dadurch ist es wirklich einfach. Vielleicht gibt es ja bei dir an der Schule einen Kurs, der dir Scratch beibringt. Wenn nicht, dann gibt es viele Webseiten dazu im Internet und auch einige Bücher.

Denk aber daran, dass die Einbindung von Scratch in LEGO Boost nicht von LEGO selbst gemacht wurde. Das bedeutet, dass du dich auch nicht an LEGO wenden kannst, wenn mal etwas nicht klappt. Das haben vor allem Fans entwickelt, sodass es auch mal sein kann, dass etwas nicht funktioniert. Aber das ist ja auch der Reiz von LEGO Boost: einfach Neues auszuprobieren.

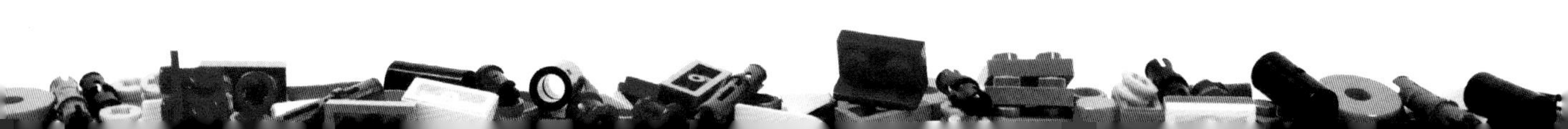